(Post-)koloniale frankophone Kriegsreportagen

BONNER ROMANISTISCHE ARBEITEN

Herausgegeben von Mechthild Albert,
Michael Bernsen, Paul Geyer, Franz Lebsanft,
Daniela Pirazzini und Christian Schmitt

BAND 120

*Zu Qualitätssicherung und Peer Review
der vorliegenden Publikation*

Die Qualität der in dieser Reihe
erscheinenden Arbeiten wird vor der
Publikation durch die Herausgeber
der Reihe geprüft.

*Notes on the quality assurance and peer
review of this publication*

Prior to publication, the quality
of the work published
in this series is reviewed
by the editors of the series.

Sara Izzo (Hrsg.)

(Post-)koloniale frankophone Kriegsreportagen

Genrehybridisierungen, Medienkonkurrenzen

PETER LANG

Bibliografische Information der Deutschen Nationalbibliothek
Die Deutsche Nationalbibliothek verzeichnet diese Publikation
in der Deutschen Nationalbibliografie; detaillierte bibliografische
Daten sind im Internet über http://dnb.d-nb.de abrufbar.

Gedruckt mit freundlicher Unterstützung des *Institut français
d'Allemagne* und des Frankromanistenverbandes (FRV).

ISSN 0170-821X
ISBN 978-3-631-82212-8 (Print)
E-ISBN 978-3-631-82880-9 (E-PDF)
E-ISBN 978-3-631-82881-6 (EPUB)
E-ISBN 978-3-631-82882-3 (MOBI)
DOI 10.3726/b17241

Peter Lang – Berlin · Bern · Bruxelles · New York ·
Oxford · Warszawa · Wien

Diese Publikation wurde begutachtet.

www.peterlang.com

Inhaltsverzeichnis

Sara Izzo
Einleitung 7

Myriam Boucharenc
Blaise Cendrars, *Chez l'armée anglaise* : un drôle de reportage de guerre 19

Ramzi Hidouci
La représentation de l'Histoire et les images de la guerre civile : un
reportage entre littérature et journalisme. Le cas des écrivains-
journalistes algériens des années 1990 31

Sara Izzo
Dé/reconstruire l'imaginaire visuel – les reportages sur le conflit
israélo-palestinien de Jean Genet 45

Thabette Ouali
L'Élimination, récit d'un génocide par Rithy Panh 59

Markus Lenz
La guerre et le témoin : Les *Carnets de Homs* de Jonathan Littell
comme problématisation du caractère littéraire des journaux de guerre 75

Lena Seauve
Une saison de machettes de Jean Hatzfeld : la mise en scène de la voix
des bourreaux entre récit factuel et récit fictionnel 91

Messan Tossa
L'image de l'Occidental dans les narrations du génocide rwandais :
L'aîné des orphelins de Tierno Monénembo 109

Jan Knobloch
Berichte aus der Zone. Gewalt und Neue Kriege zwischen Reportage
und Roman (Roberto Bolaño, Mathias Énard) 125

Annika Gerigk
Yanick Lahens und der verletzte Körper. Sprachreflexionen zum
Erdbeben von Haiti im Umfeld der Neuen Kriege 145

Marina Ortrud M. Hertrampf
Bild-Sprache(n) des Krieges. Der Afghanistankrieg in deutsch- und
französischsprachigen *Graphic Novels* 161

Sara Izzo

Einleitung

Die hier versammelten Beiträge gehen auf die Sektion « (Post-)koloniale frankophone Kriegsreportagen: Genrehybridisierungen, Medienkonkurrenzen » beim
11. Kongress des Frankoromanistenverbands (Osnabrück) zurück. Sie widmen
sich der Kriegsberichterstattung im Spannungsfeld von Literatur und Journalismus und konzentrieren sich dabei auf unterschiedliche Kriegsherde der zweiten
Hälfte des 20. Jahrhunderts sowie des 21. Jahrhunderts, die sich in ein (post-)
koloniales Gesellschaftsgefüge einschreiben.

1. Gesellschaftsform – Kriegstypus – Reportagestil

Mit Bezug auf den bedeutenden Kriegstheoretiker Carl von Clausewitz stellt
Mary Kaldor die Annahme einer Korrelation zwischen Gesellschaftsform und
Kriegstypus auf, wonach « jede Gesellschaft [...] über ihre eigene, für sie charak-
teristische Form des Kriegs [verfüge] »[1]. Prägend für das 20. Jahrhundert seien
zum einen die totalen Kriege der ersten Jahrhunderthälfte und zum anderen der
dominierende Ost-West-Konflikt des Kalten Kriegs, der jedoch eine Reihe von
« irregulären, inoffiziellen Kriege[n] der zweiten Hälfte des 20. Jahrhunderts
[subsumiert], wie [...] d[ie] Widerstandsbewegungen des Zweiten Weltkriegs
und de[n] Guerillakrieg Mao Zedongs und seiner Nachfolger »[2]. Letztere gelten
als Vorboten der für das 21. Jahrhundert charakteristischen sogenannten Neuen
Kriege. Damit unterscheidet Kaldor als erste zwischen vermeintlichen ‚alten‘
Kriegen, verstanden als große zwischenstaatliche Kriege, und einer neuen Form
der Gewalteskalation an der Schwelle des 21. Jahrhunderts, die sich durch innere
Auseinandersetzungen und bürgerkriegsähnliche Zustände kennzeichnet:

> Die politische Gewalt ist zu Beginn des 21. Jahrhunderts [...] allgegenwärtiger, richtet
> sich stärker gegen Zivilisten, verwischt die Unterschiede zwischen Krieg und Verbre-
> chen, gründet sich auf eine entzweiende Identitätspolitik und verschärft diese immer
> weiter – das sind die Kennzeichen der ‚neuen Kriege‘. Den Terrorismus muß man als eine
> Variante der ‚neuen Kriege‘ verstehen – er ist die logische Folge der in gegenwärtigen

---

1 Kaldor, Mary: *Neue und alte Kriege. Organisierte Gewalt im Zeitalter der Globalisierung*,
aus dem Englischen von Michael Adrian und Bettina Engels, Frankfurt a.M.: Suhrkamp 2007, p. 34.
2 *Ibid.*, p. 58.

Konflikten entwickelten Taktik. Unsicherheit ist außerdem nicht nur das Ergebnis politischer Gewalt. Naturkatastrophen und Krankheiten töten weitaus mehr Menschen als Krieg und Terrorismus und bilden zusammengenommen ein globales Risikoumfeld, in dem Krieg, Armut und Klimawandel alle miteinander verquickt sind.[3]

Kaldors Definition versucht einem Gestaltwandel dieser neuen Kriegsform Rechnung zu tragen, die als Folge einer Aushöhlung bzw. Auflösung staatlicher Autonomie verstanden und mitunter durch die intensivierte und stetig fortschreitende Globalisierung bedingt wird. Letztere generiert eine zunehmende wechselseitige transnationale und transkulturelle Verflechtung unterschiedlicher gesellschaftlicher Bereiche (Politik, Wirtschaft, Medien, Kultur), welche wiederum auch den kriegerischen Konflikten eine spezifische Prägung gibt – etwa die Internationalisierung der Kriegsakteure, das Aufbrechen nationalstaatlicher Grenzen, das Verschwimmen klar differenzierbarer Kriegsparteien oder Kriegstreiber. Im deutschsprachigen Raum hat insbesondere Herfried Münkler die Entwicklung der unterschiedlichen Erscheinungsformen von Krieg näher in den Blick genommen und dabei für die Neuen Kriege drei Faktoren als Differenzierungsmerkmal herausgestellt, nämlich die Privatisierung des Kriegs und die damit einhergehende Multiplikation von Kriegsakteuren, die Asymmetrierung der Kriegsgewalt und die Demilitarisierung des Kriegs mit der Konsequenz einer Aushöhlung der eindeutig zugewiesenen Rolle von Kombattanten und Nonkombattanten.[4] Stärker als Kaldor deutet Münkler die Analogien zwischen den Dekolonialisierungskriegen und den Neuen Kriegen an. Tatsächlich lassen sich die Ursprünge vieler Neuer Kriege nicht ohne die Berücksichtigung vormaliger kolonialer bzw. imperialer Grenzziehungen sowie die auch im Zuge der Dekolonisierung fortbestehenden postkolonialen Interessen- und Machtsphären beschreiben. Insbesondere für die aus literaturwissenschaftlicher Perspektive brennende Frage nach den medialen Repräsentationsmöglichkeiten jener neuen Gewaltmuster leistet Münkler einen wichtigen Beitrag, indem er die Rolle der Medien in den Fokus rückt. Neben die Korrelation von Gesellschaftsform und Kriegstyp stellt Münkler die Korrelation von Kriegstyp und medialer Berichterstattung.[5]

---

3   *Ibid.*, p. 10.

4   *Cf.* Münkler, Herfried: *Kriegssplitter. Die Evolution der Gewalt im 20. und 21. Jahrhundert*, Berlin: Rowohlt 2017, p. 210–211; *cf.* Münkler, Herfried: *Die neuen Kriege*, Hamburg: Rowohlt 2004, p. 13–59.

5   Jene Gleichung, die von einem Zusammenhang von Kriegsform und Reportagekultur ausgeht, bildet auch den Kern des von John Bak geleiteten Projektes « Literary Journalism and War. ReportAGES »: http://idea-udl.org/research/pole-2-public-history/

So betont er die Veränderung der Medien und ihre Wirkung in den Neuen Kriegen, legt dabei den Schwerpunkt in Anlehnung an Gerhard Paul auf den sogenannten « Krieg der Bilder »[6]. Das Neue liegt jedoch nicht alleine in der Diagnose eines zweifelhaften Authentizitätsanspruchs von Bildinszenierungen, die insbesondere durch den Aufstieg eines ,optischen Zeitalters'[7] in den 1960/1970er Jahren zu begründen ist. Vielmehr liegt das Neue in der viralen Informationsverbreitung im Internet. Gerade die Flut und fehlende Gewichtung von Bildern und Informationen im Netz sowie die Beschleunigung der Informationsvermittlung durch das Prinzip der Übertragung in Echtzeit zählen zu den besonderen Merkmalen der aktuellen Medienberichterstattung. Neben den medienevolutionären Entwicklungen scheint die Konfliktberichterstattung aber auch gerade durch den neuen Kriegstyp bestimmt, wie Münkler in einem kontrastiven Vergleich zwischen der Reportage im klassischen Staatenkrieg, hier als ,symmetrischer Krieg' bezeichnet, und der Reportage in den Neuen Kriegen herausstellt. Für den Staatenkrieg wählt er als Beispiel die Reportage zur Schlacht in Königgrätz von William Howard Russell, der als einer der ersten Kriegskorrespondenten gilt und unter anderem für die *Times* und den *Daily Telegraph* von unterschiedlichen Kriegsschauplätzen im 19. Jahrhundert Bericht erstattet hat:

> Betrachten wir nun zunächst den Reporter oder Berichterstatter in den Zeiten des symmetrischen Krieges: Im Idealfall konnte er, wie der Brite William Howard Russell im Jahre 1866 während der Schlacht von Königgrätz, einen Kirchturm besteigen, von dort aus die Bewegungen der Truppen sowie die Wirkung der von ihnen gegeneinander geführten Stöße und Gegenstöße beobachten und am nächsten Tag kühl und distanziert berichten, wer den Sieg davongetragen hatte. Diese Kirchturmperspektive lässt sich metaphorisch auf einen mehrjährigen Krieg übertragen. Das Ganze stellt sich dar als ein zeitlich über Tage, Wochen, Monate, womöglich Jahre gestrecktes Duell, bei dem zwei tendenziell gleichartige Kontrahenten gegeneinander angetreten sind, um ihre Kräfte zu messen.[8]

---

literary-journalism [aufgerufen am 22.11.2017]. Im italienischsprachigen Raum findet man eine chronologische Aufarbeitung der Kriegsberichterstattung entlang zentraler Konflikte bei: *Cf.* Bergamini, Oliviero: *Specchi di guerra. Giornalismo e conflitti armati da Napoleone a oggi*, Roma/Bari: Laterza 2009.

6   Paul, Gerhard: *Bilder des Kriegs. Krieg der Bilder. Die Visualisierung des modernen Kriegs*, Paderborn: Schöningh 2004.

7   Die Rede ist auch von einer « ère de l'image » oder einer « civilisation de l'image », die La Rocca als Charakteristikum der Postmoderne einstuft: *Cf.* La Rocca, Fabio: « Culture visuelle et visualisation du monde : l'expérience in visu », *Sociétés* 112, 2 (2011), pp. 95–102, 96.

8   Münkler 2017, p. 235.

Der Blick aus der Vogelperspektive von der Kirchturmspitze, welcher ein schein-
bar neutrales Überschauen des kriegerischen Duells zweier gleich gestellter Kon-
trahenten suggeriert, verdeutlicht *ex negativo* die Unmöglichkeit im globalen
Zeitalter der Neuen Kriege, einen präzisen Blickwinkel auf ein Geschehen ein-
zunehmen, das überhaupt nicht mehr in seiner Gänze erfasst werden kann. Ein
Vergleich bietet sich dahingehend zwischen Russells Reportage zur Schlacht von
Königgrätz und der Comic-Reportage *Kobane Calling*[9] (2016) des italienischen
Autors Zerocalcare zum Widerstandskampf der Kurden gegen den IS (Islami-
scher Staat) im Zuge des Syrienkriegs an. Betrachten wir zunächst die von Münkler thematisierte Textpassage aus Russells Bericht, so können wir konstatieren,
dass die Kirchturmspitze als idealer Aussichtspunkt für den klar strukturierten
kriegerischen Schlagabtausch der beobachteten Staatsarmeen bewertet wird:

> On the previous day I had been looking over the country from a lofty tower comman-
> ding the Prague gateway, whence Josephstadt on the north and the whole of the posi-
> tions of the armies were displayed as if on a raised map, but I had a little idea, indeed,
> that it was to serve me in such good stead, and that I was to behold from it one of the
> most obstinate and decisive battles of the world. Nothing but a delicate, and yet bold,
> panorama on a gigantic scale could give a notion of the extent of the view and the variety
> of landscape visible from this tower, and no panorama could convey any idea of such a
> scene, filled with half a million of men moving over its surface like the waves of the sea
> or as a fast-driving cloud in gale.[10]

Wenngleich auch Zerocalcare für seine prologartige Einführung (*Fig.* 1) in die
Comic-Reportage *Kobane Calling* eine erhöhte Blickperspektive wählt, nämlich

---

9   Zerocalcare: *Kobane Calling. Facce, parole e scarabocchi da Rebibbia al confine turco
    siriano*, Mailand: bao 2016.
10 Russell, William: *William Russell special correspondent of* The Times, introduced by
    Max Hastings, edited by Roger Hudson, London: Folio Society 1995, p. 249. Für die
    deutsche Übersetzung siehe: Russell, William Howard: *Meine sieben Kriege. Die ersten
    Reportagen von den Schlachtfeldern des neunzehnten Jahrhunderts*, aus dem Englischen
    von Matthias Fienbork, Frankfurt a.M.: Eichborn 2000, p. 265–266: « Tags zuvor hatte
    ich von einem hohen Turm unweit des Prager Tors über das Land geblickt, von wo
    aus Josefstadt im Norden und sämtliche Stellungen der Armeen sich wie auf einer
    Reliefkarte darboten, doch wußte ich nicht, daß mir dieser Aussichtspunkt derart gute
    Dienste leisten und ich von dort aus eine der heftigsten Schlachten der Welt verfolgen
    würde. Nur ein feines und doch kühnes Panorama von gigantischen Ausmaßen könnte
    einen Eindruck von der Mannigfaltigkeit der Landschaft vermitteln, die man von die-
    sem Turm aus überschauen konnte, und kein Panorama könnte einen Begriff von jener
    Szenerie vermitteln, in der eine halbe Million Mann über das Gelände hinwegwogt
    wie die Meeresbrandung oder eine Wolke im Wind. »

das Dach einer Moschee, so sind die im nächtlichen Sternenhimmel erscheinenden Onomatopoesien unterschiedlicher Explosionen und Geschosse (« Blam », « Tum », « Ratatata », « Fsss ») für ihn als fremder Beobachter nicht ohne die Hilfe eines kurdischen Kombattanten dechiffrierbar, der die Explosionsgeräusche den unterschiedlichen Kriegsparteien zuordnen kann.

Fig. 1: Zerocalcare 2016, p. 5–6. Copyright 2020 Michele Rech/Zerocalcare-BAO Publishing

In einer direkten Konfrontation dieser beiden Textausschnitte können somit einige dichotome Merkmale in Bezug auf den Beobachterstandpunkt und die Perspektivierung herausgefiltert werden (Kirche vs. Moschee, Überblick vs. Verdunklung, endogener vs. exogener Blick, direkte vs. vermittelte Dechiffrierung der Ereignisse), aus denen sich zentrale Fragestellungen zu einer möglichen Ästhetik der Neuen Kriege ableiten lassen: Welche Distanz, welcher Betrachterstandpunkt, welche Erzählperspektive werden gewählt, um von den Ereignissen der Kriegsschauplätze Zeugnis abzulegen? Welche narrativen und stilistischen Konsequenzen ergeben sich daraus für die literarische Reportage?

Die bei Münkler thematisierte Korrelierung von Kriegsform und Reportagestil steht im Zentrum dieser Publikation, die sich jedoch nicht ausschließlich den Kriegsherden der vergangenen drei Jahrzehnte widmen möchte, sondern den Fokus auf Kriegsreportagen der zweiten Hälfte des 20. und des 21. Jahrhunderts legt. Somit werden auch die Repräsentationsmechanismen jener Konflikte in den Blick genommen, die gemeinhin als Vorboten der neuen Gewaltmuster gelten. Unter der Bezeichnung von Bürgerkriegen[11] wurden sie aus literaturwissenschaftlicher Perspektive ebenso in den Blick genommen wie die spezifisch als Neue Kriege[12] zu bezeichnenden Gewaltphänomene. Die in diesem Band um die Frage der literarischen Kriegsdarstellungen vereinten Beiträge widmen sich zwei Schwerpunkten, der genrespezifischen Verquickung von Journalismus und Literatur sowie den damit verknüpften Konkurrenzbeziehungen von Literatur und anderen Medien.

2. Kriegsreportagen – zwischen Literatur und Journalismus

Seit ihrer Entstehung und Durchsetzung als bedeutendste journalistische Textsorte in Frankreich zum Ende des 19. Jahrhunderts zeichnet sich die Reportage durch eine genreinhärente Hybridität aus, welche die Grenzen zwischen Literatur und Journalismus, Fiktionalität und Faktualität, Subjektivität und Objektivität verwischt. Trotz einer « antinomie traditionnelle entre 'presse' et 'littérature' »[13] ist diese Hybridisierung mitunter durch die Schnittmenge von literarischem und journalistischem Feld bedingt, welche eine doppelte Tätigkeit vieler Autoren als Journalisten und vieler Journalisten als Autoren impliziert. Der Terminus des écrivain-journaliste[14] trägt dieser Doppelfunktion im Französischen Rechnung. Das Genre der Reportage bringt laut Myriam Boucharenc die besondere Herausforderung mit sich, gleichsam einen doppelten Pakt mit dem Leser einzugehen:

---

11 Cf. Bandau, Anja/Buschmann, Albrecht/Treskow, Isabella von: « Literaturen des Bürgerkriegs – Überlegungen zu ihren soziohistorischen und ästhetischen Konfigurationen », in: Id. (Hg.): Literaturen des Bürgerkriegs, Berlin: Trafo-Verlag 2008, pp. 7–18, 8. Siehe auch Bandau, Anja/Buschmann, Albrecht/Treskow, Isabella von (Hg.): Bürgerkrieg. Erfahrung und Repräsentation, Berlin: Trafo-Verlag 2005.

12 Cf. Karpenstein-Eßbach, Christa: Orte der Grausamkeit. Die Neuen Kriege in der Literatur, München: Wilhelm Fink 2011. Mein Dank für den Hinweis auf diese Publikation gilt Jan Knobloch.

13 Van Nuijs, Laurence: « Postures journalistiques et littéraires », Interférences littéraires/Literaire interferenties 6 (2011), pp. 7–17, 8.

14 Cf. Melmoux-Montaubin, Marie-Françoise: L'Écrivain-journaliste au XIXe siècle : un mutant des Lettres, Saint-Etienne: Cahiers intempestifs 2003; Touzot, Jean/Cresciucci, Alain: L'Écrivain journaliste, Paris: Klincksieck 1998.

Quand la littérature cessant d'être la métaphore du réel, c'est le réel qui, à son tour, devient la métaphore de la littérature, le pacte référentiel sur lequel se fonde le reportage, n'est pas exactement celui que l'on croyait. La réalité a désormais plus d'imagination que la littérature et si elle impose son cadre au reportage, c'est pour mieux plonger le lecteur dans ses profondeurs romanesques [...].[15]

Insbesondere in Bezug auf das journalistische Subgenre der Kriegsreportage bleibt der hier evozierte referentielle Pakt mit dem Leser neu auszuloten. Das Spannungsverhältnis von Faktischem sowie dem Effekt von Faktischem, welches im Übersetzungs- und Verschriftlichungsprozess von Gesehenem und Erfahrenem hinzu Beschriebenem und Bezeugtem den referentiellen Darstellungsmodus der Reportage kennzeichnet, nimmt im Kontext der kriegerischen Auseinandersetzungen verstärkt eine ethische Dimension an. Trotz jedweder Objektivitätsansprüche legt der Blick des Reporters immer einen subjektiven Filter auf das Geschehen. Die Realität erscheint durch die Linse eines individuellen ,Temperaments'[16], das sich darüber hinaus auch selbst in Relation zum Geschehen positioniert – auf rhetorischer Ebene sowie im journalistischen bzw. literarischen Feld.[17] Mit Blick auf die oben zitierte Comic-Reportage von Zerocalcare zeigt sich, dass hier die Selbstpositionierung des Autors in Juxtaposition mit einem kurdischen Widerstandskämpfer stattfindet, der im Laufe der gesamten Reportage in Bezug auf die kriegerischen Ereignisse eine aufklärende bzw. erklärende Funktion bewahrt, so dass zum einen der Vorwurf einer eurozentrischen Perspektivierung entwaffnet werden kann, zum anderen aber auch eine eindeutige politische Positionierung stattfindet.

Die Beiträge zeigen, dass die Frage nach der journalistisch-literarischen Selbstpositionierung einen Reflexionsschwerpunkt hinsichtlich der Einordnung und Bestimmung der journalistisch-literarischen Aufarbeitung der unterschiedlichen Gewaltmuster und Kriegsherde darstellt. Wird eine eurozentrische Sichtweise kolportiert, verschleiert, kritisiert oder konterkariert? Werden die

---

15 *Cf.* Boucharenc, Myriam: « Petite typologie du grand reportage », in: Id./Deluche, Joëlle (Hg.): *Littérature et reportage*, colloque international de Limoges, Limoges: PULIM 2000, pp. 221–234, 229.

16 *Cf. ibid.*, p. 230.

17 Van Nujis verwendet für diesen Zusammenhang den Ausdruck der ,posture journalistique et littéraire': « une réalité co-élaborée, désignant à la fois la manière dont l'auteur se construit une certaine identité (tant par le biais de ses conduites publiques – dimension rhétorique – que le biais de ses conduites publiques – dimension actionnelle) et la manière dont celle-ci se voit relayée à son tour par les médias et le public [...]. » Van Nujis 2011, p. 12.

Opfer, die Täter oder andere Zeugen in den Blick genommen, zu Wort kommen gelassen oder zu einem Dialog geführt. Hierbei werden letztlich auch jene identitätspolitischen Überlegungen kadriert, welche so bestimmend für die asymmetrischen Kriege sind und darüber hinaus auch als Ausdruck eines postkolonialen Gesellschaftsgefüges zu verstehen sind.

Augenscheinlich determiniert die subjektive Perspektivierung nicht nur die journalistisch-literarische Stimme, sondern vor allem auch den Fokus auf und den Darstellungsmodus von der erlebten Wirklichkeitserfahrung in den Kriegsgebieten. Die Problematik der Darstellbarkeit von Krieg tangiert in der Literaturwissenschaft den Bereich der ethischen Reflexion.[18] Die Sagbarkeit von Gewalt verhandelt auch den « Zusammenhang von ästhetischer Qualität literarischer Texte und der in ihnen zum Ausdruck kommenden Wirklichkeitserfahrung und Sensibilität für die ethische und moralische Dimension menschlicher Existenz »[19], welcher für Jutta Zimmermann einen ‚ethical turn' in der Literaturwissenschaft markiert. Die Literarisierung der kriegerischen Konflikte lässt sich im Genre der Reportage unterschiedlich skalieren und ist darüber hinaus auch vom Publikationskontext abhängig, wie die Beiträge verdeutlichen. Im journalistischen Genre selbst reichen sie von der synästhetisch-sensorischen Beschreibung von Atmosphäre über ein metaphorisch-bildsprachliches Übersetzen des (Un-)Sichtbaren hin zu einer raumzeitlichen Dehnung oder Überschichtung von Erfahrungen. Dabei muss hinterfragt werden, inwieweit dem Prozess der Literarisierung hier selbst eine ethische Funktion zukommt, insofern als darin eine Unsagbarkeit überwunden wird.

Darüber hinaus entscheidet aber auch der Veröffentlichungskontext im Spannungsfeld von Journalismus und Literatur über die Textfunktion. So ist zwischen Reportagen zu unterscheiden, die alleine im immediaten journalistischen Kontext der Ereignisse publiziert werden, und jenen, die (auch) in einem literarischen Kontext veröffentlicht werden und weniger auf Aktualität denn auf Dauerhaftigkeit hin angelegt sind (*cf.* den Beitrag zu Cendrars in diesem Band). Diese zeitliche Dimension, welche sich zwischen dem Anspruch einer Beschreibung vom immediaten Geschehen und dem Anspruch einer zeitlosen

---

18 *Cf.* z.B. die These einer literarischen Ethik als Reaktion auf den Ersten Weltkrieg: Mayer, Mathias: *Der Erste Weltkrieg und die literarische Ethik. Historische und systematische Perspektive*, München: Wilhelm Fink 2010.

19 Zimmermann, Jutta: « Einleitung: Ethik und Moral als Problem der Literatur und Literaturwissenschaft », in: Id./Salheiser, Britta (Hg.): *Ethik und Moral als Problem der Literaturwissenschaft*, Berlin: Duncker&Humblot 2006, pp. 9–25, 10.

Universalität auffächert,[20] wird insbesondere im Publikationsübergang vom journalistischen zum literarischen Produktionsbereich deutlich. Die Hybridisierung spiegelt sich beispielsweise in paratextuellen editorischen Zuordnungen wider, wie etwa der Bezeichnung als « récits » (*cf.* die Beiträge zu Hatzfeld und Lahens in diesem Band). Daneben sind auch Formen hypotextueller Transferbeziehungen von journalistischen zu literarischen Texten im Werk eines Autors oder aber zwischen unterschiedlichen Autoren zu konstatieren (*cf.* die Beiträge zu Lahens, Littell, Énard, Bolaño und Genet in diesem Band). Das journalistische Rohmaterial erfährt dabei eine literarische Kotextualisierung, die wiederum eine gerade für die Gegenwartsliteratur typische Hybridkonstellation von Reportage und Roman bzw. Fiktion schafft. Diese schreibt sich in die von Dominique Viart diagnostizierte Tendenz eines « retour au réel » bzw. auch « retour à l'histoire » ein.[21] Die journalistischen Hypotexte verändern in diesem neuen Kontext ihre Funktion, reproduzieren sie hier vor allem einen Effekt von Faktischem und von Referentialität innerhalb des fiktionalen Textraums. Mit der Literarisierung ist somit aus zeitlicher Perspektive auch eine Universalisierung des textuellen Geltungsbereichs verbunden. Für das Subgenre der Kriegsreportage ist dies auch dahingehend von Bedeutung, dass jene immediaten Berichterstattungen nur einen Ausschnitt, einzelne Facetten, eine Momentaufnahme von meist über lange Jahre schwelenden Konflikten erfassen können, wohingegen Chroniken oder Retrospektiven eher eine Langzeitperspektive einnehmen, wenngleich auch diese relativ zur Dauer des Kriegs bleiben kann.

Prozesse einer Literarisierung von kriegerischer Gewalt sind allerdings nicht alleine als Reaktion auf die Grenzen der Darstellbarkeit spezifischer Wirklichkeitserfahrungen zu verstehen, sondern richten sich auch an bestehenden Medienkonstellationen aus. Wie Karpenstein-Eßbach hervorhebt, ist

> jede literarische Rede vom Krieg [...] mit der Existenz von Medien, die über Kriege berichten, und zudem mit jenen Medien konfrontiert, die das technische Gerät der Kriegsführung sind. Literarisierungen Neuer Kriege sind ohne Rekurs auf die Problematik von Medien und die literarischen Konkurrenzverhältnisse, in denen sie stehen, schlechterdings nicht zu untersuchen.[22]

---

20 *Cf.* Boucharenc 2000, p. 231.
21 *Cf.* Viart, Dominique: « La littérature, l'histoire, de texte à texte », in: Id./Rubino, Gianfranco (Hg.): *Le roman français face à l'Histoire : Thèmes et formes*, Macerata: Quodlibet 2014, pp. 29–40, 29, https://books.openedition.org/quodlibet/125 [aufgerufen am 11.09.2018]; *cf.* auch Viart, Dominique/Vercier, Bruno: *La littérature française au présent. Héritage, modernité, mutations*, Paris: Bordas 2008.
22 Karpenstein-Eßbach 2011, p. 14.

Wie bei Münkler thematisiert wird, ist die Kriegsberichterstattung seit ihren Anfängen von Medienkonkurrenzen bestimmt und stützt sich nicht alleine auf Zeugnisse des geschriebenen Wortes, sondern auch auf Bilder, wie Fotografien und audiovisuelle Dispositive.[23] Medien und insbesondere Bilder mit ihrer spezifischen Authentizitätssuggestion, so Münkler, legen nicht nur Zeugnis von Kriegshandlungen ab, sondern greifen mitunter in diese ein, was noch einmal mehr durch die Beschleunigung der Informationsverbreitung im Internet bestärkt wird. Folgt man Gerhard Paul, gehorchen technisch und elektronisch erzeugte sowie propagierte Bilder nicht nur einem technischen, sondern auch einem ideologischen Framing – es handelt sich stets um ‚visuelle Fiktionen' des Kriegs.[24] Formen des literarischen Journalismus, die gerade im frankophonen Raum in den letzten Jahrzehnten – beispielsweise auch mit dem Aufkommen sogenannter ‚mooks'[25] – eine neue Blüte erfahren,[26] verstehen sich als eine Antwort auf diese beschleunigte technisch-visuelle Informationsübermittlung. Einerseits entschleunigen sie die Hervorbringung von Informationen, da die literarische bzw. literarisierte Produktion eine Zeitverzögerung zwischen den Ereignissen und der Nachricht beansprucht. Andererseits können sie auch in direkter Konfrontation zur bildmedialen Berichterstattung konzipiert sein. Dieses Konkurrenzverhältnis spiegelt sich eigentümlich im Genre der Comic-Reportage wider, die sich als eine kontrapunktische Repräsentationsform zur Sensationspresse entwirft (cf. Beitrag in diesem Band). Die literarisch-journalistische Verhandlung von Kriegen kann aber auch dahingehend als Alternative zur offiziellen Medienberichterstattung konzipiert sein, dass sie den Auswirkungen grundsätzlicher medialer Verzerrungen auf das Narrativ von kriegerischen Konflikten kritisch entgegentritt (cf. den Beitrag zu Monénembo).

---

23 Cf. Münkler 2017, p. 229.
24 Cf. Paul 2004, p. 15.
25 Cf. Alvès, Audrey/Stein, Marieke (Hg.): Les mooks. Espaces de renouveau du journalisme littéraire, Paris: L'Harmattan 2017.
26 Cf. Boucharenc, Myriam: « Introduction », in: Id. (Hg.): Roman et reportage XXᵉ-XXIᵉ siècle. Rencontres croisées, Actes du séminaire du Centre des Sciences de la Littérature française Université Paris Ouest Nanterre (2010–2012), Limoges: Presses universitaires 2015, pp. 7–12, 10.

Die hier versammelten Beiträge privilegieren eine Untersuchung der literarisch-journalistischen Produktion von Kriegsreportagen im frankophonen Raum, eröffnen im Einzelnen aber auch eine vergleichende transnationale Perspektive,[27] die für die gegenwärtigen globalen Produktionsverhältnisse auch im kulturellen Bereich sicherlich richtungsweisend ist.

Besonderer Dank sei hier an Frau Prof. Dr. Mechthild Albert gerichtet, die den Organisationsprozess der Sektion in allen wichtigen Entscheidungsfragen begleitet und unterstützt hat und ohne die auch die Veröffentlichung dieses Tagungsbandes nicht möglich gewesen wäre. Für die finanzielle Unterstützung sei darüber hinaus Herrn Dr. habil. Landry Charrier vom *Institut français* in Bonn, dem Frankoromanistenverband sowie dem *Institut français d'histoire en Allemagne* (Frankfurt) gedankt.

---

27 Zur transnationalen Interdependenz von literarischem Journalismus: *Cf.* Bak, John S./ Reynolds, Bill (Hg.): *Literary Journalism across the Globe. Journalistic Traditions and Transnational Influences*, Amherst/Boston: University of Massachusetts Press 2011, p. 14–17.

Myriam Boucharenc

Blaise Cendrars, *Chez l'armée anglaise* : un drôle de reportage de guerre

Abstract : Paru dans plusieurs journaux de la presse régionale française au cours du printemps 1940, *Chez l'armée anglaise* est le dernier et le plus méconnu des reportages de Blaise Cendrars. Achevé d'imprimer à la date du 18 mai 1940 aux éditions Corrêa, le livre recueillant les articles a été pilonné par l'occupant avant même de paraître. Réalisé sur les bases anglaises, ce reportage déploie une poétique en miroir de la « drôle de guerre », de nature à éclairer la conception subjective que Cendrars se faisait de ce genre journalistique.

Mots-clés : Cendrars, Blaise ; reportage ; seconde guerre mondiale ; subjectivité ; représentation

Dans les années trente, le poète Blaise Cendrars est connu du grand public comme romancier de *L'Or* (1925) – son plus grand succès de librairie, adapté à l'écran par James Cruze en 1936 (*Sutter's Gold*) – et comme reporter à succès de la grande presse d'information. Il enquête en 1930 sur l'« affaire Galmot » pour le magazine photographique *Vu* ; en 1934 *Excelsior* publie son grand reportage sur « les gangsters de la maffia » ; en 1935, il est l'un des envoyés spéciaux de *Paris-Soir* pour la traversée inaugurale du paquebot *Normandie* tandis que l'année suivante paraît, toujours dans les colonnes du journal de Jean Prouvost, « Hollywood 1936 ». Il projetait d'embarquer pour un tour du monde à bord de l'un des derniers voiliers quatre-mâts dans les premiers jours de septembre 1939, lorsque la déclaration de guerre coupant court à ce projet de reportage « sensationnel »[1], il se retrouve sillonnant la France mobilisée pour *Paris-Soir* et pour *Marie-Claire*.[2] À 52 ans, l'ancien combattant de l'autre guerre n'est plus mobilisable. Qu'à cela ne tienne ! Il revêtira l'uniforme britannique Kaki à galons impeccablement coupé et la casquette ornée d'une cocarde à son initiale. Avec

---

1   C'est ainsi que Cendrars le qualifie à plusieurs reprises dans une lettre à Jean Prouvost du 26 mai 1939. Cité par Cendrars, Miriam : *Blaise Cendrars* (1984), rééd. coll. « Points », Paris : Seuil 1985, p. 738–739.

2   Cendrars, Blaise : « Le noble visage de la France », *Paris-Soir*, 7–21 septembre 1939 et Cendrars, Blaise : « Un village comme tant d'autres », *Marie-Claire* 136, 6 octobre 1939.

un franc-parler qui n'appartient qu'à elle, Raymone[3] rapportera plus tard lors d'une interview radiophonique dans quelles circonstances le mutilé de la Grande Guerre s'est retrouvé en 1939 dans la Force expéditionnaire britannique en tant que *war correspondent* : « Il s'est engagé avec les Anglais parce que les Français n'en voulaient plus comme il n'avait qu'un bras. On a dit : 'vous ne pourrez pas nous être utile.' Alors, il s'est engagé dans l'armée anglaise où on l'a pris pour des articles [...] »[4]. Le 17 novembre, Cendrars rejoint donc le G.H.Q (*General Head Quarter*) de l'armée Britannique en France installé à Arras (Pas-de-Calais), qui ne compte encore que quatre divisions placées sous le commandement du général Lord Gort.

Il est « envoyé spécial » pour une demi-douzaine de journaux parmi lesquels l'hebdomadaire d'union républicaine *Le Républicain orléanais*, ainsi que divers quotidiens de province : *La Dépêche de Brest, La Petite Gironde, Le Petit Marseillais*, etc. Du 27 novembre 1939 au 27 janvier 1940, paraît simultanément dans ces divers titres une première série en seize livraisons (diversement intitulée : « Un français chez les anglais », « Le petit marseillais chez les anglais », etc.). Cette première série n'a jamais été reprise en volume, à l'exception du dernier article. De la fin janvier à la mi-février, Cendrars gagne l'Angleterre par la mer pour une visite guidée de trois semaine en divers points stratégiques (usine, camp d'entraînement, champs de manœuvre, école de tir, arsenaux, station de sous-marins…), en compagnie d'une escouade de sept autres correspondants rattachés au corps expéditionnaire, parmi lesquels : le photographe de *L'Illustration*, Pierre Ichac, l'académicien André Maurois pour *Le Figaro*, Raymond Franklin pour *L'Intransigeant*, Pierre de Lacretelle pour *Le Petit Journal*, Jacques-Henri Lefebvre pour *Le Jour-Écho de Paris*[5], tous « plus ou moins décorés ou chevronnés de l'autre guerre »[6]. Il s'ensuit une deuxième série d'articles, qui commence à paraître au retour de Cendrars à Arras, soit de la mi-février au début d'avril 1940. Les éditions Corrêa que dirigeaient Edmond Buchet et Jean Chastel acceptent de la publier : ce sera *Chez l'armée anglaise*.

---

3   L'actrice Raymone Duchâteau, compagne et muse de Cendrars, rencontrée en 1917 et épousée en 1949.

4   Entretien de Raymone avec Michel Bory, 4 avril 1977, Archives de La Radio Suisse Romande, Lausanne, reproduit dans Cendrars, Blaise/Duchâteau, Raymone : *Correspondance 1937–1954*, éd. Myriam Boucharenc, Carouge-Genève : Zoé 2015, p. 568.

5   Jacques-Henri Lefebvre évoque cette période de sa vie dans *1939–1940. Le suicide. Notes d'un correspondant de guerre*, Paris : G. Durassié & Cie éditeurs 1942.

6   Cendrars, Blaise : « Chez l'armée anglaise », in : *Panorama de la pègre, suivi de À bord de Normandie, de Chez l'armée anglaise et d'articles et reportages*, éd. Myriam Boucharenc, « Tout autour d'aujourd'hui », vol. 13, Paris : Denoël 2006, p. 235.

Le 18 mai 1940, un mois jour pour jour avant la capitulation et l'entrée des allemands dans Paris, le livre est achevé d'imprimer, illustré de 17 photographies, provenant du *War-Office* et du *Ministry of Information* à Londres. Plusieurs maisons d'éditions, dont Corrêa, sont mises sous scellés. Jean Chastel obtient la réouverture de la sienne en contrepartie du pilonnage de onze titres de son catalogue, parmi lesquels *Chez l'armée anglaise*, dont la couverture – bleu, blanc, rouge –, ne pouvait certes pas échapper aux autorités d'Occupation. Le 25 octobre, la presque totalité des exemplaires est détruite avant même la parution de l'ouvrage – faisant de l'édition originale de ce livre l'une des plus rares de la bibliographie de son auteur, et de ses reportages, assurément le plus méconnu.

Un volume dédicacé à Raymone à la date de 1940 laisse supposer que Cendrars a reçu au moins un exemplaire avant le pilonnage, dont il n'a été informé que quatre ans plus tard, en 1944. Retiré à Aix-en-Provence où il écrit alors *L'Homme foudroyé*, premier volume de sa tétralogie, évoquant notamment la première guerre mondiale, la légion et ses combats, il charge son ami et homme de confiance Jacques-Henri Lévesque de prendre des nouvelles de *Chez l'armée anglaise* qu'il aimerait bien voir enfin paraître. Les éditions Corrêa « pensent que ce n'est plus d'actualité pour le réimprimer, dépassé par les événements »[7], et font parvenir à Raymone, restée à Paris, quelques exemplaires ayant échappé à la destruction, que Cendrars lui recommande de conserver très soigneusement. Il tenait visiblement à ce « petit livre chez les anglais », comme il l'appelle[8], dont il reprendra le chapitre VI (« Adelphi ou un ministère shakespearien ») dans *Bourlinguer* (1948), et dont il évoquera la mésaventure dans *Le Lotissement du ciel* (1949). Un exemplaire sur Bambou corrigé de sa main, conservé aux Archives Littéraires Suisses de Berne, indique qu'il eut très certainement le projet de rééditer *Chez l'armée anglaise* qui ne fut finalement diffusé pour la première fois que 24 ans après les événements qui l'ont suscité, à l'occasion de l'édition des *Œuvres complètes* (posthumes) chez Denoël en 1964. Voilà qui suffirait à faire de *Chez l'Armée anglaise* un reportage peu commun. Ce n'est toutefois pas seulement en raison de son étrange destinée éditoriale que ce livre peut être qualifié de « drôle de reportage ».

Alors que les éditions Corrêa estimaient en 1944 ce texte « dépassé par les événements », daté en d'autres termes, tel n'est pas du tout l'avis de Jacques-Henri Lévesque qui écrit à Cendrars le 18 novembre 1944 :

---

7 « Carte-lettre de Jacques-Henry Lévesque à Blaise Cendrars du 25 octobre 1944 », in : Cendrars, Blaise/Lévesque, Jacques-Henri : *Correspondance 1922–1956*, éd. Marie-Paule Berranger, Carouge-Genève : Zoé 2017, p. 301.

8 « Carte du 31 octobre 1944 », in : Cendrars/Duchâteau 2015, p. 236.

Vous ai-je dit que ce qui m'a frappé en lisant votre petit livre de chez Corrêa, c'est que ces articles étaient *tellement objectifs et vrais* que, malgré la date où ils ont été publiés, et *tout ce qui s'est passé depuis*, il n'y a rien à en retrancher. Je suis sûr que ceux de ces confrères dont vous parlez dans ce bouquin seraient aujourd'hui *illisibles*, par leurs pronostics, par leurs rodomontades, par leur « fait au goût du jour ». C'est encore *un cas unique* à votre actif[9] –

Cendrars lui répond le 23 novembre :

Je suis assez d'accord avec ce que vous me dites de mon reportage *Chez les Anglais*. Un chapitre comme l'Avionnerie me réjouit encore. Mais, justement, ce chapitre *n'est pas objectif*. Tout au contraire. J'ai été le seul parmi mes confrères à noter ce « cri de bébé » qui fit de l'avionnerie une pouponnière. Eux, j'en ai eu le témoignage, ne l'avaient même pas entendu. Qu'est-ce donc l'objectivisme ? Une façon d'être et de sentir. La forme la plus intime du subjectivisme ![10]

Cet échange substantiel soulève plusieurs questions. Premièrement, comment se peut-il que ce reportage ne soit pas « périmé » quatre ans après l'actualité qu'il retrace (au point même que sur l'exemplaire bambou corrigé en vue d'une réimpression, le texte est conservé à l'identique à de menues suppressions ou ajouts près) ? Deuxièmement – les deux épistoliers ne sont pas d'accord sur ce point – s'agit-il d'un reportage objectif ou subjectif ? Troisièmement, comment Cendrars s'y est-il pris pour faire un reportage « unique » alors même qu'il partageait son enquête avec sept autres journalistes ? Subsidiairement, enfin, pourquoi se montre-t-il aussi satisfait d'avoir été le seul à noter « ce cri de bébé » qui fait de l'usine où se fabriquaient les fameux avions *Wellington* une « pouponnière », selon la métaphore qu'il utilise et dont l'incongruité ne laisse pas de surprendre ?

1. Un reportage inactuel

Commençons-donc par répondre à la première question. Si les articles de Cendrars se sont mieux « conservés » dans le temps que ceux de ses collègues, c'est parce qu'il s'agit d'un reportage désancré, inactuel en somme, si paradoxal que cela puisse paraître. Sa genèse démontre en effet qu'il n'est qu'en apparence un authentique reportage de correspondant de guerre, au sens où celui-ci est censé renseigner son journal sur le conflit au fur et à mesure de son avancée, moyennant une rédaction des articles qui alterne avec les événements qu'ils évoquent, comme cela fut le cas, au demeurant, pour la première série. Cendrars s'y mettait en scène pressé par la nécessité de rédiger sa copie :

---

9   Cendrars/Lévesque 2017, p. 312–313. [C'est l'auteur qui souligne.]
10 *Ibid.*, p. 313–314. [C'est l'auteur qui souligne.]

- C'est la St. Andrew's Night. Venez vite, ami Cendrars, cela va vous intéresser.
- Impossible, capitaine. J'ai un article à terminer et demain matin, je vais à l'aviation, à l'aube.[11]

Rien de tel, et pour cause, dans la seconde série dont la diffusion s'est échelonnée au retour, Cendrars ayant obtenu l'accord des éditions Corrêa pour la publication en volume, « avant même d'avoir écrit plus d'un article »[12], d'après les informations fournies par Miriam Cendrars. Le reportage a donc été conçu dans la perspective du livre, ce qui explique assurément que les variantes entre la version journalistique et la version éditée soient assez minimes. Hormis le premier chapitre qui est une reprise du dernier article de la première série consacrée à la visite sur les bases anglaises de l'Ouest de la France, le livre rassemble les articles de la deuxième série dans leur ordre de parution à l'exception du chapitre IX (« À bord d'un contre-torpilleur en mer du Nord ») qui, contrairement aux autres, n'était pas paru dans la presse suivant l'ordre chronologique de l'enquête. La modification ne vise donc qu'à rétablir la chronologie. Le découpage en chapitres est parfois obtenu par compression de plusieurs articles. Les variantes portent principalement sur la titraille, notamment les intertitres qui sont supprimés, et le rétablissement de certains passages échoppés par la censure.

Ce qu'indique la genèse se trouve par ailleurs amplement confirmé par la construction interne du reportage qui, contrairement à l'émiettement qui caractérise les séries des autres journalistes, présente une unité organique, perceptible notamment grâce à la ligne directrice qui les assemble, celle de la guerre moderne, dominée par l'innovation technologique et par l'automatisation des machines. Malgré les apparences, la publication dans la presse est donc une pré-publication en feuilleton et non une série journalistique à proprement parler.[13] Nous avons bien affaire à un reportage « bidonné », à l'image de cette guerre bidon (« *phoney war* ») comme l'appelait les anglais. L'analogie ne s'arrête pas là.

Le décalage temporel entre l'enquête et sa restitution, a été rendu possible par la nature même du conflit, par l'actualité paradoxalement « tiède » de cette guerre immobile, marquée au sceau de l'attente. À l'instar de ce conflit déclaré sans s'être encore déclaré, qui revêt la forme d'un événement sans événements, *Chez l'armée anglaise* est un reportage de guerre sans en être un, qui ne se déroule

---

11 Cendrars, Blaise : « Un français chez les Anglais. V. Contrastes », *La Petite Gironde*, 11 décembre 1939, p. 1.

12 Cendrars 1985, p. 742.

13 Ce type de pratique est assez courant dans la presse de l'Entre-deux-guerres s'agissant des grands reportages de société, dont l'actualité « tiède » s'accommode de ce procédé. Tel n'est évidemment pas le cas, lorsqu'il s'agit d'informer sur une actualité « brûlante ».

pas dans le feu du conflit mais dans sa gestation. L'unique fois où Cendrars utilise l'expression « ouvrir le feu », ce n'est pas pour évoquer celui de la mitraille
mais pour décrire métaphoriquement le démarrage… de la conversation.[14] Il en
résulte un texte où la trame événementielle se voit finalement réduite au récit de
l'enquête elle-même – la traversée de la France du front d'Ardennes aux côtes
Atlantique, la remontée vers Arras en suivant un convoi d'artillerie motorisée,
le voyage en train jusqu'au port d'embarquement, la traversée de la Manche et
le voyage en autocar qui fourmille de notations sur les propos échangés entre
les envoyés spéciaux, tous fins lettrés ; parfois la narration circonstanciée d'une
fausse alerte réduisant l'événement à son simulacre, comme lorsque le torpilleur
croit avoir détecté une mine qui s'avère n'être qu'une roche marine…

Par bien des traits ce reportage de guerre s'apparente à une enquête de fond
sur l'effort d'armement de l'Angleterre, contrairement à la première série, plus
circonstancielle, qui avait notamment couvert la visite de Georges VI aux armées
en France. Cendrars y faisait volontiers part de ses pronostics sur la durée de
la guerre : « quand on me demande combien de temps la guerre durera, je
réponds : 'Dix ans' »[15]. Autant de traits de nature à « dater » l'enquête, ce dont se
garde bien *Chez l'armée anglaise* qui se présente comme un reportage d'*immersion* dans tous les sens de ce terme : il s'agit certes de partager la vie des hommes,
que ce soit celle d'un bataillon ou d'un patrouilleur, mais également de s'enfon-
cer dans les profondeurs des équipements guerriers, ainsi que l'emblématise la
visite à bord du sous-marin. Il s'agit enfin d'explorer l'*immersion* de la guerre
elle-même, au sens où l'on parle de l'immersion d'un astre, lorsque celui-ci est
éclipsé ou occulté par une zone d'ombre.

À ce désencrage temporel s'ajoute un désencrage spatial. Véritable défi au
genre de la « chose vue », « la nuit noire du fameux *black-out* »[16] que ne manquent
pas de mentionner tous les journalistes, conditionne l'ensemble du reportage
de Cendrars qui s'en empare poétiquement pour conférer à l'ensemble de ses
articles une unité d'atmosphère. « Nous avons roulé des centaines de kilomètres
comme dans un tunnel, sans voir le soleil »[17] : ainsi se trouve décrite la traversée
de la France d'Est en Ouest. Celle de la Manche se fait à bord d'un petit bateau
navigant « tous feux éteints »[18]. C'est à trois heures du matin que les journalistes

---

14 *Cf.* Cendrars 2006, p. 237.
15 Cendrars, Blaise : « Même les oiseaux ne volent pas par ce temps-là », *La Petite Gironde*,
    21 janvier 1940, p. 1.
16 Cendrars 2006, p. 238.
17 *Ibid.*, p. 216.
18 *Ibid.*, p. 227.

visitent les bases anglaises, quand « on n'y voit rien » que « des navires couleur de nuit » se détachant comme des « iceberg noirs ».[19]

2. Une conception subjective du reportage

De jour, tout n'est que neige et brouillard, givre et brume, grisaille et poisse : « le temps est bouché »[20]. Cela tombe bien, en somme, dès lors que Cendrars s'intéresse précisément à ce qui ne se voit pas ! « Tout se passe en pleine lumière et l'on ne voit rien »[21], écrivait-il déjà au commencement de *Panorama de la pègre*. Qu'il s'agisse de percer l'invisible du visible ou le visible de l'invisible, le réel dans ses reportages n'est jamais donné, jamais perceptible à l'œil nu, soit qu'il faille en percer l'opacité à la lueur d'une cigarette ou du clignotement d'un témoin électrique, au moyen de « lunettes marines »[22], en essuyant les vitres embuées de l'autocar ou simplement en guettant le son en l'absence de visibilité. *Chez l'armée anglaise* n'est pas tant un récit de « la chose vue » que de la « chose perçue » : « on ne voit pas un fanal, pas une bouée, pas une lueur, bien qu'on entende le sifflet aigrelet d'une petite locomotive, le roulement des wagons en manœuvre, un bruit de chaine sans fin et le halètement des grues, ce qui indique que le travail de nuit bat son plein »[23]. Que de notations sonores dans ce reportage : cris de mouettes, hurlements de remorqueurs, « bruit lourd et croulant d'une explosion »[24] ou tic-tac de l'appareil détecteur de sous-marins… Mais aussi olfactives : dans l'atelier d'entoilage « règne une douce odeur de confiture »[25].

À cette enquête sur ce qui n'est pas la guerre mais seulement son ombre, viennent s'ajouter les effets de trompe-l'œil obtenus par le camouflage qui fait l'admiration de Cendrars et renforce le sentiment d'irréalité suscité par les lieux : « cette immense usine d'avions établie à l'orée d'un bois […] recouverte de filets de camouflage et de branchages et de petits sapins et tout le terrain aux alentours minutieusement apprêté. De plain-pied on est dans la féérie, mais la porte poussée, on entre dans l'irréel »[26]. Le camouflage est à la réalité ce que la censure est

---

19 *Ibid.*, p. 221.
20 *Ibid.*, p. 283.
21 Cendrars, Blaise : « Panorama de la pègre », in : *Panorama de la pègre, suivi de À bord de Normandie, de Chez l'armée anglaise et d'articles et reportages*, éd. Myriam Boucharenc, « Tout autour d'aujourd'hui », vol. 13, Paris : Denoël 2006, p. 8.
22 Cendrars 2006, p. 285.
23 *Ibid.*, p. 219.
24 *Ibid.*, p. 284.
25 *Ibid.*, p. 254.
26 *Ibid.*, p. 252.

à son évocation. Censure dont le reporter rappelle à l'occasion la présence mais sans la déplorer, bien au contraire : dans la première série il en faisait même l'éloge – les anglais ne s'en prenant jamais à la rédaction, se réjouissait-il. Plus subtilement, la réalité ne lui semble jamais si vraie que lorsqu'on la maquille, ainsi qu'en témoigne cette anecdote :

> L'autre jour, ayant planté dans un paysage de tranchées, deux, trois cheminées d'usines et des grands arbres qui en réalité n'y étaient pas, mon censeur effaça mon camouflage littéraire, trouvant qu'il faisait trop vrai. Alors, je lui fis remarquer qu'en biffant arbres et cheminées issus de mon imagination, il rétablissait pour ainsi dire photographiquement le paysage réel tel que je l'avais vu… et j'eus le plaisir de censurer mon censeur.[27]

Voici qui répond exactement à la conception subjectiviste que Cendrars se fait du reportage. Comme le lui a appris son maître, Schopenhauer, « [l]e monde est ma représentation »[28]. Tout reportage n'est dès lors qu'une « vue de l'esprit », comme il l'affirme dans *Hollywood, la Mecque du cinéma* (1936). Il n'est, autrement dit, de reportage qu'intérieur. Paradoxe de poète, dira-t-on, que cette affirmation de l'importance primordiale de la subjectivité dans l'exercice d'un genre qui se pense alors plus communément être celui de l'objectivité.

Chez l'armée anglaise se présente ainsi comme un reportage à l'aveugle restituant l'impression même de désorientation produite par l'invisibilité de la réalité, qui lui confère une dimension « fantômatique » (le mot ponctue la narration tel un *leitmotiv*) teintée d'une irréalité, qui est la réalité même de cet état de guerre larvée où l'on ne voit pas où l'on va – au sens géographique comme historique : « On ne savait plus où on était » ; « où étions-nous ? »[29] Il n'est pas jusqu'au chauffeur de l'autocar qui ne se perde régulièrement. L'invisibilité du réel est toutefois compensée par la visibilité de sa représentation. S'il ne sait où il va en termes viatiques, Cendrars sait où le conduit son texte : à une mise en miroir de l'événement et de l'esthétique, à un reportage qui restitue dans sa forme l'essence même de cette « drôle de guerre ». Il n'est pas jusqu'au « détachement » dont font montre les officiers anglais (« ils ont l'air détachés de tout »,[30]) – le fameux flegme britannique – qui ne fasse écho à cette poétique du désancrage.

---

27 Cendrars : « Un français chez les Anglais. V. Contrastes », p. 1.

28 Cette phrase qui ouvre le premier livre de l'opus de Schopenhauer, *Le Monde comme volonté et comme représentation* (*Die Welt als Wille und Vorstellung*, 1819, trad. française d'Auguste Burdeau, 1885) est l'une des citations fétiches de Cendrars.

29 Cendrars 2006, p. 258.

30 *Ibid.*, p. 218.

3. Un reportage « unique »

Voilà qui suffirait à expliquer le caractère « unique » de *Chez l'armée anglaise*, qui vise à rendre compte de la guerre en se démarquant de son « lieu commun ». Certes, l'exigence d'originalité a parfois ses limites : lorsqu'il s'agit, par exemple, de restituer l'entretien que les huit journalistes ont eu avec le ministre des Fournitures, les variantes entre les divers articles sont moindres. De même, Cendrars n'échappe pas à la propagande pro-anglaise de rigueur en la circonstance : élégance, *fair-play*, flegme et « génie d'organisation des anglais »[31]… Certaines images, comme la comparaison de la construction géodésique des avions bombardiers à un jeu de meccano géant, se retrouve également sous la plume d'André Maurois.

L'éloignement hors les sentiers trop bien balisés du programme « minuté » réservé aux correspondants de guerre, demeure cependant une hantise permanente qui s'exprime paradoxalement dans le choix – que Cendrars est le seul à avoir fait – de restituer le caractère collectif du périple. Celui-ci lui inspire une description gentiment satirique de l'escouade de journalistes qu'il compare à « une volière piaillante » : « le chapitre sur les confrères [...] fait ma joie », lui écrit Jacques-Henry Lévesque.[32] Le simple fait de se positionner en observateur du groupe, suffirait, en somme, à l'en détacher, s'il ne s'en écartait de surcroît à la moindre occasion : « Je n'étais pas mécontent du tout de faire un peu bande à part, ayant personnellement très peu de goût pour les tournées en commun »[33]. Cendrars énonce ainsi l'un des traits caractéristiques de sa posture de reporter toujours soucieux de se démarquer du lot. À bord du transatlantique *Normandie*, il fut le seul parmi la cinquantaine de journalistes à voyager dans les soutes du navire. Tandis que les autres correspondants rentrent à Paris, il prolonge seul son séjour en Angleterre ce qui vaut aux lecteurs de *La Dépêche de Brest* un « scoop » que s'empresse de souligner le journal : « Impressions du premier journaliste français admis sur un destroyer britannique en action de guerre »[34].

---

31 *Ibid.*, p. 232.
32 « Carte-lettre de Jacques-Henry Lévesque à Blaise Cendrars du 25 octobre 1944 », in : Cendrars/Lévesque 2017, p. 302.
33 Cendrars 2006, p. 216.
34 *La Dépêche de Brest*, 24 février 1940, p. 1.

4. Un reportage régressif

Venons-en pour finir à ce « cri de bébé » que Cendrars est si fier d'être le seul à avoir entendu. En pénétrant dans l'avionnerie, écrit-il, « on est reçu par le cri de bébé de milliers et de milliers de petites foreuses »[35]. Les machines crient de faim « comme des nourrissons ! »[36] La métaphore intrigue par son étrangeté tout comme par sa dissémination discrète, mais persistante, tout au long du reportage où le motif de l'enfance est filé avec insistance : à la vue des ballons captifs « chacun de nous se crut transporté au pays de son enfance »[37] ; « en tout marin, il y a un enfant »[38]. Cendrars baptise « bateau-nourrice » le navire auquel sont reliés les torpilleurs. La progression même du texte, de la nuit sans lune du début jusqu'au soleil qui réapparait dans le dernier chapitre, où le reporter voit enfin le jour, suggère discrètement l'image de la naissance. De même, l'intérieur du sous-marin comparé à un « long étui »[39] où l'on est à l'étroit mais où « le cœur […] est à l'aise »[40], ou bien encore la chambre de l'hôtel londonien « îlot d'ouate et de coton »[41] dans la chaleur duquel il fait bon « se pelotonner », évoquent un retour en arrière, *in utero*.

Le reportage alterne également, de manière cyclothymique, l'euphorie suscitée par la guerre actuelle, avec sa « machinerie ultra-moderne », ses « engins absolument nouveaux »[42], qui tiennent de la « la magie des *Mille et Une Nuits* »[43] et la mélancolie de ce qu'elle révoque :

> On sent que si l'on gagne du temps, que si l'on regagne du temps perdu, que si l'on se modernise, cette lutte contre la montre est proustienne, c'est-à-dire que l'on gagne, que l'on y arrive mais en prenant congé, mais en rompant avec toute une époque, et cette constatation ne va pas sans mélancolie.[44]

---

35 Cendrars 2006, p. 253.
36 *Ibid.*
37 *Ibid.*, p. 259.
38 *Ibid.*, p. 286.
39 *Ibid.*, p. 275.
40 *Ibid.*, p. 278.
41 *Ibid.*, p. 293.
42 *Ibid.*, p. 244.
43 *Ibid.*, p. 258.
44 *Ibid.*, p. 268.

Surprenante réflexion proustienne sous la plume de Cendrars s'avisant lui-même de la contradiction qui le traverse lorsqu'il éprouve une « impression de mélancolie en visitant Sandhurst » (le saint-Cyr anglais) : « moi le poète qui ai le premier chanté le monde moderne, moi, le moins académique des hommes »[45], précise-t-il. À travers cette hésitation entre l'ancien et le nouveau monde, se dessine la figure de cette guerre nouvelle placée sous le signe de la « brisure » : « il nous faudra piétiner tout ce que nous avons aimé au monde, et dans notre civilisation de l'Occident pour entrer dans les temps nouveaux. »[46] À un officier anglais qui le renseignait sur l'effort de guerre des dominions, Cendrars glisse cette petite phrase qui en dit long : « Mais pour en revenir à l'infanterie qui est malgré tout la reine des batailles, dites-moi, Sir… »[47] Croire encore, en 1940, à la supériorité de l'*infanterie* sur l'artillerie, n'est-ce pas une forme d'*enfantillage* historique (les deux mots sont au demeurant de même famille) ? Cendrars manifeste en d'autres termes son attachement aux enseignements de l'École de guerre fondé sur l'expérience de la première guerre mondiale – dans lequel Marc Bloch, l'auteur de *L'Étrange défaite* (1946), ne manquera pas de voir l'une des causes de la défaite alliée.

5. Conclusion

Chez l'armée anglaise se présente donc comme un reportage dédoublé qui dédit ce qu'il dit – l'affirmation de la toute-puissance de la guerre moderne – par le travail souterrain de la métaphore régressive qui mine dans le même temps le discours moderniste, un reportage dont la structure apparente est tournée vers l'avenir et la structure latente hantée par le passé : un reportage en « zig-zag », selon l'expression dont use Cendrars à plusieurs reprises pour évoquer le périple en Angleterre, immobilisé par ses va-et-vient dans l'espace comme dans le temps. N'est-ce pas aussi l'une des plus justes images que l'on puisse donner de la « drôle de guerre », que ce piétinement, cette indécision du conflit ? Des contraintes imposées par les circonstances – le manque de visibilité, la censure, la carence événementielle – Cendrars a non seulement fait son bien, mais a trouvé en elles le cadre d'expression idéal de sa conception subjective du reportage.

---

45 *Ibid.*, p. 271.
46 *Ibid.*, p. 268.
47 *Ibid.*, p. 231.

Étrange coïncidence. Cette « drôle de guerre », qu'il appelait « la pas drôle »[48], lui a permis de démontrer la supériorité de la vision sur la « chose vue », de l'image mentale sur le réel objectif : quand l'événement revêt la forme d'un non-événement, quand la guerre fait mine de s'éclipser, sa réalité apparaît plus que jamais, en effet, comme étant une *représentation*.

---

48 Dédicace sur un exemplaire de *Chez l'armée anglaise* (coll. Thierry Jugan) : « À Alfred Bravo, mon copain de l'autre guerre, ce petit livre de l'autre-guerre, la pas drôle… / Avec ma main amie/Blaise Cendrars. Saint Segond, 3/II/49. »

Ramzi Hidouci

La représentation de l'Histoire et les images de la guerre civile : un reportage entre littérature et journalisme. Le cas des écrivains-journalistes algériens des années 1990

Abstract : « Sous les armes, les muses se taisent », telle est la traduction de la maxime latine « *Inter arma silent musae* ». Pour la guerre civile (les évènements des années 1990) qu'a connue l'Algérie, cette maxime semble difficile à vérifier. Les muses ont été, et elles le sont toujours, très bavardes. Les livres, les articles ou les documents qui relatent le conflit « algéro-algérien » sont très nombreux. Pendant la décennie sanglante et parmi toutes les productions textuelles, deux d'entre elles se sont rapidement imposées comme étant les plus précises dans leurs descriptions de la guerre et leur présentation des carnages qui en ont suivi. Il s'agit des écrits journalistiques et romanesques. Les plus authentiques d'entre eux sont ceux relatés par des écrivains et des journalistes « témoins », ayant vécu et connu ce conflit. Ce mariage entre journalisme et littérature est vu à travers les précieux reportages journalistico-littéraires qui ont mêlé l'objectivité du premier à la subjectivité de la seconde en tentative d'expliquer une tragédie indescriptible. La recherche de la vérité et la fascination pour le réel constituent les ingrédients majeurs des écrits journalistiques et romanesques sur le terrorisme en Algérie. En partant d'une subjectivité réflexive, qui repose sur l'émotion, les sensations et la profonde humanité, les romanciers-journalistes algériens réalisent des enquêtes exclusives et des grands reportages riches, parfois similaires, mais parfois contradictoires, car la majorité entre eux cherche à montrer « *qui tue qui ?* ». Malheureusement, des rafales de kalachnikov tirées dans des salles de rédaction, des voitures piégées mises à l'entrée des sièges des journaux et des règlements de comptes avec des romanciers-journalistes rebelles (comme Tahar Djaout) viennent répondre à cette « question tabou ». La noirceur des scènes tragiques de la mort et de la terreur, dans lesquelles l'Algérie est plongée, ont hanté les paysages littéraires et sombré les descriptions narratives de la majorité des romans parus à cette époque. Et de la guerre obscure algérienne nait le roman noir de l'Algérie des années 1990.

Mots-clés : guerre civile ; Histoire ; Algérie ; terrorisme ; roman noir

Vingt-six ans après l'indépendance, l'Algérie connait une guerre civile fratricide, meurtrière et probablement plus violente que la guerre d'indépendance. L'éminent écrivain et journaliste Ali Chibani, dans son article « La littérature algérienne face à l'émergence du terrorisme islamiste », confirme qu'« [i]l a suffi de quelques incultes, de quelques fous de Dieu et de quelques opportunistes pour que l'Algérie sorte de l'Histoire. Ils ont estimé que la vie humaine valait moins que leurs intérêts personnels, matériels ; intérêts défendus sous le couvert de la foi. »[1]

Entre la guerre de l'Algérie des années 1950 et les évènements des années 1990, les histoires se confondent, la vérité se dissimule et l'ennemi passe soudainement de l'« Autre » (Français) vers le « Moi » (Algérien) pour donner naissance à un diabolique conflit algéro-algérien. Une question obsédante ne cesse de se poser : « qui tue qui ? », « qui est le responsable ? », « qui sont les acteurs ? ». Armée et islamistes séduisent, chacun à sa façon, la population et les intellectuels. Le prix à payer serait néanmoins terrible et « en ce sens, on ne peut pas parler à proprement dire de guerre civile, mais d'une guerre contre les civils… »[2] Résultat, la population, les journalistes et les écrivains algériens deviennent alors de la chair à canon, et doivent, qu'ils le veuillent ou pas, faire face à ces machines de guerre, qu'elles soient étrangères ou algériennes.

Malgré les mystères et les mensonges qui entourent la guerre civile des années 1990, de plus en plus révélés et de plus en plus choquants, l'étude comparatiste des écrits journalistiques et romanesques semble indispensable afin de comprendre la façon dont les imaginaires, national et mondial, de l'Algérie s'articulent aujourd'hui. Pour cela, nous jugeons intéressant d'explorer la période des années 1990 à travers les deux plumes, journalistique et romanesque, et surtout d'étudier les textes d'écrivains et journalistes algériens, ayant connu ou vécu la tragédie algérienne. Nous pouvons citer, à titre d'exemple, Tahar Djaout, Amine Touati, Hamid Grine, Yasmina Khadra et Kamal Daoud.

En outre, il est d'emblée intéressant de rapprocher les écrits journalistiques et romanesques, parus pendant la guerre civile afin de déterminer si les processus de mémorisation de l'Histoire s'élaborent de la même manière, avec les mêmes traits narratifs et stylistiques. Les écritures journalistiques ou romanesques sont certes différentes l'une de l'autre mais il existe néanmoins une véritable cohérence dans la constitution de la figure de la guerre et des carnages, qui semble d'ailleurs un critère majeur de rapprochement de ces deux types de textes dont les thèmes principaux demeurent la terreur, la mort, la peur et la torture.

Ainsi, à l'aune de ces informations, nous nous demanderons donc quelles sont les similitudes et les divergences entre les reportages journalistiques et

1 Chibani, Ali : « La littérature algérienne face à l'émergence du terrorisme islamiste », La plume francophone, 15/11/2006, http://la-plume-francophone.over-blog.com/article-4555512.html [consulté le 15/08/2018].
2 Abderrahim, Kader : « Journaliste dans la guerre. Le cas algérien », Confluences Méditerranée 69, 2 (2009), p. 110.

romanesques réalisés par des écrivains, des journalistes et des écrivains-journalistes francophones algériens au moment de « la guerre sale »[3] ? Existe-t-il une rupture ou une pérennité entre ces productions textuelles, journalistiques et romanesques ? De quel engagement parle-t-on ?

Les réponses à ces questions permettent de vérifier si les enjeux sont alors déplacés vers des rapports de texte et d'hypertextualité, du texte et d'espace mais surtout du texte et de temps. De même, le degré d'engagement des journalistes et des romanciers algériens détermine, peu ou prou, le mode d'adhésion du groupe à un symbole national ou plutôt à une cause collective.

Pour mieux entrer dans l'étude des écrits journalistique et romanesque et de débattre de toutes les questions que nous venons de poser, nous aurions aimé consacrer à chacune des productions, journalistique ou romanesque, une partie entière dans laquelle nous abordons la naissance, les particularités et les spécificités de chaque domaine. Néanmoins, faute de temps et face aux exigences de la contribution, nous nous sommes retrouvé dans l'obligation de survoler les deux productions au même temps afin de montrer, en premier temps, le dégré et l'importance de l'interaction entre les deux champs journalistique et littéraire et de vérifier, par la suite, si les contextes politique, sociohistorique et culturel de l'Algérie des années 1990 peuvent influencer sur la quantité et la qualité du journal et du roman noir de l'Algérie. Notre contribution se subdivise donc en deux parties : la première s'intitule « Le journal algérien et la liberté de pression », et la seconde s'intitule « Le roman noir de l'Algérie : une écriture poétique face à une urgence historique ».

1. Le journal algérien et la liberté de pression

Grâce à l'évolution médiatique au XXe siècle, le rapport entre littérature et presse commence à devenir très intéressant. Qualifiées souvent des « sœurs ennemies », la presse et la littérature, alors qu'elles constituent deux domaines distincts, s'entrecroisent souvent et forment les sources de références historiques les plus précieuses. De même, les deux supports, roman ou journal, consacrés à la guerre

---

3   Expression empruntée du titre de Soauidia, Habib : *La sale guerre : le témoignage d'un ancien officier des Forces spéciales de l'armée algérienne*, Paris : La découverte 2001. En outre, cette nomination de « guerre sale » n'est pas réservée exclusivement à l'Algérie, elle a également désigné des atrocités commises sous des régimes politiques dictatoriaux en Amérique Latine. La « guerra sucia » est la qualification donnée à la répression d'État, durant les années 1960, 1970 et 1980, d'abord en Argentine, au Brésil, dans l'ensemble du Cône Sud, et par la suite en Amérique centrale.

et aux carnages qu'a connus l'Algérie, se caractérisent par leurs rapports à l'actualité, à la périodicité et au collectif. Ces rapports ont permis au roman noir de l'Algérie d'emprunter à la presse sa fonction première, à savoir le reportage.

Or, au lendemain de l'indépendance, le rôle des journalistes algériens est réduit à celui de fonctionnaires de l'État et « […] il faudra attendre les émeutes d'octobre 1988 pour voir les choses évoluer et les journalistes arracher des espaces réels de liberté, tout en obtenant un changement de leur statut »[4]. Résultat, à l'aube des années 1990, le domaine journalistique connait deux « factions » majeures : l'une gouvernementale et l'autre privée. La première, contrôlée par l'armée algérienne, prédomine, en favorisant les actes du pouvoir algérien et ses traitements de la crise. Elle se met « […] au service exclusif du régime, [qui] n'avai[t] pas pour vocation de témoigner de cette fracture entre le peuple et les cercles dirigeants. »[5] La seconde qui, malgré son indépendance, tient généralement les mêmes discours et les répète, en commençant par la récolte de différents témoignages, accusant ensuite l'État de passivité et parlant finalement de complicités à l'échelle nationale et internationale. Malgré son jeune âge, cette presse privée « […] qui n'avait que deux ans d'existence, bénéficiait d'un *a priori* favorable de la part de ses lecteurs, qui attendaient, qui espéraient, qu'elle dise 'el-haq', un mot arabe qui recouvre à la fois l'idée de vérité et la notion de justice »[6] déclare Abderrahim. Malheureusement, les lecteurs algériens ont rapidement compris que « […] le silence tue parfois plus surement que les balles. Parce qu'il nie l'existence elle-même. La guerre [civile] a souffert de mille silences. Comme si l'on souhaitait, obscurément, qu'elle n'eut jamais existé. »[7]

En conséquence de cette querelle entre les détenteurs des sources de l'information, la guerre civile et les carnages qu'a connus l'Algérie sont rapportés selon deux versions : la première est celle qui dissimule les vrais visages des coupables et falsifie les chiffres effrayants des pertes humaines et matérielles, alors que la deuxième amplifie davantage les conséquences de la guerre, et parfois manipule et déforme ses images. Ces versions sont similaires à celles relatées, durant la guerre d'Algérie, par le journal du FLN et le journal colonial. La presse gouvernementale des années 1990, semblable au journal colonial, détient l'information et propage une image sainte du pouvoir, alors que la presse privée, similaire au journal du FLN, qui, malgré l'avancement des nouvelles technologies de

---

4 Abderrahim 2009, p. 107.

5 *Ibid.*, p. 109.

6 *Ibid.*

7 Kerchouche, Dalila : *Mon père, ce harki*, préface de Jacques Duquesne, Paris : Seuil 2003, p. 9.

l'information, reste « un otage dans les luttes de pouvoirs »[8], pour reprendre le titre d'Abderrahim.

Ensuite, au cours de l'année 1994, l'isolement de l'Algérie et le départ de la plupart des agences de presse étrangère créent un manque sévère de couverture des évènements par la presse étrangère et algérienne, aggravé ensuite par l'interdiction du gouvernement aux médias algériens de mentionner toute nouvelle en rapport avec le terrorisme non traitée par les communiqués de presse officiels.[9] Parler donc de la décennie noire, de la guerre, des massacres ou du terrorisme devient, durant ces années de braise, un sujet interdit et douloureux. Résultat, pour étudier la façon dont les journalistes algériens ont transgressé ce tabou, il est inutile de parler de leur combat sans parler des dizaines, voire des centaines de journalistes algériens tués seulement entre 1993 et 1997 et de plusieurs disparus qui ne méritaient même pas une enquête sérieuse pour trouver les coupables.[10] Du côté factuel, malgré le prix intolérable qu'ont payé les journalistes pendant la guerre civile en Algérie, leurs écrits sur cet affrontement n'ont jamais été rassemblés dans un volume qui réunirait les traces de la lutte et de la résistance des hommes de presse.

Ceci est d'autant plus délicat que dans les années 1990, nombre d'intellectuels contemporains se retrouvent systématiquement historiens, journalistes, et surtout témoins potentiels, à l'instar de Kamal Daoud, Chawki Ammari ou Salim Bachi. Vu leur statut pluriel et à cause de la sensibilité des différents sujets qu'ils traitent, les intellectuels, les écrivains et les journalistes francophones algériens ont vécu dans la grande peur d'être assassinés par des mains anonymes et criminelles. Leur seul crime était d'écrire, de dire, de parler et de critiquer. À leur tête, le regretté Tahar Djaout qui criait : « si tu parles tu meurs, si tu te tais tu meurs, alors dis et meurs ». Certes, il avait raison d'affirmer son désir de révolte, mais il l'a payé de sa vie.

---

8   Abderrahim 2009.

9   Voir Stora, Benjamin : *La guerre invisible : Algérie, années 1990*, Paris : Presses de Science Po 2001, p. 26.

10 Si Djilali Hadjaj parle, dans son article « Violence et corruption : cas de l'Algérie » (*Bulletin de l'APAD* 25 (2003)), de soixante journalistes assassinés en Algérie entre 1993 et 1997 et si le journal Le Figaro en évoque le nombre de cent (Mélanie Matarese, *Le Figaro*, 11 janvier 2015), Belkacem Mostefaoui, lui, qualifie de « martyrs » (p. 160) les journalistes tués entre 1993 et 1997 (« Algérie : l'espace du débat médiatique. Conditions d'exercice du journalisme et réception des télévisions nationale et étrangères », *Réseaux* 16, 88–89 (1998), pp. 153–188).

En effet, mesurer l'écart entre l'Histoire, la littérature et la presse permet de mieux cerner les procédés de mise en récit, de mythification, de cristallisation par le verbe des évènements de l'Algérie. Néanmoins, dans le cas des écrivains journalistes algériens de la décennie noire, la question de la correspondance et de l'échange entre la presse et la littérature n'a malheureusement jamais été pensée. L'écriture de l'urgence ne leur présente pas assez de choix et ils ne se sont intéressés qu'à l'aspect véridique des évènements, en négligeant l'aspect esthétique de l'écriture. La grande focalisation de la majorité d'écrivains et journalistes algériens sur l'écriture de l'évènement parait clairement dans la proclamation de chacun d'eux de la véracité et la fiabilité de ses sources, en déclarant avoir effectué des recherches historiques légitimant ses écritures, romanesque ou journalistique. Il n'en est que plus urgent de séparer nettement les champs disciplinaires pour évaluer la part du fictif, du littéraire et de l'historique.

2. Le roman noir : une écriture poétique face à une urgence historique

Tout d'abord, il est très intéressant de rappeler que la classification des romans algériens des années 1990 sous l'appellation « roman noir » ne veut forcément pas les lier au sous-genre « roman noir », au contraire. Si les romans algériens de la décennie sanglante empruntent au roman noir américains des années 1920 son ambition de rendre compte d'une réalité sociale désolante du pays, elle s'en démarque, au même temps, par plusieurs éléments, à savoir la domination de l'écriture fragmentaire à la place de l'écriture linéaire, l'absence quasi-totale des fins fermées, une absence qui symbolise l'incompréhension et l'immédiateté de l'Histoire par rapport à l'acte de la narration, l'émergence d'un nouvel horizon d'attente où le suspense parait dans la description détaillée de l'horreur et des massacres. Le roman noir de l'Algérie des années 1990 regroupe donc tous les textes ayant un décor sombre, noirci par la peur et la terreur et qui décrivent la situation sociohistorique et tragique du pays. Le noir dans le roman algérien peut symboliser, nous semble-t-il, la longue nuit qui a couvert le pays, les drapeaux noirs des intégristes qui ont longtemps flotté dans le ciel algérien, les idées perverses qui habitent les belligérants et surtout le futur incertain d'un pays en chemin de décomposition. Ce type d'écriture est adopté par la majorité des écrivains algériens de cette époque, tels que Rachid Mimouni, Rachid Boudjedra, Mohamed Kacimi, Leila Merouane, Baya Gacemi Latifa Ben Mansour et d'autres.

Or, à la même image des journalistes, nombreux sont les écrivains algériens qui consacrent leurs plumes à ces évènements tragiques. Dans un travail exceptionnel, l'écrivain, journaliste, universitaire et essayiste Rachid Mokhtari aborde, dans *La graphie de l'horreur. Essai sur la littérature algérienne (1990–2000)*[11] ainsi que dans *Le nouveau souffle du roman algérien*[12], la question de la littérature de l'urgence en Algérie et analyse la production littéraire du début des années 1990 jusqu'aux années 2000. L'auteur revient sur la façon dont les « jeunes écrivains » ont traité, à travers leurs œuvres romanesques, cette décennie sanglante. Les deux essais soulèvent donc deux questions majeures qui coïncident partiellement avec l'objectif de notre travail. Il s'agit de la place qu'accordent les nouveaux romanciers à la guerre et à la tragédie algérienne, et le reflet de cette décennie sanglante sur la « littérature de l'urgence » en Algérie. Le reportage de guerre, les images des carnages, l'architecture narrative ou les préoccupations esthétiques semblent alors au cœur de cette écriture du « témoignage romancé ». Les analyses de Rachid Mokhtari sont d'une importance majeure car l'auteur, ne traite pas seulement des romanciers algériens vivant en Algérie, mais « [il a] rompu avec la tradition de la critique littéraire qui s'est arrêtée aux fondateurs du roman moderne maghrébin tels que Mouloud Feraoun, Mohamed Dib, Mouloud Mammeri, etc. »[13]. Certes, la prédominance de la subjectivité dans les œuvres des nouveaux romanciers algériens laisse paraître « […] non pas un héritage littéraire mais des ruptures par rapport aux fondateurs »[14], précise Rachid Mokhtari. Cette nouvelle écriture romanesque (de l'urgence) dissocie les romanciers et les journalistes de leurs engagements politiques et idéologiques et les unissent sous l'appellation des « écrivains-témoins » ou des « reporters sans frontières »[15] dont l'aspect esthétique de l'écriture se dissimule sous la brutalité de la guerre et l'atrocité des massacres[16] (de Rais, de Bentalha, de l'Arabaa, etc.).

11 Mokhtari, Rachid : *La graphie de l'horreur. Essai sur la littérature algérienne (1990–2000)*, Alger : Chihab 2002.

12 Mokhtari, Rachid : *Le nouveau souffle du roman algérien*, Alger : Chihab 2002.

13 Déclaration de Mokhtari lors d'une rencontre organisée à la librairie Chihab, Alger, Octobre 2006. Cet entretien est ensuite publié dans le journal *Le Soir*, 26/10/2006, http://www.lesoirdalgerie.com/articles/2006/10/26/article.php?sid=44869&cid=16 [consulté le 10/11/2019].

14 *Ibid.*

15 Expression empruntée du nom d'une organisation non gouvernementale internationale reconnue d'utilité publique en France se donnant pour objectif la défense de la liberté de la presse et la protection des sources des journalistes.

16 Voir chronologie des massacres en Algérie (1992–2007), établie, en premier temps en 2003 par Salah Eddine Sidhoum (1992–2002), complétée en 2005 pour les années 2003 et 2004 et repris en 2012 par l'association Algeria-Watch : http://www.algeriawatch.org/fr/mrv/2012/bilan_massacres.htm [consulté le 18/08/2018].

Parmi ces écrivains algériens de la décennie sanglante, certains ont d'abord résisté par des écrits pamphlétaires à l'émergence du *Front islamique du Salut* (FIS) au début des années 1990. Nous parlons, ici, de Rachid Boudjedra qui a publié, en 1992, *FIS de la haine*[17] ou de Rachid Mimouni, qui a écrit la même année *De la barbarie en général et de l'intégrisme en particulier*[18]. Néanmoins, comme l'état du pays était critique et l'écriture pamphlétaire semblait inefficace pour toucher un grand cercle de lecteurs et attirer donc l'attention sur l'ampleur du drame et le degré de la violence, les deux écrivains n'ont pas tardé à recourir au roman afin de décrire la violence et la terreur qui régnaient en Algérie. *Timimoun*[19] de Boudjedra ou *La malédiction*[20] de Mimouni impliquent par la suite tous les romanciers de l'époque dans le combat des intellectuels contre le terrorisme, qui a malheureusement anéanti une centaine d'âmes innocentes. Sur les pas de Boudjedra et de Mimouni, les romanciers des années 1990 créent « le roman noir »[21] de l'Algérie, celui qui montre la situation dans laquelle vit le peuple algérien en général et l'intellectuel francophone en particulier. Nous pouvons donc citer à tire d'exemple *Le Passeport*[22] d'Azzouz Beggag, *Au commencement était la mer*[23] de Maïssa Bey, *Au nom du fils*[24] d'Abed Charef, *31, rue de l'Aigle*[25] d'Abdelkader Djemaï, *Rose d'abîme*[26] d'Aïssa Khelladi ou la trilogie *À quoi rêvent les loups*[27], *Les agneaux du Seigneur*[28] et *L'Automne des chimères*[29] de Yasmina Khadra. Rachid Mimouni, lui, semble le premier à s'interroger sur la limite de l'horreur, la limite du dicible et de l'indicible, l'avouable et l'inavouable, néanmoins, il ne faut pas non plus réduire son écriture à sa dimension documentaire,

---

17 Boudjedra, Rachid : *FIS de la haine,* Paris : Gallimard 1992.

18 Mimouni, Rachid : *De la barbarie en général et du l'intégrisme en particulier,* Paris : Stock 1992.

19 Boudjedra, Rachid : *Timimoun,* Paris : Denoël 1994.

20 Mimouni, Rachid : *La malédiction,* Paris : Stock 1993.

21 Expression empruntée du titre de Griffon, Anne : *Romans noirs et romans roses dans l'Algérie d'après 1989,* mémoire de DEA sous la direction de Jacques Chevrier et Guy Dugas, Paris : Paris VI – Sorbonne 2000, http://www.limag.com/Theses/GriffonDEA.htm.

22 Begag, Azzouz : *Le Passeport,* Paris : Seuil 2000.

23 Bey, Maïssa : *Au commencement était la mer,* Paris : Marsa 1996.

24 Charef, Abed : *Au nom du fils,* Paris : L'Aube 1998.

25 Djemaï, Abdelkader : *31, rue de l'Aigle,* Paris : Michalon 1998.

26 Khelladi, Aïssa : *Rose d'abîme,* Paris : Seuil 1998.

27 Khadra, Yasmina : *À quoi rêvent les loups,* Paris : Julliard 1999.

28 Khadra, Yasmina : *Les agneaux du Seigneur,* Paris : Julliard 1998.

29 Khadra, Yasmina : *L'Automne des chimères,* Paris : Baleine 1998.

image de l'Algérie en guerre, car pour Rachid Mimouni, la mémoire parait revêtir une autre forme, celle du devoir de mémoire[30]. L'écrivain semble marqué par un rapport ambivalent à l'écriture et l'on peut même supposer qu'il est souvent un écrivain marqué par le journalisme. Contrairement à ses textes des années 1970 et 1980 où il est question de la désillusion postindépendance et la manipulation politique des grands idéaux, l'urgence des années 1990 a appelé Mimouni à s'engager cette fois-ci contre le fanatisme et l'extrémisme radical. Ses deux derniers romans, à savoir, chronologiquement, *Une peine à vivre*[31] et *La Malédiction*[32], semblent jouer sur les codes du témoignage journalistique. Mimouni, après avoir fait un constat médical, social et politique, passe à l'explication des phénomènes qui semblent, à ce moment-là, incompréhensibles. Et par la suite chercher et proposer des solutions à cette Algérie horrifiée et brisée.

En revanche, la trajectoire de Mimouni, commencée par *Le printemps n'en sera que plus beau* et clôturé par *Chroniques de Tanger*, semble déplaire à d'autres romanciers et universitaires algériens. Mohamed Kacimi, à titre d'exemple, reproche à Mimouni son changement du style d'écriture. Malgré la maturité et la distance de l'œuvre de Mimouni, Kacimi constate qu'

> [à] la fin, l'on a l'impression que l'écrivain ne transfigure pas la réalité, ce qui a sa fonction, mais qu'il court après. Nous passons de la littérature à la chronique journalistique, ce qui se fait beaucoup maintenant et cela met la littérature algérienne en danger de mort. La littérature c'est d'abord l'écriture et l'évènement ensuite, non pas le contraire.[33]

Leila Sebbar, elle aussi, étaie le constat de Mohamed Kacimi et confirme que la grande focalisation sur les faits réels crée une littérature conjoncturelle, circonstancielle, explicative et de diagnostic. Une littérature qui ne propose malheureusement aucune solution mais semble faire de constat médical ou politique. Pour Leila Sebbar : « [...] on dit que l'urgence de dire nuit à la qualité littéraire, qu'il faut laisser la presse faire ce travail de proximité... »[34] Face à ces critiques

---

30 Sur la notion de devoir de mémoire *cf.* Ricœur, Paul : *La mémoire, l'histoire, l'oubli*, Paris : Seuil 2000.

31 Mimouni, Rachid : *Une peine à vivre*, Paris : Stock 1991.

32 Mimouni, Rachid : *La Malédiction*, Paris : Stock 1993.

33 Kacimi, Mohamed : « La nostalgie mise à mort », *Algérie, Littérature/Action* 6 (1996), p. 112.

34 Sebbar, Leila : « Postface de *La Gardienne des ombres* », *Algérie Littéraire/Action* 3–4 (1996), p. 163.

anti-journalistiques des journalistes mêmes, peut-on qualifier alors l'écriture journalistique de Mimouni comme « parasitage »[35] dans son parcours littéraire ?

Entre l'utilité de l'écriture et sa poéticité, Rachid Mimouni semble avoir un rapport ambivalent à l'écriture d'une manière générale. L'Histoire, la guerre et les conflits, traités dans son œuvre, restent, certes, pour un chercheur en littérature, à la fois des sources et des préalables à la réflexion. Il ne s'agit pas de minimiser l'écart entre les informations en dépréciant certains de ces textes ou en opérant un jugement de valeur, il s'agit au contraire de pouvoir observer le champ d'action de Mimouni le littéraire et de Mimouni le journaliste afin de rapprocher les différentes versions de l'Histoire et lever le doute sur des faits ambigus, paradoxalement rapportés.

Or, comme nous l'avons déjà précisé, la violence qui a marqué cette décennie a donné naissance à un nouveau type d'écriture. Il s'agit, bel et bien, de l'« écriture de l'urgence ». L'urgence appelle les écrivains à s'engager, avec leur plume romanesque, contre le fanatisme et l'extrémisme. À cet effet, il est inutile de survoler cette période sans évoquer l'œuvre romanesque de l'écrivain-journaliste Tahar Djaout. Ce dernier a multiplié les thèmes de la violence et de la terreur dans ses cinq romans, à savoir, chronologiquement, *L'Exproprié* (1981), *Les Chercheurs d'Os* (1984), *L'Invention du Désert* (1987), *Les Vigiles* (1991) et *Le Dernier Été de la Raison* (publié à titre posthume en 1999).

Si Rachid Mimouni et Rachid Boudjedra se considèrent donc comme les fondateurs du « roman noir » de l'Algérie, Tahar Djaout lui, devient le bon modèle à suivre pour la nouvelle génération des écrivains algériens francophones qui, dans leur majorité, pratiquent souvent le métier de journaliste, à l'instar de Kamal Daoud, Yasmina Khadra, Hamid Grine, Salim Bachi, Chawki Ammari ou Malika Mokkadem. Leurs écrits romanesques qui abordent « la guerre sale » s'éloignent peu à peu de l'image idéale du héros militaire, en inversant quelquefois des normes idéologiques, considérées souvent comme intouchables. Il n'est plus question de honnêtes soldats qui défendent une cause et se sacrifient pour leur patrie et leur peuple mais plutôt d'une poignée de militaires corrompus, prêts à embraser tout le pays pour protéger leurs intérêts personnels. Cette image est fortement présente chez Yasmina Khadra, dans *Les Agneaux du Saigneurs* et *À quoi rêvent les loups*, où l'écrivain présente des personnages « militaires », mobilisés, non par l'amour du pays, mais seulement par le goût de la fortune et le sentiment de la vengeance. L'Islam, par exemple, qui durant la guerre d'Algérie

---

35 Voir Leperlier, Tristan : « Journaliste dans la guerre civile algérienne : Une profession intellectuelle entre littérature et politique », *L'Année du Maghreb* 15 (2016), p. 83.

était le signe de la liberté et de l'indépendance devient, dans l'extrême contemporain, signe d'immoralité et de brutalité. Baya Gacemi, dans *Moi Nadia la femme
d'un émir du GIA*[36], retrace l'histoire d'une femme d'un émir terroriste qui doit
vivre, sans le vouloir, deux enfers, celui du terrorisme et de l'armée. D'un côté,
vu son statut d'épouse de l'émir, Nadia est automatiquement nommée mère des
croyants, celle qui doit subvenir à tous les besoins de ses fils. De l'autre côté et
à cause de cette nomination imposée, elle se retrouve, malgré son innocence,
en fuite permanente de l'armée algérienne qui la proclame coupable. L'état de
Nadia résume d'ailleurs le cas de tous les algériens qui, d'abord favorables aux
islamistes, finissent par se retourner contre eux. Yasmina Khadra, de son vrai
nom Mohamed Moulessehoul, ancien commandant dans l'armée algérienne,
retrace, à travers *À quoi rêvent les loups*, le glissement inexorable d'un jeune
ordinaire dans la folie de l'horreur de l'islamisme radical. Le héros, un nouveau
barbu, sombre petit à petit dans la propagande terroriste et devient l'une des
machines intolérantes qui égorge, le jour comme la nuit et sans la moindre pitié,
des hommes, des femmes et même des enfants. À l'exemple de Yasmina Khadra,
l'écrivain et le journaliste provocateur Aïssa Khelladi, d'abord caché derrière le
pseudonyme d'Amine Touati, publie son célèbre roman *Peurs et mensonges*[37]. Un
texte qui, d'après l'hebdomadaire algérien *Nation* « […] revient sur les raisons
pas toujours très tranchées qui ont fait que ces dernières années des centaines
d'individus du genre journaliste ont quitté leur pays, pas très fiers de se retrouver à quarante ans à Paris ou ailleurs, mais indiscutablement partis »[38]. Malgré
l'aspect fictif du roman, les évènements racontés reprennent un fait réel, celui
d'un journaliste emprisonné à Serkadji, la prison la plus diabolique en Algérie
qui reçoit chaque année des dizaines de journalistes engagés. Mais bien avant
ce roman, Amine Touati publie *Algérie, les islamistes à l'assaut du pouvoir*[39], un
ouvrage très riche en documents, dans lequel l'écrivain retrace, avec un détail
appréciable, les étapes d'une tentative d'instauration d'un état islamique par le
Groupe Islamique Armé (GIA).

Par ailleurs, il est intéressant de signaler que les évènements des années
1990 en Algérie ne sont pas restés renfermés entre littérature et journalisme, au
contraire. Nombreux sont les intellectuels qui dépassent ce stade en commençant

---

36 Gacemi, Baya : *Moi Nadia la femme d'un émir du GIA*, Paris : Seuil 1998.
37 Touati, Amine : *Peurs et mensonges*, Paris : Marsa 1996.
38 Commentaire du journal *La Nation*, « Autour de 'peurs et mensonges' de Amine
    Touati », *Algérie Littérature/Action* 3, 3–4 (1996), http://www.revues-plurielles.org/_
    uploads/pdf/4_3_3.pdf [consulté le 10/11/2019].
39 Touati, Amine : *Algérie, les islamistes à l'assaut du pouvoir*, Paris : L'Harmattan 1995.

par remplacer progressivement le mot *analyse* par le mot *autopsie*[40]. Semblable à l'*Autopsie de la Guerre d'Algérie*[41] de Philippe Tripier, le livre de Nacer Boudiaf *Autopsie d'un assassinat : Boudiaf, l'Algérie avant tout !*, celui de Samy Hadad *Algérie, autopsie d'une crise*[42] ou encore le documentaire réalisé par Malik Aït-Aoudia et Séverine Labat, *Algérie 1988–2000, Autopsie d'une tragédie*[43], analysent minutieusement la situation critique de l'Algérie et semblent mettre les doigts, cette fois-ci, dans les plaies les plus profondes. En revanche, le livre de Mohammed Samraoui, *Chronique des années de sang : Algérie : comment les services secrets ont manipulé les groupes islamistes*[44], reste le plus audacieux témoignage sur l'implication des généraux dans les massacres commis par les islamistes. L'ancien colonel dans le *Département de renseignement et de sécurité* (DRS) soulève une question majeure sur les vrais acteurs de la guerre. Pour lui, la guerre civile peut se raconter selon deux versions : « officielle et officieuse » : la première suppose que, pour contrer des islamistes fanatiques, une armée républicaine s'est mobilisée corps et âme ; alors que la seconde confirme qu'une poignée de généraux corrompus ont mis leur pays à feu et à sang pour préserver leurs privilèges. Où est la vérité ?

---

40   La notion d'autopsie, ici, s'agit d'une analyse objective, minutieuse et approfondie d'une situation, d'une chose ou d'un fait, menée par un écrivain-journaliste. Pareille à une autopsie médico-légale qui vise une reconstitution des évènements et des circonstances ayant précédé la mort, l'autopsie littéraire devient une sorte d'enquête journalistico-littéraire qui a pour but la reconstitution des faits sociaux politiques et économiques, responsables de la mort de tout un peuple. Cette enquête, si elle traite les causes et les conséquences immédiates et apparentes, elle interroge incessamment l'Histoire car cette dernière, réelle ou falsifiée, agit, directement ou indirectement, sur une situation présente d'un pays. De ce fait, l'autopsie, en littérature, peut se définir comme une pratique littéraire et journalistique où la seconde fournit, à travers des reportages, des indices ou des constats objectifs que la première délie, relie, associe et développe afin de dessiner une suite logique capable de justifier une situation actuelle d'une société. Seules l'objectivité et/ou la subjectivité peuvent différencier l'autopsie journaliste de celle en littérature.

41   Tripier, Philippe : *Autopsie de la Guerre d'Algérie*, Paris : France-Empire 1974.

42   Hadad, Samy : *Algérie, autopsie d'une crise*, Paris : L'Harmattan 1998.

43   Labat, Séverine : *Algérie 1988–2000, Autopsie d'une tragédie*, 26/09/2005, https://www.youtube.com/watch?v=KGFc83n9cLw [consulté le 25/08/2018].

44   Samraoui, Mohammed : *Chronique des années de sang : Algérie : comment les services secrets ont manipulé les groupes islamistes*, Paris : Denoël 2003.

3. Conclusion

Pour conclure, nous pensons que, face à l'ambiguïté et l'obscurité de la guerre civile, les écrivains et les journalistes algériens hésitent de s'engager car il leur était difficile de décider pour qui et contre qui devraient-ils se positionner. Par peur du pouvoir algérien et face aux menaces des terroristes islamistes, les intellectuels francophones cachent obligatoirement leurs identités, les littéraires algériens s'exilent et publient souvent avec plusieurs pseudonymes, les textes provocateurs se lisent en cachette et la presse privée reste longtemps censurée. Et le pire demeure le chaos et la vague de destruction de l'archive de la presse nationale qui ont caractérisé le champ francophone algérien, durant cette décennie sanglante.

Entre des intellectuels liquidés, des survivants exilés, une archive détruite, une presse censurée, des textes interdits, il parait impossible de parler d'une continuité ou d'une pérennité entre des productions textuelles journalistiques et romanesques. La rupture, ne concerne plus le ton des écrivains-journalistes algériens, ni leur style d'écriture. Cette fois-ci, elle n'est plus leur choix mais une imposition d'un système sociopolitique défavorable et répressif, d'un champ intellectuel sélectif et surtout d'une maison d'édition très exigeante.

De ce fait, l'Histoire contemporaine de l'Algérie semble plus compliquée qu'on ne le pense. Elle nécessite une recherche minutieuse qui utilise toutes les références possibles : journaux, romans, documentaires, témoignages. C'est pour cette raison que cette contribution tente à rendre compte des similitudes, des divergences, ainsi des liens de migration et de remodelage qui peuvent survenir entre tous les supports de l'Histoire, surtout les écrits journalistiques et romanesques, où le roman prend sa source et sa légitimité dans les textes factuels, et où les écrivains à leur tour renouvellent et réactualisent leurs textes romanesques en citant de nombreux journaux. Il s'agit ici de degré de lecture et d'importance du rôle accordé à l'Histoire, ou autrement dit, à la réécriture comme lecture partisane, engagée, et opératoire d'un autre texte.

De même, le principal « avantage » des reportages de guerre, c'est qu'ils assurent aux journalistes et aux romanciers, algériens comme étrangers, la succession des explications données aux évènements. La presse et la littérature algériennes des années 1990 évite d'examiner les vraies raisons de la guerre qui se dissimulent derrière les actes épouvantables de l'armée algérienne, mais plus encore ceux des islamistes et du pouvoir algériens. La réécriture de l'évènement au moment où il se déroule tend à faire oublier que, pour qu'il y ait conflit, il faut être au moins deux et que la force de la plume peut facilement devancer celle du fusil et de la hache. En ne médiatisant que les actes horribles de l'armée algérienne et des terroristes islamistes, les journalistes et les romanciers algériens, durant la guerre civile, ne se sont donc jamais donné les moyens d'expliquer pourquoi des conflits aussi sanglants pouvaient durer aussi longtemps. Pour leur part, les principaux responsables militaires, étrangers comme algériens, n'ont jamais été soumis aux questions de la presse. Ils n'ont jamais fourni aucune explication sur leur stratégie, ni même livré d'informations sur leurs méthodes, et encore moins sur leurs intérêts. En résumé, cette « guerre sale » qu'a connue l'Algérie n'est finalement qu'un système humain en défaillance.

Sara Izzo

Dé/reconstruire l'imaginaire visuel – les reportages sur le conflit israélo-palestinien de Jean Genet

Abstract : La présente contribution a pour objectif de revisiter les reportages sur le conflit israélo-palestinien de Jean Genet dans le contexte du discours médiatique de l'époque en se focalisant surtout sur la critique des médias visuels. Dans les textes journalistiques examinés qui rendent compte de différentes phases du conflit politique, se forge une écriture en opposition à la croissante visualisation par les médias occidentaux qui laissera également son empreinte sur le style du dernier roman-reportage *Un captif amoureux*.

Mots-clés : Genet, Jean ; reportage ; conflit israélo-palestinien ; photographie ; Said, Edward W.

Les reportages sur la guerre israélo-palestinienne de Jean Genet, publiés entre 1970 et 1983, témoignent de l'essor et de la construction d'une identité politique palestinienne. En effet, pendant les années 1970, le conflit est déterminé par la défaite arabe durant la guerre des Six Jours en 1967 et le renforcement du rôle du Fatah et de l'Organisation de libération de la Palestine (OLP) dans la lutte à l'intérieur des territoires occupés par l'armée israélienne. C'est pendant cette période caractérisée par les diverses luttes révolutionnaires sur un plan mondial, que la situation au Proche-Orient a attiré une attention particulière. Les reportages de Genet s'inscrivent dans ce discours journalistique et intellectuel qui, selon Edward W. Said, se distingue par un intérêt accru à l'égard du conflit israélo-palestinien :

> As far as Western awareness of Palestinian right is concerned, it is noticeable that things began to change for the better from the moment the PLO emerged as the authentic leadership of the Palestinian people. [...] For the first time, Palestinians were treated by the media as independent from the collective 'Arabs'; this was one of the first results of the 1968–70 period, when Amman was at the center of the storm. Thereafter, it was Beirut that attracted attention to the Palestinians. The climax of this period was the Israeli siege of Beirut, lasting from June until September 1982, with its grisly outcome: the Sabra and Shatila refugee camp massacres of mid-September, just after the main body of PLO combatants had been forced to leave the country.[1]

---

1   *Cf*. Said, Edward W. : « Preface to the 1992 Edition », in : *The question of Palestine*, New York : Vintage Book 1992, pp. vii–xxxiii, xvii–xviii.

Alors que dans sa préface à l'édition de 1992, Said exprime un jugement positif voire nuancé concernant la couverture médiatique du conflit depuis l'émergence de l'OLP (surtout en ce qui concerne l'émancipation des 'Palestiniens' du vaste collectif des 'Arabes'), son étude même, publiée pour la première fois à la fin des années 1970, critique avec véhémence l'asymétrie relative[2] concernant la prise en compte médiatique des violences perpétrées par les deux camps ainsi que l'usage unilatéral de la notion de terrorisme pour décrire les agitations de la révolte palestinienne :

> In sheer numerical terms, in brute numbers of bodies and property destroyed, there is absolutely nothing to compare between what Zionism has done to Palestinians and what, in retaliation, Palestinians have done to Zionists. The almost constant Israeli assault on Palestinian civilian refugee camps in Lebanon and Jordan for the last twenty years is only one index of theses completely asymmetrical records of destruction. What is much worse, in my opinion, is the hypocrisy of Western (and certainly liberal Zionist) journalism and intellectual discourse, which have barely had anything to say about Zionist terror.[3]

Bien qu'évidemment l'étude de Said ne soit pas privée de partialité face à la question politique au Proche-Orient, il rend compte du discours journalistique et du débat officiel des années 1970 en soulignant également ce qu'il appelle « the entrenched cultural attitude toward Palestinians deriving from age-old Western prejudices about Islam, the Arabs, and the Orient. This attitude, from which in its turn Zionism drew for its view of the Palestinians, dehumanized us, reduced us to the barely tolerated status of a nuisance. »[4]

Les écrits journalistiques de Jean Genet, réalisés dans le cadre de son engagement politique pour la révolution palestinienne défendue par Fatah, ont contribué à la création d'une identité politique palestinienne dans le discours de presse tout en se focalisant sur une critique de la mise en image de la guerre par les médias occidentaux. À cet égard seront examinés son reportage sur les camps palestiniens intitulé « Les Palestiniens »[5] de 1971, son reportage sur le massacre de Sabra et Chatila « Quatre heures à Chatila »[6] ainsi que son dernier grand roman-reportage *Un captif amoureux*[7] paru en 1986. Les trois textes rendent

---

2   *Cf.* Said, Edward W. : *The question of Palestine*, New York : Vintage Book 1992, p. xxxvi.

3   *Ibid.*

4   *Ibid.*, p. XI.

5   Genet, Jean : « Les Palestiniens », in : *L'Ennemi déclaré, textes et entretiens*, édition établie et annotée par Albert Dichy, Paris : Gallimard 1991, pp. 89–99.

6   Genet, Jean : « Quatre heures à Chatila », in : *L'Ennemi déclaré, textes et entretiens*, édition établie et annotée par Albert Dichy, Paris : Gallimard 1991, pp. 243–264.

7   Genet, Jean : *Un captif amoureux*, Paris : Gallimard 2009 [1986].

compte de différentes phases que ce conflit persistant a connues depuis la fin du mandat britannique sur la Palestine en 1948 jusqu'au début de la première Intifada en 1987. Tandis que « Les Palestiniens » et « Quatre heures à Chatila » sont des reportages à proprement parler, *Un captif amoureux*, se présentant au lecteur à la fois comme reportage, témoignage, autobiographie et roman, est une reconstitution rétrospective des activités politiques générales de l'auteur en donnant tout de même une prépondérance à la cause palestinienne. Comme Stéphane Baquey a fait valoir, cette œuvre fragmentée à la « structure indéfiniment différentielle »[8] se caractérise par sa genèse plurivoque, c'est-à-dire par différentes stratifications d'écriture. En effet, les reportages en question sur le conflit israélo-palestinien ont eu un impact majeur sur la rédaction de ce dernier roman. En servant comme hypotextes à *Un captif amoureux* ils subissent néanmoins, par leur intégration plus ou moins camouflée au récit, une fictionnalisation et une re-contextualisation à l'intérieur de ce témoignage moins immédiat que de longue durée sur le conflit au Proche-Orient. Bref, l'objectif de la présente contribution sera d'analyser les fonctions des deux reportages « Les Palestiniens » et « Quatre heures à Chatila » – d'un côté, dans le contexte de leur publication immédiate et, de l'autre côté, dans le contexte de leur reprise dans *Un captif amoureux*.

1. Le texte comme légende explicative des images photographiques dans « Les Palestiniens »

Le premier reportage sur le conflit israélo-palestinien de Jean Genet intitulé « Les Palestiniens » représente un commentaire d'un photoreportage de Bruno Barbey consistant en dix photographies prises dans des camps palestiniens en Jordanie, où les deux s'étaient rencontrés en 1970, peu après les événements de « Septembre noir », c'est-à-dire l'opération militaire de l'armée jordanienne contre les révolutionnaires de l'Organisation de libération de la Palestine (OLP) sous Arafat. Paru dans *Zoom*, magazine spécialisé dans la photographie, ce reportage, selon la reconstruction d'Albert Dichy, y est présenté comme « le fruit de la collaboration entre un photographe et un écrivain »[9]. En regardant de près les commentaires de Genet, un doute sur la prétendue 'entente cordiale' s'instaure chez le lecteur. En effet, l'introduction de Genet au photoreportage de Barbey,

---

8   Baquey, Stéphane : « Un captif amoureux », in : Hubert, Marie-Claude (dir.) : *Dictionnaire Jean Genet*, Paris : Honoré Champion 2014, pp. 125–129, 125.

9   Dichy, Albert : « Les Palestiniens. Notices et Notes », in : Genet, Jean : *L'Ennemi déclaré, textes et entretiens*, édition établie et annotée par Albert Dichy, Paris : Gallimard 1991, pp. 354–357.

c'est-à-dire sa note à la toute première photographie montrant le portrait d'un jeune révolutionnaire palestinien assis sur le devant d'une voiture en tenant, redressé, dans ses deux mains une arme à feu, se caractérise par une prise de distance critique envers le message visuel : « Les images, on le sait, ont une double fonction : montrer et dissimuler. Celles-ci s'ouvrent sur un tireur et son fusil, mais pourquoi ? Ensuite, pourquoi tant d'armes ? Pourquoi tant de photographies qui montrent une Palestine en armes et décharnée ? »[10] Mis en exergue, cette ambivalence entre « montrer » et « dissimuler », considérée comme inhérente à l'image photographique, détermine son propre argumentaire tout au long du texte : ce qui est dissimulé sur les photographies est complété par le texte ; ce qui est montré sur les photographies est soit remis en question, soit expliqué par le texte. De ce fait, chacun de ses commentaires aux dix photographies se présente finalement en tant que correctif à l'image. Les photographies de Barbey qui sont elles-mêmes des interprétations d'une réalité, d'un conflit, d'un peuple, créent un imaginaire visuel, que Genet dé- et reconstruit en établissant une dichotomie entre 'voir' et 'dire'. Son questionnement sur la fonction des images montrant une « Palestine en armes » fait face au discours de presse sur les Palestiniens perçues soit comme « terroristes » et « extrémistes », soit comme « réfugiés » et comme juridiquement « absents » et « inexistants », à cette époque.[11] Pour que les photographies ne puissent pas être récupérées par ce discours, Genet les fait parler. En prenant, par exemple, le texte légendant la première image mentionnée, on peut constater que Genet donne un aperçu historique au lecteur pour lui expliquer la raison pour laquelle les Palestiniens se sont armés et pour légitimer leur révolte contre ce qu'il considère ouvertement comme système colonialiste israélien. Il rapporte leur histoire depuis les premières conquêtes territoriales israéliennes et décrit leur révolution comme une guerre de décolonisation, voire de libération du territoire. À la fin de son commentaire, il joue sur la tension entre image et texte que le mutisme des images provoque, en remarquant « [c]e que ne dit pas le feddaï – le sacrifié – dont vous voyez l'image, c'est qu'il sait que lui-même ne verra pas cette révolution accomplie, mais que sa propre victoire c'est de l'avoir commencée. »[12] Cette même stratégie consistant à donner une voix aux combattants illustrés sur les images muettes est opérationnalisée également dans les commentaires à la cinquième et à la septième image du reportage. Tandis que la cinquième image montre une patrouille de combattants armés

---

10   Genet 1991, p. 89.
11   *Cf.* Said 1992, p. xl.
12   Genet 1991, p. 90.

provenant de l'arrière-plan de l'image et se dirigeant en file indienne vers l'objectif, le commentaire renseigne le lecteur sur le chant révolutionnaire que la patrouille entreprendra, quand elle marchera à nouveau en désordre : « Quand cette patrouille aura repris sa souplesse et que chaque combattant marchera en désordre, la patrouille chantera, c'est-à-dire que chacun improvisera un air et des paroles qui seront repris par les autres – si l'on veut une sorte de canon [...]. »[13] Par la focalisation sur le chant Genet ne met pas seulement en évidence l'absence vocale dans la photographie, mais suggère aussi que l'image ne démontre qu'une posture prise pour le photographe. L'improvisation du chant, la démarche désordonnée et l'harmonie du canon, ici évoquées, qui, par la suite, sont opposées à la musique de guerre conventionnelle, voire occidentale, démarquent également une opposition à ce qui est visualisé : l'encadrement centré sur la marche ordonnée d'une patrouille silencieuse. Les visions du photographe et de l'écrivain sont donc ici plutôt incongrues que complémentaires.

La septième image présentant un groupe de révolutionnaires palestiniens autour d'un feu de camp est introduite par la question directe : « [q]ue disent les feddayin, et comment ? »[14], à laquelle l'auteur répond lui-même en mettant en relief leur identité politique à partir de leur emploi langagier et leurs sujets de conversation portant sur leur inimité avec l'Israël et les États-Unis. Si, comme Genet dit à la fin du reportage, « le but de ces photos dans ce magazine, c'est de faire mieux comprendre qui sont les Palestiniens, et surtout les feddayin »[15], son propre texte contrecarre l'image que le lecteur pourrait se faire des Palestiniens au travers de ces photographies muettes. Dire l'identité de la révolution palestinienne passe par la réécriture de l'image. De ce fait, le commentaire de Genet, bien qu'il soit écrit sur la demande de Barbey, correspond plutôt à un contre-reportage puisant dans ses expériences vécues dans les camps palestiniens en Jordanie. Cette pratique, c'est-à-dire de créer une légende explicative, voire une contre-légende, à une œuvre photographique, est désignée par Susan Sontag par le terme « counter-caption »[16]. Selon Sontag, « [a] photograph changes according to the context in which it is seen »[17] et ce sont les divers usages des photographies qui assurent leur signification étant donné qu'il s'agit toujours d'un « object in a context »[18] variable.

---

13 *Ibid.*, p. 94.
14 *Ibid.*, p. 95.
15 *Ibid.*, p. 98.
16 Sontag, Susan : « The Heroism of Vision », in : *On Photography*, London : Penguin Modern Classics 2008 [1977], pp. 85–112, 108.
17 *Ibid.*, p. 106.
18 *Ibid.*

Dans le reportage « Les Palestiniens », leur contextualisation au niveau textuel par des légendes explicatives est une manière d'assurer la signification des images qui, dans le magazine *Zoom*, risqueraient d'être réduites à de simples objets esthétisants ou de subir des interprétations déformant la réalité palestinienne. En se référant à Walter Benjamin, Sontag qualifie cette approche d'être typique de « moralists »[19] qui espèrent 'sauver' l'image par les mots et elle en cite deux exemples, à savoir : l'essai de John Berger sur la photographie censée documenter la mort de Che Guevara[20] ainsi que le court-métrage *Letter to Jane* de Jean-Luc Godard et Jean-Pierre Gorin qui rassemble des réflexions sur une photographie de Joseph Kraft dans l'*Express* montrant l'actrice américaine Jane Fonda durant la guerre du Vietnam. Publiée également sous forme de texte dans le journal *Tel Quel*, cette lettre à Jane Fonda, intitulée ici « Enquête sur une image »[21], analyse et déconstruit la photo de Kraft et sa légende pour établir une contre-légende. De même que dans le reportage de Genet, aussi chez Godard et Gorin se manifeste une méfiance envers la diffusion des images dans la presse qui se traduit justement par l'entreprise de déjouer les informations visuelles véhiculées. Comme Sontag affirmera plus tard dans son essai sur les fonctions du photoreportage de guerre, « all photographs wait to be explained or falsified by their captions »[22]. Le reportage de Genet sur les Palestiniens a pour objectif de remplir les images deux-dimensionnelles de corps et d'âme, afin d'établir, au travers des contre-images textuelles, un imaginaire positif sur la révolution palestinienne et de mobiliser les lecteurs pour leur lutte.

2. L'invention d'une écriture sensorielle dans « Quatre heures à Chatila »

La confrontation entre texte et image, entre information écrite et visuelle, se poursuit dans le reportage « Quatre heures à Chatila », qui, sur plusieurs plans, peut se lire comme le deuxième volet d'un diptyque que ce texte forme ensemble avec « Les Palestiniens ». Écrit pour la *Revue d'études palestiniennes*, « Quatre heures à Chatila » constitue un reportage sur le massacre de Sabra et Chatila, survenu en 1982 dans le contexte de la guerre du Liban (1975–1983), et plus précisément lors de l'invasion du Liban par l'armée israélienne. L'intervention

---

19 *Ibid.*, p. 107.
20 Berger, John : « Che Guevara », in : *The Look of Things*, edited with an introduction by Nikos Stangos, New York : Viking 1974, pp. 42–53.
21 Godard, Jean-Luc/Gorin, Jean-Pierre : « Enquête sur une image », *Tel Quel* 52, 558 (1972), pp. 74–90.
22 Sontag, Susan : *Regarding the Pain of Others*, London : Penguin 2004, p. 9.

d'Israël se heurtait, pour la première fois, à de sévères critiques nationales et internationales.[23] Après le siège de Beyrouth, où l'OLP avait trouvé refuge, et au terme d'un accord avec des forces multinationales, l'OLP accepte de s'installer ailleurs de manière à laisser dans les camps de Beyrouth uniquement les civils palestiniens. Peu après le départ précoce de forces multinationales, qui étaient censées assurer la protection des civils palestiniens, le président libanais Béchir Gemayel meurt dans l'explosion du siège du parti phalangiste, à la tête duquel il se trouvait. Le lendemain, la milice phalangiste commet, sous les yeux de l'armée israélienne, le massacre contre les civils dans les camps palestiniens de Sabra et Chatila. Genet qui se trouvait à Beyrouth avec la Palestinienne Leila Shahid fut un des premiers avec deux journalistes américains à accéder aux camps après le massacre.[24] Comme remarque Jérôme Hankins, tout en s'annonçant comme une « chronique de la mort »[25], « Quatre heures à Chatila » ne fait pas le récit chronologique des événements, mais se caractérise par une superposition de deux espaces temporels, à savoir le voyage de Genet au Proche-Orient en 1970 et les événements de Beyrouth en 1982. Parmi les six fragments qui constituent ce texte, seulement deux abordent le massacre, les autres quatre renvoient à ses observations faites dans les camps palestiniens en Jordanie en début des années 1970, à l'origine desquelles a été aussi créé son reportage « Les Palestiniens ». C'est à ce même texte que Genet semble faire allusion dans « Quatre heures à Chatila », quand il constate que « pour [lui], qu'il soit placé dans le titre, dans le corps d'un article ou sur un tract le mot 'Palestiniens' évoque immédiate-ment des feddayin dans un lieu précis – la Jordanie – et à une époque que l'on peut dater facilement »[26], à savoir entre 1970 et 1971. Ce qui est donc à nouveau mis en jeu, c'est la question identitaire des Palestiniens, de la révolution pales-tinienne, telle qu'elle fut aussi exposée dans son premier reportage, mais cette fois-ci en tenant compte du basculement de l'opinion sur le conflit : « Il se passa dix ans et je ne sus rien d'eux [des Palestiniens, S.I.], sauf que les feddayin étaient au Liban. La presse européenne parlait du peuple palestinien avec désinvolture, dédain même. Et soudain, Beyrouth-Ouest. »[27] La double structure du reportage

23 *Cf.* Johannsen, Margret : *Der Nahost-Konflikt*, Wiesbaden : VS Verlag für Sozialwis-senschaften ³2011, p. 31.
24 *Cf.* Hankins, Jérôme : « Entretien avec Leila Shahid », in : Id. : *Genet à Chatila*, Arles : Babel 1992, pp. 23–78, 42.
25 Hankins, Jérôme : « Et mourir de lumière », in : Id. : *Genet à Chatila*, Arles : Babel 1992, pp. 15–22, 15.
26 Genet 1991, p. 244.
27 *Ibid.*

met en opposition, d'un côté, la plénitude de la vie dans les camps palestiniens en Jordanie – décrite en évoquant des sensations telles que « la légère ébriété, la démarche au-dessus de la poussière, l'éclat des yeux »[28] – et de l'autre côté, la mort atroce dans les camps de Sabra et Chatila. Cette pluri-dimensionnalité temporelle, voire palimpsestique, qui, comme souligne à juste titre Alain Milianti, « ruine la position du témoin objectif »[29], peut être considérée comme une stratégie stylistique créant l'effet d'une césure entre un avant et un après le massacre, mais par extension, elle a la fonction éthique de rendre une identité à ceux qui ont été anéantis lors de l'hécatombe. Comme dans l'article « Les Palestiniens », la description des camps de Sabra et Chatila s'ouvre sur la critique de la deux-dimensionnalité et de la défaillance des médias audiovisuels de rendre compte de l'envergure de cet événement :

> Une photographie a deux dimensions, l'écran du téléviseur aussi, ni l'un ni l'autre ne peuvent être parcourus. D'un mur à l'autre d'une rue, arqués ou arc-boutés, les pieds poussant un mur et la tête s'appuyant à l'autre, les cadavres, noirs et gonflés, que je devais enjamber étaient tous palestiniens et libanais.[30]

Dans « Quatre heures à Chatila », cette critique contre la deux-dimensionnalité et la superficialité des reportages visuels s'exprime par ce que Catherine Brun a nommé « une écriture en relief, une écriture sensorielle, fidèle aux odeurs et aux métamorphoses de la couleur. »[31] À la différence de la création de contre-légendes explicatives des images que l'on trouve dans « Les Palestiniens », la critique des images se manifeste ici à l'intérieur de l'écriture même. Tout ce que la photographie n'arrive pas à transmettre, comme par exemple « les mouches » sur les cadavres et « l'odeur blanche et épaisse de la mort »[32] est mis en évidence par l'auteur qui guide le lecteur au travers de petites ruelles où les morts s'entassent, pour rapporter en détail et de manière picturale l'état de certains corps décomposés :

> Le corps d'un homme de trente à trente-cinq ans était couché sur le ventre. Comme si tout le corps n'était qu'une vessie en forme d'homme, il avait gonflé sous le soleil et par la chimie de décomposition jusqu'à tendre le pantalon qui risquait d'éclater aux fesses et

---

28 *Ibid.*, p. 243.
29 Milianti, Alain : « Le fils de la honte », in : Hankins, Jérôme : *Genet à Chatila*, Arles : Babel 1992, pp. 169–185, 171.
30 Genet 1991, p. 244.
31 Brun, Catherine : « Quatre heures à Chatila », in : Hubert, Marie-Claude (dir.) : *Dictionnaire Jean Genet*, Paris : Honoré Champion 2014, pp. 527–530, 529.
32 Genet 1991, p. 245.

aux cuisses. La seule partie du visage que je pus voir était violette et noire. Un peu plus haut que le genou, la cuisse repliée montrait une plaie, sous l'étoffe déchirée. Origine de la plaie : une baïonnette, un couteau, un poignard ? Des mouches sur la plaie et autour d'elle.[33]

La revendication éthique de dire, de témoigner, a pour corollaire le besoin esthétique de repeindre la « chose vue » par les mots, tout en encadrant ce parcours synesthétique au travers des morts par les images textuelles de la vie et de la beauté de la révolution palestinienne d'antan. Tandis que l'appartenance identitaire des victimes du massacre est vite reconnue, car ce sont principalement des civils palestiniens, celle des tortionnaires est reflétée comme un miroir au travers les corps déformés de leurs victimes : « Au milieu, auprès d'elles, de toutes les victimes torturées, mon esprit ne peut se défaire de cette 'vision invisible' : le tortionnaire comment est-il ? Qui était-il ? »[34] Son enquête sur le responsable du massacre, menée surtout par l'interrogation de divers témoins cités dans le texte, vise à démontrer au lecteur, que les forces multinationales, mais avant tout l'armée israélienne, se sont rendus complice à la violence de la milice phalangiste. C'est cette interférence entre victimisation des Palestiniens et culpabilisation de l'État israélien qui a valu à Genet des douteux reproches d'antisémitisme dans le discours académique.[35] Là où Éric Marty, le principal représentant de cette opinion, a raison, en revanche, c'est que la vision manichéenne entre *une* victime et *un* bourreau semble dépassée à ce stade du conflit au Proche-Orient ressemblant, comme il dit, « aux longues années de guerre dans l'ex-Yougoslavie dont elle constitue une préfiguration politique saisissante »[36]. C'est à ce moment du conflit qu'aussi la politique identitaire commence à subir un changement par l'émergence de groupements religieux tels que le Hezbollah libanais et ensuite le Hamas palestinien.[37]

---

33 *Ibid.*, p. 245–246.
34 *Ibid.*, p. 247.
35 *Cf.* Marty, Éric : *Bref séjour à Jérusalem*, Paris : Gallimard 2003, p. 48–49 ; Tölle, Tom : « Sabra, Schatila und Schoah? Zur Rezeption von Jean Genets *Quatre Heures à Chatila* in Deutschland », in : Lorenz, Matthias N./Lubrich, Oliver (dir.) : *Jean Genet und Deutschland*, Merlin 2010, pp. 164–186.
36 Marty, Éric : « Jean Genet à Chatila », *Les Temps modernes* 622 (2003), pp. 2–72, 51–52.
37 Sur le changement de la couverture du conflit israélo-palestinien face à la tournure religieuse que la lutte palestinienne subit par le Hamas : *Cf.* Said, Edward W. : *Covering Islam. How the media and the experts determine how we see the rest of the world*, revisited edition, New York : Vintage Books 1997, p. xiii.

Bref, dans ses textes journalistiques sur le conflit israélo-palestinien, Jean Genet construit sa propre vision de la révolution palestinienne en opposition aux images médiatiques de la presse occidentale. Dans son reportage « Les Palestiniens », cet affrontement direct s'exprime par la déconstruction de l'imaginaire véhiculé par les photographies de Barbey. Ses commentaires explicatifs visent à inverser la perception que les images d'un peuple armé, voire agresseur, pourraient susciter chez le spectateur en renvoyant à l'histoire du conflit et à l'esthétique de la révolution. En revanche, dans son reportage « Quatre heures à Chatila », sa critique de l'information visuelle se matérialise dans l'écriture même, qui met en relief, de manière picturale et palimpsestique, les corps et l'identité des victimes, afin de créer un tableau multidimensionnel de ce massacre et de l'événementialiser par l'écriture. La mise en récit des « choses vues » a ici une fonction éthique consistant à rendre une identité et une dignité à ces corps mutilés et déformés par un tortionnaire devenu invisible. Dans le contexte de leur publication immédiate, les deux articles ont l'objectif majeur de faire mieux comprendre le combat des Palestiniens et de mobiliser le lecteur pour leur cause. Mais, dans le contexte de leur reprise partielle dans le dernier roman de Jean Genet, leur statut est à réexaminer.

3. L'éclat des images textuelles dans *Un captif amoureux*

Publié à titre posthume en 1986, *Un captif amoureux* se situe au seuil de ce tournant au début des années 1980 que Dominique Viart a baptisé le « retour du réel » dans la littérature contemporaine.[38] Bien que le récit – qui au niveau paratextuel s'affiche comme « souvenirs » – se base sur les expériences vécues de Genet durant ses activités politiques, on peut constater une oscillation entre referentialité et auto-referentialité du texte. C'est pour cette caractéristique hybride, consistant à créer un métadiscours critique du propre engagement, que Sylvain Dreyer a classé ce dernier roman de Genet parmi ce qu'il désigne comme « œuvres engagées critiques »[39]. Dans *Un captif amoureux*, qui veut « être [lu] comme un reportage »[40], se trouvent retranscrits et remaniés une partie de ses textes politiques et journalistiques, écrits entre 1968 et 1983, dont également « Les Palestiniens » et « Quatre heures à Chatila ». La manière de laquelle ces deux reportages sont

38 Viart, Dominique/Vercier, Bruno : *La littérature française au présent. Héritage, modernité, mutations*, Paris : Bordas ²2008, p. 213.
39 Dreyer, Sylvain : *Révolutions ! Textes et films engagés. Cuba, Vietnam, Palestine*, Paris : Armand Colin 2013, p. 31.
40 Genet 2009, p. 610.

repris, montre, très précisément, le processus de métaïsation à l'œuvre dans ce récit.[41] En effet, composé par des fragments textuels discontinus, qui, structurellement, traduisent les « éclats d'images »[42] par lesquels le souvenir arrive, *Un captif amoureux* est conçu par la même stratification des espaces-temps hétéroclites qui s'annonçaient déjà dans « Quatre heures à Chatila ». En effet, c'est ce dernier reportage qui anticipe la structure des stratifications multiples qui caractérise *Un captif amoureux*. Alors que dans « Quatre heures à Chatila » seulement deux séjours et expériences sont mis en communication, c'est-à-dire le premier séjour de l'auteur aux camps palestiniens en 1970/71 et son retour lors des massacres de Sabra et Chatila en 1982, dans *Un captif amoureux* le lecteur est confronté à une multiplication d'expériences, de souvenirs et de réflexions racontés. De cette façon, les extraits provenant des deux reportages sont re-contextualisés et fictionnalisés à l'intérieur de ce récit qui se présente comme une révision en profondeur du propre engagement politique.

Ainsi, on peut retrouver le passage sur le chant révolutionnaire que Genet avait exposé dans « Les Palestiniens » pour contrecarrer la mise en image d'une patrouille ordonnée des révolutionnaires sur une des photos muettes. Dans *Un captif amoureux*, Genet en crée une micro-narration qui renvoie à la structure interrompue et à l'esthétique de son roman où les fragments s'enchaînent par *leitmotiv*. Dans cette micro-narration, l'auteur-narrateur fait partie lui-même d'un des groupements qui, la nuit, d'une colline à l'autre se renvoient un chant pour se répondre par intervalle et à tour de rôle sur une première thématique donnée, de sorte à créer un canon improvisé :

> Dans la nuit, un peu avant l'aube, trois groupes de feddayin, après avoir marché longtemps car ils changeaient de bases, en janvier 1971 c'est-à-dire quatre mois après Septembre Noir, chantaient en se répondant de colline en colline. Entre chaque chant, j'écoutais le silence matinal, dont l'intensité est faite de tous les bruits du jour pas encore éclatés. […] Les trois sommets invisibles les uns aux autres, à tour de rôle se répondaient – à cette époque ou un peu plus tard Boulez préparait *Repons* [sic !] – le soleil n'était pas levé […]. Un groupe se taisait, attendant que les deux autres, invisibles, répondissent toujours à l'unisson, mais chacun de ces trois groupes sur trois modes différents. […] L'opposition des voix soulignait l'opposition entre le royaume terrestre d'Israël-État et la terre sans terre, sans autre support que les vocalises des soldats de Palestine.[43]

---

41 *Cf.* le quatrième chapitre « Zur Metaisierung des revolutionären Diskurses in *Un captif amoureux* », in : Izzo, Sara : *Jean Genet und der revolutionäre Diskurs in seinem historischen Kontext*, Tübingen : Narr Francke Attempto 2016, pp. 269–326.

42 Genet 2009, p. 192.

43 *Ibid.*, p. 66.

Ce chant révolutionnaire que Genet défendait, dans « Les Palestiniens », comme forme d'art révolutionnaire s'opposant à la musique de guerre occidentale, subit néanmoins une démystification dans le contexte de cette mise en perspective. En effet, à la montée du soleil, l'auteur-narrateur se rend compte du fait que le groupement, dans lequel il se trouvait, marchait toujours autour de la même colline et « qu'il s'agissait d'une misérable ruse de guerre afin de laisser croire à l'adversaire que les Palestiniens étaient partout et toujours. »[44] Outre le principe du canon qui renvoie à l'agencement structurel du roman, c'est aussi l'aspect de la dissimulation, de la ruse, qui miroite les revendications esthétiques du roman même :

> La forme que j'ai donnée dès le commencement au récit n'eut jamais pour but d'informer réellement de ce que fut la révolution. La construction même, l'organisation, la disposition du récit, sans vouloir délibérément *trahir* ce que furent les faits, arrangent la narration de telle sorte qu'apparaîtra probablement que je fus le témoin peut-être privilégié, ou l'ordonnateur ?[45]

Il devient évident que le roman n'a plus pour objectif d'informer, mais de reconstituer et d'assembler des images que l'auteur-narrateur irréalise dans ce nouveau contexte en les désignant comme « images d'un rêve »[46]. Tandis que le but des textes journalistiques était d'intervenir dans un discours médiatique sur le conflit israélo-palestinien en déconstruisant l'imaginaire visuel créé par les médias occidentaux afin d'informer et de mobiliser le lecteur, l'objectif du roman se dépolitise. La motivation politique de l'écrit s'estompe derrière la littérarisation des expériences vécues et la métaïsation critique de ce même processus. On peut également observer ce changement par rapport à la relation entre image et texte. À partir de l'opposition entre la photographie muette et le texte explicatif et complémentaire aux images du premier reportage, Genet forge ensuite une écriture sensorielle en concurrence aux médias audiovisuels dans « Quatre heures à Chatila », pour finalement reproduire un éclatement structurel de ces mêmes images textuelles dont la dispersion est comparée à celle des images rêvées dans *Un captif amoureux*. On peut constater que, tout en servant comme hypotextes à *Un captif amoureux*, la fonction des reportages journalistiques n'est plus d'ordre informatif, mais, enveloppés par une structure métadiscursive, ils renvoient au fonctionnement du roman comme fiction, voire comme « trompe-l'œil »[47].

---

44 *Ibid.*, p. 68.
45 *Ibid.*, p. 504.
46 *Ibid.*
47 *Ibid.*, p. 50.

4. Conclusion

Les reportages sur le conflit israélo-palestinien de Jean Genet abordent la question identitaire de la révolution palestinienne. Il s'agit de décrire l'histoire, l'objectif de la lutte politique et les coutumes des Palestiniens à un moment où les médias occidentaux se focalisaient notamment sur la représentation des actes terroristes et de la violence de ceux qui étaient considérés comme des bourreaux selon une vision manichéenne du conflit au Proche-Orient. Un changement de perspective dans l'opinion publique est justement amené par l'invasion du Liban et par les massacres de Sabra et Chatila en 1982 qui donnent à Genet une motivation majeure de revenir sur la question palestinienne. Son reportage met en relief les victimes du massacre, c'est-à-dire les Palestiniens, en leur redonnant une identité par un mode d'écriture qui se caractérise par sa profondeur sensorielle et temporelle. C'est ce même effet de stratification temporelle qui marque aussi son roman-reportage *Un captif amoureux*, à l'intérieur duquel les textes journalistiques sont partiellement repris selon la stratégie d'un éclatement textuel. De ce fait, ils sont re-fonctionnalisés à un niveau métatextuel qui non seulement dépolitise le statut de ces hypotextes, mais aussi celui du roman-reportage lui-même.

Thabette Ouali

L'Élimination, récit d'un génocide par Rithy Panh

Abstract : Après avoir donné la parole à différentes victimes des Khmers rouges, Rithy Panh éprouve le besoin de témoigner de son expérience personnelle. *L'Élimination* est la reconstitution de ces années de captivité à travers le récit de la confrontation du cinéaste cambodgien avec Duch, ancien directeur du centre de torture S-21. Ce qui est surprenant dans la reconstitution de cet épisode historique, c'est le choix de Rithy Panh de passer de l'image-documentaire au récit écrit. Dès lors se pose la question du genre de cet ouvrage révélatrice d'une nouvelle esthétique à l'ombre d'une éthique qui s'engage à mieux faire comprendre cette violence faite aux hommes, et ce pour une meilleure transmission de sa mémoire.

Mots-clés : témoigner ; esthétique ; violences ; mémoire ; éthique

Victime des violences des Khmers rouges à 13 ans, Rithy Panh, devenu cinéaste, décide de revenir sur cet épisode sanglant pour interroger les responsables de ce génocide. *L'Élimination*[1] est la reconstitution de ces années de captivité à travers le récit de la confrontation du cinéaste cambodgien avec Duch, *le maître des forges de l'enfer*[2], ancien directeur du centre de torture S-21. Ce qui est surprenant dans la reconstitution de cet épisode historique, c'est le besoin de Rithy Panh de passer de l'image-documentaire au récit écrit. En se faisant aider par Christophe Bataille, le cinéaste signe une nouvelle démarche qui s'intègre parfaitement à l'ensemble de son œuvre cinématographique relative aux Khmers rouges[3]. Se met en place une nouvelle esthétique à l'ombre d'une éthique qui

---

1 Panh, Rithy avec Bataille, Christophe : *L'Élimination*, Paris : Grasset 2011.

2 Du titre de son film documentaire sorti en 2012.

3 L'ensemble de son œuvre cinématographique se place sous le signe du devoir de mémoire au nom des victimes du régime de Pol Pot. Elle est largement primée lors de festivals internationaux et lui vaut une notoriété mondiale. En voici quelques titres : *Les Gens de la rizière*, fiction (1994), *Bophana, une tragédie cambodgienne*, documentaire (1996), *Un soir après la guerre*, fiction (1997), *La Terre des armes errantes*, documentaire (1999), *S21, la machine de mort Khmère rouge*, documentaire (2002), *Les Artistes du théâtre brûlé*, documentaire (2005), *Le Papier ne peut pas envelopper la braise*, documentaire (2017), *Un barrage contre le Pacifique*, fiction (2008), *Duch, le Maître des forges de l'enfer*, documentaire (2011), *L'image manquante*, documentaire (2013).

s'engage à mieux faire comprendre cette violence faite aux hommes, et ce pour une meilleure transmission de sa mémoire.

En proposant une analyse de ce cas, une définition du genre de cette écriture s'impose. Nous tenterons de cerner cette poétique du reportage littéraire concernant les « nouvelles guerres » et les phénomènes de violence qui y sont générés. Nous essayerons d'expliquer les motivations et les apports de ce passage de l'image aux mots tout en précisant ses caractéristiques les plus notables afin de définir la genèse de cette œuvre.

Quelles techniques mobilise-t-on dans cet entremêlement entre fiction et factualité pour les besoins de cette écriture ? Quels défis cela représente-t-il compte tenu de l'influence du modèle journalistique narratif sur la littérature contemporaine ? Comment réussit-on à médiatiser cette violence pour révéler la vérité ? Quelle est la valeur de ce témoignage qui se voudrait « dans la douceur des mots »[4] ?

1. Témoigner, une nécessité personnelle et historique

La reconstitution de cet épisode historique[5] se présente comme une succession de fragments à l'allure anecdotique qui se poursuit tout au long de ce récit de

---

4 Panh 2011, p. 235.
5 Convoité par ses voisins, quatre siècles durant, le Cambodge vit un long déclin politique. Pris en étau entre ses deux voisins hégémoniques (le Siam annexe l'Angkor et le Vietnam impose une vietnamisation totale à la population), le roi Norodom 1er signe, en août 1863, un traité qui instaure un protectorat français sur le territoire. Par ce traité, le Cambodge abandonne toute souveraineté et son roi Norodom n'exerce qu'un pouvoir limitée voire symbolique jusqu'à sa mort. En 1887, le Cambodge rejoint le Laos et le Vietnam dans la grande entité coloniale française, l'Indochine, jusqu'à son indépendance en 1953. Par ailleurs, la guerre du Vietnam (1955–1975) avec la présence accrue des Américains et les incursions de l'armée de libération nord Vietnam ne font que fragiliser encore plus le pays, indépendant depuis peu. Toutefois, malgré une politique de neutralité, les Américains favorisent un coup d'état de l'armée sous la conduite du maréchal Lon Noi en mars 1970. Ce dernier doit faire face à une guérilla communiste luttant depuis longtemps contre la monarchie et la présence américaine. Un soulèvement organisé par les Khmers rouges, nationalistes d'extrême-gauche finit par le chasser du pouvoir. Les Khmers rouges et leur chef sanguinaire Pol Pot s'emparent de Phnom Penh le 17 avril 1975 et proclament la république démocratique du Kampuchéa. C'est le début de quatre années d'une politique d'extermination des élites et des citadins jugés corrompus. Près du quart de la population du Cambodge disparaît alors par l'assassinat, la torture, le travail forcé dans les camps de travail à la campagne et la famine.

confrontation entre bourreau et victime annulant ainsi une organisation en parties ou en chapitres pour privilégier une mise en page particulière. Un alinéa assez visible marque le début de tout nouveau propos. Il favorise de la sorte une lecture continue. Ce flot de parole ininterrompue, que rien n'arrête si ce n'est le début d'une nouvelle séquence tout aussi incontrôlée, est à la hauteur de la violence subie. Il reproduit ces différentes violences, typiques de ce génocide dont a été victime Rithy Panh. Le ton est donné, d'emblée, dès les premiers mots de cette écriture. La violence, symbole des quatre années du régime khmer et son unique mot d'ordre, est donnée à lire comme un droit absolu des détenteurs du pouvoir. Elle donne sens au choix du titre de ce livre puisque comme le souligne si bien Duch : « les Khmers rouges, c'est l'élimination. »[6] Elle traverse cette écriture comme un fil conducteur ou déclencheur de toutes ces séquences rétrospectives. Explicite ou implicite, elle signifie les différentes étapes de l'histoire du Kampuchéa démocratique. Choisie comme son mode d'expression premier et unique, elle résume sa prise du pouvoir, son établissement et la consolidation du régime khmer rouge. À la fin de ce pouvoir, elle est toujours cette trace indélébile, cette mémoire du corps et de l'âme, toujours présente trente ans plus tard.

Nous proposons en ce qui suit de passer en revue ces formes de violences que nous répertorions comme suit :

Il s'agit d'abord d'*une violence psychologique* qui aide à mettre en place ce régime totalitaire. Le 17 avril 1975, tous les habitants de la capitale convergent vers le centre pour assister à cette transition historique.

> Les livres affirment que Phnom Penh a fêté joyeusement l'arrivée des révolutionnaires. Je me souviens plutôt d'une fébrilité, d'une inquiétude, d'une sorte d'angoisse face à l'inconnu. Et je n'ai pas le souvenir de scènes de fraternisation. Ce qui nous a surpris, c'est que les révolutionnaires ne souriaient pas. Ils nous maintenaient à distance, avec froideur. Très vite, j'ai croisé leurs regards, j'ai vu les mâchoires serrées, les mains sur les détentes. J'ai été effrayé par cette première rencontre, et par l'absence totale d'âme.[7]

C'est dans cette atmosphère générale lourde d'incompréhension, de silences terrifiants que le nouveau régime impose l'exode forcé de toute la population vers la campagne. Rithy Panh affirme que plus de 40% de la population ont été ainsi contraints à une marche forcée et déplacée d'un camp à un autre tout au long de ces quatre années. De fait, il parle de « la déportation de Phnom Penh » qui annonce « le début de l'extermination. »[8] La séparation des membres de la

---

6   Panh 2011, p. 8.
7   *Ibid.*, p. 36.
8   *Ibid.*, p. 46.

famille lui succède fragilisant ce lien unique avec le passé. Les membres de la
famille Panh, séparés selon leur âge, se trouvent livrés à eux-mêmes dans différents camps de travail.

C'est *la violence des camps de travaux forcés et des conditions de vie à la campagne* qui marque de manière définitive la transition politique et le nouvel ordre
des choses. Il s'agit désormais d'une nouvelle société où le prolétariat prime sur
la bourgeoisie. Le jeune adolescent Rithy Panh enchaîne les nouvelles fonctions
au gré de ses déplacements d'un camp à un autre. Même blessé, sous le joug
d'une mort imminente suite à l'infection de sa blessure, il travaille en tant que
fossoyeur à l'hôpital où il a été envoyé. Son père, quant à lui, ancien chef de
cabinet au ministère de l'éducation, « trop faible pour travailler aux champs ou
sur une digue en construction, l'Angkar l'a affecté à un atelier de vannerie : assis
en tailleur avec d'autres vieux, il tressait de l'osier. Il était malhabile. Ses doigts
saignaient. »[9] Placés sous la haute surveillance des révolutionnaires, il leur faut
pour survivre apprendre à s'adapter à cette vie de campagne, à changer son corps
et ses doigts de bourgeois en un « nouveau corps à forger donc. »[10]

Tous les repères temporels sont anéantis dans un enchaînement aléatoire de
travaux de jour ou de nuit. Les assises familiales sont définitivement effacées
par la volonté de leur substituer l'Angkar comme valeur et appartenance unique.
Ainsi il est fortement recommandé à tous de choisir de nouveaux noms révolutionnaires, composés d'une syllabe unique, désormais seul moyen d'identification de ce nouveau peuple.[11] La vie conjugale, matrimoniale et tout autre relation
amoureuse sont bannis dans un pays quadrillé pour rendre impossible toute
éventualité de s'échapper, de se retrouver, de s'aimer ou de se consoler. Plus de
vie scolaire ni une quelconque autre éducation si ce n'est celle de l'organisation.

À cela s'associe *une violence vestimentaire*. Dès la deuxième nuit, les cravates,
symbole de la classe bourgeoise et de l'administration aussi bien que les lunettes,
symbole du savoir et de la classe intellectuelle, sont défendus. Une coupe de cheveux unique est imposée à tout le pays. « Tous les cadres khmers rouges ont pris
modèle sur Pol Pot : coupe franche derrière les oreilles. Et la coupe 'oméga' pour
les jeunes filles. »[12] De même l'interdiction définitive des vêtements de couleurs
favorise l'uniformisation par l'apparition de la tunique large marron foncé, grise
ou bleu nuit.

---

9   *Ibid.*, p. 67.
10 *Ibid.*, p. 62.
11 *Cf. ibid.*, p. 66.
12 *Ibid.*, p. 80.

Pour garantir une assise inébranlable à ce régime naissant, deux conditions sont nécessaires : affamer le peuple et l'appauvrir. Une *violence alimentaire* et une autre *économique* permettent l'affaiblissement total et la disparition définitive de toute lueur de résistance. La santé de tous ne pouvait qu'en pâtir. Les risques d'épidémie sont une nouvelle menace qui pèse sur la population quand on n'est pas dénoncé pour le vol d'un bol de riz.[13] Les hôpitaux ne sont que de nouveaux cimetières entourés de fosses communes.

Grâce à ce régime de privation, la soumission est garantie. Les Khmers sont désormais cette fatalité dont on ne peut se défaire. Réduit à rien, ce nouveau peuple n'a plus droit non plus de manifester aucun émoi. « Les émotions, les impressions, les sentiments sont interdits et ne pouvaient être exprimées [sic !]. »[14] Tout est si bien contrôlé sous ce régime de grande terreur jusqu'au sommeil ordonné par un chef.[15]

Par ailleurs, *la violence physique* est clairement définie comme principe régisseur du Kampuchéa démocratique. Sous le signe de crime de masse, elle s'exerce dans le secret le plus total, sous couvert de départs pour des études ou de déplacements nocturnes, aussi personne ne s'inquiétait de ces premières disparitions, les ordres de déplacements ont pour but de casser toute cohésion sociale. Les tueries se passent dans des zones reculées, près des montagnes par exemple, dans des centres de tortures ou dans des lieux choisis pour devenir des fosses communes.

En définitive, c'est *la violence du langage* qui codifie ces quatre années du régime khmer. En plus des slogans « qui sonnaient dur mais ils étaient d'une beauté simple et imagée »[16] et qui avaient « une pensée pour chaque situation – souvent directe et violente ; parfois anodine ; énigmatique »[17], il y avait des chants qui « évoquaient le combat, la souffrance, les ennemis, le sang versé »[18] mais aussi des films de propagande glorifiant un peuple uni et travailleur, instrument d'une révolution réussie.

Si bien que l'identité préalable de la langue du Cambodge est définitivement ébranlée. Les Khmers transforment le langage usuel. Ils y font entrer des termes

---

13 *Cf. ibid.*, p. 38.

14 *Ibid.*, p. 134.

15 *Cf. ibid.*, p. 167.

16 *Ibid.*, p. 120.

17 *Ibid.*

18 *Ibid.*, p. ex : « je me souviens d'un chant khmer rouge diffusé par les haut-parleurs de chantier : 'vous mangez des racines ; vous souffrez de malaria ; vous dormez sous la pluie ; et pourtant vous vous battez pour la révolution' ». *Ibid.*, p. 122.

khmers, substituent le sens des mots anciens à de nouveaux usages ou font disparaître des mots en faveur d'autres porteurs de leurs idéaux. « Ils ont interdit des mots : 'femme', par exemple, ou 'mari', à connotation sexuelle et bourgeoise. Ils ont imposé leurs slogans : 'si tu as la mentalité révolutionnaire, camarade, tout t'est possible !' [Ils ont] enseigné sans fin les douze commandements révolutionnaires. »[19]

À cet égard, Marc Crépon rappelle que

la puissance des systèmes totalitaires ne repose pas seulement sur la terreur qu'ils mettent en place et qui fait craindre chacun pour sa survie et celle de ses proches. Elle se distingue aussi par leur emprise sur les esprits. [Cette dernière] n'est effective que dans la mesure où ses innovations sémantiques, ses tournures linguistiques, ses façons de dire et de faire avec une langue que tout le monde comprend finissent par s'imposer comme une évidence, au point de ne plus heurter ni indigner ceux et celles, de plus en plus nombreux, qui, petit à petit, les reproduisent mécaniquement. L'emprise sur les esprits n'est jamais aussi forte que lorsque c'est la langue elle-même qui est infectée des mots de l'idéologie.[20]

« Un tel déferlement de violence »[21] Rithy s'en souvient au nom de tous ces morts sans sépulture condamnés à l'errance éternelle. Il la médiatise pour la faire connaître de tous. Elle se donne à lire comme une écriture testimoniale qui permet le passage de l'image documentaire au récit écrit.

2. De l'image-documentaire au récit écrit

La question de la définition du genre est intrinsèque au choix esthétique de ce récit de confrontation entre un rescapé et l'un des responsables du régime khmer. Elle est au centre même de la genèse de cet ouvrage et de toute l'œuvre du cinéaste cambodgien.

De prime abord, la tonalité de la confrontation est mise en exergue dans le choix des citations et de la dédicace en marge du récit. En effet, ce récit est, en un premier temps, encadré par un dialogue dans lequel Duch, un des hommes du pouvoir des Khmers rouges et l'un des rares à être jugés pour ses crimes, donne le change à « Monsieur Rithy » pour lui rappeler un slogan résumant l'idéologie de l'élimination du Kampuchéa démocratique : « La dette du sang doit être remboursée par le sang. […] Les Khmers rouges, c'est l'élimination. L'homme

---

19 *Ibid.*, p. 68.
20 Crépon, Marc : *La Vocation de l'écriture. La Littérature et la philosophie à l'épreuve de la violence,* Paris : Odile Jacob 2014, p. 151–152.
21 Panh 2011, p. 68.

n'a droit à rien. »[22] La dédicace qui suit : « A mon père Panh lauv. A Vann Nath » confirme non seulement cette volonté de confronter le bourreau à ses victimes mais inscrit aussi le projet d'écriture dans la perspective de témoignage pour la mémoire du père.

Ces choix de paratextes établissent d'une manière significative l'appartenance de ce récit au genre autobiographique. De fait, la narration se poursuit à la première personne du singulier dans un continuel retour rétrospectif sur ce qui compose cette vie de rééducation du nouveau peuple telle que conçue par l'Angkar : la prise de Phnom Penh, l'exode vers la campagne de toute la population, la captivité de la famille Panh, la déchéance de cette bourgeoisie intellectuelle qui vivra désormais dans le froid, la faim, la soumission, l'humiliation, l'angoisse et la peur ; la résistance de chacun d'entre eux qui finit par l'agonie du père, des neveux et de la mère mais surtout celle toute autre du jeune Rithy Panh qui choisit de vivre.

À ce récit autobiographique s'ajoutent, toutefois, des éléments qui rendent plus complexe cette question du genre. Dès l'incipit, le récit fonctionne comme une sorte d'introduction pour entrer dans le vif de ce passé douloureux. Un nom « Kaing Guek Eav, dit Duch »[23], un lieu « Phonom Penh »[24], une date « de 1975 à 1979 »[25], un chiffre « 12380 personnes au moins furent torturées dans ce lieu »[26] sonnent comme un rappel d'une temporalité passée et révolue. L'évocation de cet épisode historique donne lieu à un nouveau thème relatif à un nouveau lieu, « prison du tribunal pénal parrainé par l'ONU (en fait CETC, soit Chambres extraordinaires au sein des tribunaux cambodgiens) »[27] et à une nouvelle temporalité, plus actuelle, qui résonne comme le temps de la justice à rendre aux milliers de victimes précédemment évoquées. Cette ellipse sous-entend à son tour une temporalité, plus ancrée dans le présent, celle de la narration, de l'écriture donc et de la réflexion.[28]

Cette alternance d'un récit individuel et d'un récit collectif rend difficile le classement de cet ouvrage. Vincent Petitjean le qualifie à la fois comme l'œuvre

---

22 *Ibid.*, p. 8.
23 *Ibid.*, p. 11.
24 *Ibid.*
25 *Ibid.*
26 *Ibid.*
27 *Ibid.*
28 « J'observe son visage de vieil homme, ses grands yeux presque rêveurs, sa main gauche abîmée. Je devine la cruauté et la folie de ses trente ans. Je comprends qu'il ait pu fasciner, mais je n'ai pas peur. Je suis en paix. » *Ibid.*

d'un mémorialiste et plus commodément d'essai autobiographique. Par ailleurs, étant donné que ces longues conversations avec Duch étaient non seulement filmées mais reprises par la suite pour constituer à la fois la matière d'un long métrage sorti en janvier 2012, *Duch, le maître des forges de l'enfer* et celle du récit *L'Élimination*, cet ouvrage

> pourrait aussi se lire comme un journal de tournage. Par ailleurs, ces reprises permet-
> traient de penser que ce livre formerait ainsi avec *Duch, le maître des forges de l'enfer* un
> diptyque mémoriel. Mais ce diptyque n'a pas pour seule fin la conservation du passé ni
> même l'hommage aux disparus, il s'agit là d'un manifeste pour la mémoire. Comment
> vivre avec la sienne et faire vivre celle de ses frères en humanité (les Cambodgiens et tous
> les autres) pour comprendre le passé et envisager l'avenir ? Telle est la question centrale
> à laquelle Rithy Panh tente de répondre.[29]

La question du genre n'est pas pour autant définitivement établie. La composition fragmentaire du récit ainsi que sa mise en page particulière, précédemment évoquées, permettent en effet d'apporter un nouvel éclairage. En produisant cet effet de lecture continue, elles évoquent le débit continu d'une parole qui se libère enfin. Comme une écriture automatique, elle laisse libre cours à l'expression d'un traumatisme, bien que Rithy Panh « n'aime pas ce mot qu'on ne cesse d'utiliser. »[30] Cette narration ininterrompue serait l'expression de ces « images ineffaçables, gestes impossibles désormais silences qui [le] poursuivent »[31] qu'il peine à exorciser depuis le drame. En somme cet ouvrage serait son *journal de galère*[32], son *auto-thérapie* : la trace du travail thérapeutique individuel qu'il entreprend sur lui-même pour trouver une paix après la violence subie. Il trouve sa forme dans cette écriture fragmentée et hachée qui traduit parfaitement la difficulté, voire parfois l'impossibilité d'un récit. « En 1979, j'atterris à Grenoble, où je suis accueilli par ma famille. Je ne raconte pas ce que j'ai traversé, ou à peine. J'écris un court texte en khmer sur ces quatre années. Ces pages d'autrefois s'envolent dans le temps. Je ne les verrai jamais plus. Parler est difficile. »[33] Conscient que « le mal »[34] est définitivement en lui et après s'être essayé en vain à la peinture,

---

29 Petitjean, Vincent : « Rithy Panh : un art de la Mémoire », *Témoigner. Entre histoire et mémoire* 115 (2013), mis en ligne le 01/06/2015, http:// temoigner.revues.org/511 [consulté le 04/08/2018].

30 Panh 2011, p. 12.

31 *Ibid.*, p. 13.

32 Du titre *Journal de galère* d'Imre Kertèz où l'auteur témoigne de son passé aux camps nazis et sous le totalitarisme communiste.

33 Panh 2011, p. 15.

34 *Ibid.*

à la musique, au bois qui « pouss[ent] au silence »[35], il choisit le cinéma qui « donne le monde et la beauté, les mots aussi : je crois qu'il me tient les poings dans les poches »[36] admet-il. C'est de cette manière que la violence subie détermine l'identité du rescapé et décide de l'engagement de toute une vie. Le jeune rescapé choisit de faire des études de cinéma. La caméra sera son moyen d'expression : désormais elle dira tout ce qu'il a toujours tu en lui. En filmant la douleur des survivants, en interrogeant les tortionnaires, en essayant de comprendre les raisons qui donnent le droit à une partie de la population d'en éliminer une autre, c'est sa propre douleur que Rithy Panh met en images. Ce sont ses propres interrogations qui trouvent une réponse. Ce sont ses angoisses les plus intimes qu'il soulage. C'est en définitive la mémoire de sa famille qu'il honore à travers celle de son peuple. Tous ses projets cinématographiques naissent de là. Et quand « *Bophana* puis *S21* ont été diffusés au Cambodge. Le pays a pu, comme moi, arpenter la mémoire. Il m'a semblé que ces films mettaient fin à un épisode de ma vie »[37] avoue-t-il.

Par ailleurs, contre toute attente, Rithy Panh est fortement fragilisé suite à ces rencontres avec Duch. S'il affirme que « ce qui blesse est sans nom »[38], il est déstabilisé aux premiers instants de tournage avec ce haut cadre khmer. Il chancèle quand celui-ci revendique son surnom khmer, Duch, et nul autre. L'enfer commence ou recommence de plus belle.

> Le monde vacillait. J'ai manqué étouffer dans l'avion. Je suis tombé dans la rue plusieurs fois. A Paris, j'ai fui le métro, les autobus. Je fixais la foule en tremblant : mais où vont tous ces gens ? Et d'où viennent-ils ? Je sursautais au moindre bruit. Je me tenais au métal, au carrelage, au bois, à mes poches, à mes livres, au papier, je me tenais à la nuit.[39]

L'errance nocturne le ressaisit et la tentation suicidaire est plus que jamais proche. Rithy Panh est désarçonné par l'impact de l'indifférence de cet être. Faire cheminer le bourreau vers son humanité, c'est aussi faire cheminer les victimes et les survivants vers la leur. Rithy Panh étant l'une des victimes survivantes de l'extermination khmère, c'est aussi à *son cheminement vers sa propre humanité* que nous assistons. C'est ainsi que pour la première fois, Rithy Panh se donne l'occasion de s'exprimer sur son expérience personnelle et qu'il choisit de le faire via un ouvrage écrit, *L'Élimination*. C'est au tour de Rithy Panh de confronter la réalité

---

35 *Ibid.*, p. 16.
36 *Ibid.*
37 *Ibid.*, p. 21.
38 *Ibid.*, p. 14.
39 *Ibid.*, p. 26.

de ses quatre années passées dans les camps khmers à celle officielle et maquillée par le régime dans la bouche de Duch. En cela, il n'a pas le souci d'établir la vérité mais seulement de comprendre de quelle manière certaines personnes, au nom d'une idéologie, arrivent à en éliminer d'autres jugées différentes et obstacles à la réalisation de leur idéal. Se réapproprier son identité collective, c'est se réapproprier son identité individuelle, sa singularité. Cette réappropriation permet de dire et d'écrire enfin. Prendre la parole en tant que victime, raconter, trouver les mots pour dire et ne plus se taire, voilà ce que permet cette écriture de *L'Élimination*.

Le récit du passé ainsi devenu possible, c'est son partage qui s'offre à lui. Un partage avec le co-auteur d'abord. Dans cet ouvrage, « [i]l s'agissait de mettre des mots aussi bien sur ce qui s'était déroulé avec Duch que sur la douleur de son propre vécu. [...] Christophe Bataille étant romancier, c'était l'occasion de confier le passé aux mots [...] », comme l'explique le coauteur à Arnaud Vaulerin dans *Libération*, car « seul un regard partagé a permis ce livre. »[40] Partage avec le lecteur, ensuite. L'empathie est une preuve de solidarité avec la victime qui permet de faire face à l'indifférence du bourreau et à la désolidarisation de l'opinion politique internationale. Ce passage donc de l'image documentaire au récit écrit se revêt d'une esthétique dont nous allons essayer de définir les particularités.

3. Une nouvelle esthétique

Là encore, l'écriture fragmentaire est particulièrement significative. Outre qu'elle éclaire la question du genre, elle renseigne sur les techniques mobilisées dans cet entremêlement entre fiction et factualité pour les besoins de cette écriture. Le choix de l'écriture et de la composition de l'ouvrage traduit parfaitement le passage des images aux mots par le biais de la littérature tout en restant fidèle à l'esprit cinématographique cher au cœur de Rithy Panh. C'est en revenant sur sa manière de travailler ses films documentaires que nous saisissons les caractéristiques de cette esthétique à l'image d'une « nouvelle guerre » indicible.

> Ce qu'il y a d'intéressant dans le cinéma documentaire, c'est qu'on filme pour voir. On ne voit pas avant de filmer, ce n'est pas une fiction pour laquelle on imagine un scénario. Dans les documentaires, si on voit le film avant, on tue le sujet. Evidemment, il y a

---

40 Vaulerin, Arnaud : « Je pensais que le bourreau dirait la vérité », *Libération*, 07/01/2012, https://www.liberation.fr/planete/2012/01/07/je-pensais-que-le-borreau-dirait-la-ve-rite_786560 [consulté le 20/10/2019].

toujours une forme de fiction – on choisit un certain cadre par exemple. Moi je suis à une distance très proche, je tourne à côté, je peux presque toucher mon interlocuteur.[41]

Il en est de même pour cet ouvrage où on écrit pour voir sans plan préalable mais en donnant libre cours à une parole qui se libère après tant d'années. C'est ainsi qu'à la séquence du film-reportage correspondent en écrit ces fragments qui se succèdent naturellement sans transition apparente. Le narrateur comme le cinéaste se tiennent près de leur sujet et recueillent sa parole telle qu'elle se donne librement et dans toute son authenticité. Le passage d'un thème à un autre signalé par un alinéa correspondrait au passage de la caméra d'un plan à un autre. Tout comme on fait un film avec les gens et non sur les gens[42], le narrateur suit la parole où elle va, partout où elle le mène et là où elle s'exprime le mieux.

C'est selon ce modèle que sa parole donne naissance à un total de 260 séquences. Certaines sont très courtes. Elles sont constituées d'une seule phrase ; une simple pensée ou une réflexion philosophique qui pousse le lecteur à se poser les mêmes questionnements que le narrateur.[43] D'autres sont un peu plus longues allant de quelques lignes jusqu'à quelques paragraphes. Elles portent sur Duch, sur son rire déroutant ou sur une de ses attitudes inhumaines[44] auxquelles s'oppose la parole d'une victime.

Ces séquences font office de reconstitution des faits mis en scène tels qu'ils auraient été mis en place dans un film-reportage. Ces séquences polyphoniques sont comparables aux entrevues avec des témoins, aux images d'archives ou aux lieux du tournage qu'on restitue sur l'écran. Elles proposent les différents points de vue semblables aux prises de vues et de sons considérées comme des documents de référence au réel. Dans le cas de cet ouvrage écrit, elles informent le lecteur, le poussent à voir les faits autrement en donnant lieu à la réflexion et à de nouvelles interprétations. De même, elles dénotent d'une exploration profonde

---

41 Panh, Rithy/Scherrer, Amandine : « Filmer pour voir. Ombres et lumières sur le génocide Khmer », *Cultures & Conflits* 1, 97 (2015), http://conflits.revues.org/18810 [consulté le 09/07/2018].

42 *Ibid.*

43 Tel est le cas de la séquence 86 par exemple : « Proverbe khmer : 'La vérité est un poison.' » Panh 2011, p. 104 ; ou encore la séquence 121 : « Slogan khmer rouge : 'Il ne faut pas avoir de sentiments personnels.' » *Ibid.*, p. 134.

44 La séquence 56 : « Duch : 'L'essentiel était que j'accepte la ligne du parti. Les personnes arrêtées sont des ennemies pas des hommes. Camarades, n'ayez pas de sentiments ! Interrogez ! Torturez ! J'ai transféré le langage de la tuerie sur le papier, en irriguant la pensée de mes subordonnées à S21. J'ai souvent organisé des séances de formation.' » *Ibid.*, p. 72.

du sujet dans cet ensemble d'informations diversifiées que cite le narrateur dans sa logique discursive. Si elles sont la preuve de la grande implication sur le terrain de Rithy Panh, elles authentifient, par la même, ses dires.[45]

Ces séquences, plus particulièrement celles sur Duch, reviennent comme un *leitmotiv*. Elles sont comme un rappel qui rythme le récit autobiographique qui se trouve au centre de cette narration. Ces contrastes entre récits courts et récits longs rappellent l'étape du montage. Ils allègent le temps de lecture de cette temporalité fondée sur de continuels allers retours entre le passé et le présent. Ils calquent le changement des lieux et plans sur le film documentaire. Qu'il s'agisse des circonstances réelles du tournage ou de la mise en place de ces lieux ou encore de la reconstitution cinématographique des événements, l'écrit en reproduit le cadre spatiotemporel détaillé ainsi qu'une description minutieuse des mimiques, gestuelles et expressions. Comme au théâtre, des espèces de didascalies accompagnent les dialogues pour faire imaginer ce qui est mis en mots. Ils remplacent de la sorte les sous-titres supposés préciser les différentes temporalités, présentes ou passées et autres indications essentielles à la compréhension de l'image projetée.

Le recours constant au discours indirect et indirect libre, quand il ne s'agit pas d'un extrait d'un dialogue avec Duch transcrit tel quel, fait glisser les mots naturellement comme l'effet d'une caméra accompagnée de la voix off du cinéaste qui interroge ceux qu'il filme ou s'interroge à son tour sur ce qui a été filmé. Il s'agit d'une sorte de raccord qui sert à introduire une nouvelle séquence. De cette même logique, découle le sens des différentes reprises opérées tout au long de la narration. Les retours continus sur la vision de Duch ou le vécu de victimes ne ralentissent jamais le récit. Bien au contraire, ils le font avancer dans cette optique de questionnement, d'interrogation de ce passé commun dans l'espoir de le saisir dans toute sa violence indicible.

L'œuvre à filmer ou à écrire n'est par conséquent jamais envisagée comme « une réponse ou comme une démonstration. [Mais plutôt] comme un questionnement. »[46] C'est pourquoi, au niveau du tournage, Rithy Pan privilégie la

---

45 Tel est le cas pour l'histoire de Bophana ou pour ces chiffres implacables :
    « 20 juin 1977 à S21.
    253 exécutions
    225 hommes
    28 femmes
    3 camions
    2 fosses ». *Ibid.*, p. 189.
46 *Ibid.*, p. 79.

recréation de la situation qui ferait ressortir la vérité en filmant en plan serré sans aucun champ ni hors champ. En écrit, cela se traduit par le recours à la focalisation interne, centré sur un « je » narrateur-personnage-écrivain. Tout est donné à lire de son point de vue. Ses pensées les plus douloureuses sont mises en mots. C'est sa parole, appuyée par le souvenir d'autres victimes rencontrées au camp de travail ou évoquées par les photos, par leurs procès-verbaux ou par d'autres types d'archives qu'il essaie de saisir pour la confronter, enfin, à celle du bourreau de tous. Car « la parole peut être réveillée, amplifiée, étayée, par des documents, quand ceux-ci ont échappé à la destruction. »[47]

Une parole à la fois modérée et hésitante qui essaie de dire l'ampleur de sa douleur sans nulle exagération. Un récit touchant dans cette juste mesure entre le « chagrin sans fin »[48] et la colère qui se voudrait un oubli dans la dignité mais sans l'ombre d'un pardon pour l'instant. Elle reste malgré tout pacifique et se veut l'expression de la mémoire contre l'oubli pour contrer l'éventualité toujours menaçante de voir cet épisode de l'histoire se répéter.

À la caméra pudique et jamais racoleuse ni esthétisante non plus, se substitue donc l'écriture de Christophe Bataille, ce tiers romancier. « C'était l'occasion de confier le passé aux mots tout en conservant une certaine pudeur, sans verser dans le pathos. »[49] C'est grâce à cette contribution d'un tiers écrivain que le regard du spectateur bascule vers celui d'un lecteur-témoin. Parler étant difficile pour Rithy Panh qui choisit de faire parler les autres dans ses films, Christophe Bataille trouve les mots dont il a besoin pour exorciser le mal en lui, en un premier temps, et pour les faire imaginer aux lecteurs, en un second temps. Les mots cernent ce qui est innommable, saisissent les événements dans leur ampleur, les définissent pour exprimer toute la violence dont ils découlent. Le récit se réalise grâce à ce langage commun et suscite l'empathie du lecteur.

Le recours à l'écriture romanesque s'impose à Rithy Panh comme une évidence, le moyen ultime pour prendre en son pouvoir cette réalité historique insoutenable et indicible à la fois. Marc Crépon met l'accent sur le fait qu'

il y a, dans la genèse de tout individu, un moment mystérieux où la possibilité du mal radical, tel que les guerres du XXème siècle en exemplifient l'horreur et l'épouvante, s'impose comme une évidence. [...] [D'ailleurs] aucune force n'est en mesure de contrôler intégralement ni d'épuiser le cheminement du passé dans la vie. [...] Il vient toujours un temps où l'histoire se rétablit, où la force douce et parfois secrète des récits et des témoignages l'emporte sur leur falsification, leur refus ou leur confiscation. Cette force, c'est

---

47 *Ibid.*, p. 77.
48 *Ibid.*, p. 15.
49 Petitjean 2015, s.p.

celle de littérature. [...] Elle l'est aussi, tant pour la force des récits que pour la violence des résistances qu'elle a suscitée.[50]

Dans un entretien donné au journal *Le Monde-livre*, Rithy Panh justifie sa volonté de donner son témoignage sous forme d'

> un livre dans la douceur de mots. [Il a] mis des années à déterminer la bonne manière de filmer. Alors [il a] été très soucieux de la manière dont on écrivait ce livre. En fait, il faut bien travailler la matière littéraire – c'est important – mais sans en faire trop, sans rajouter du roman. Or c'est difficile à doser : chaque mot emporte quelque chose, amène une image, une musique, une chaleur... [...] Charlotte Delbo, notamment, a été mon auteur de chevet pendant des années (Auschwitz et après, Minuit, 1970–1971). Cette douceur pleine de violence, c'est elle. Son livre est une grande leçon d'écriture et d'humanité.[51]

L'apport de l'esthétique littéraire est plus que jamais évident. La part de l'imaginaire à laquelle s'allie le recul et la distanciation nécessaires à toute écriture sont le propre de ce récit littéraire. C'est ce choix de juste mesure qui permet à Christophe Bataille de réussir ce défi. Il parvient à s'approprier le fait historique, à savoir le génocide cambodgien, pour faire témoigner l'une de ses victimes, Rithy Panh, pour rendre dans toute son authenticité sa parole de rescapé qui n'est jamais remise en cause ni contestée.

4. Conclusion : Éthique d'une mémoire individuelle pour une mémoire collective

La mémoire d'un peuple est l'occasion de revenir sur une mémoire individuelle. Pour la première fois, Rithy Panh effectue un retour sur son passé personnel. Il évoque aussi bien son vécu que celui de sa famille dans les coopératives, la résistance désespérée et l'agonie. C'est aussi l'occasion de faire son deuil et de cheminer à son tour vers son humanité afin de retrouver sa dignité. Plus important encore, cette écriture se pose comme une stèle à leur mémoire. Elle est cette sépulture jamais érigée qui leur permettrait de reposer en paix.

Dans cet entremêlement d'une mémoire individuelle et de la mémoire collective se dit l'universalité de ce témoignage. Le vécu de la famille Panh est celui de nombreuses familles. Leur destin est semblable à celui de nombreuses victimes des Khmers. Témoigner au nom de cette famille est le faire au nom de tout le

---

50 Crépon 2014, p. 188–189.
51 Clarini, Julie : « Chaque mot amène une image », *Le Monde Livre*, 12/01/2012, https://www.lemonde.fr/livres/article/2012/01/12/rithy-panh-et-christophe-bataille-chaque-mot-amene-une-image_1628586_3260.html [consulté le 29/10/2019].

peuple du Cambodge. À cet effet, Rithy Panh multiplie les jeux de répétitions et ne cesse de revenir sur certains épisodes d'une œuvre à une autre, quel que soit son genre. Les répétitions, plus particulièrement celles relatives à l'histoire de Bophana, sont présentes dans l'ensemble de son œuvre. En effet, cette victime est érigée comme un symbole de toutes les victimes des Khmers rouges. Elle donne sens au témoignage de Rithy Panh. Elles produisent cet effet de hantise reliant par là même les créations entre elles.

Ce caractère universel valorise aussi bien le témoignage personnel que le témoignage historique sans les amoindrir. Bien au contraire. Le témoignage personnel revêt cette légitimité que pourrait lui contester l'histoire. Car

> dans les crimes du Kampuchéa démocratique, dans l'intention de ces crimes, il y a bien l'homme, l'homme dans son universalité, l'homme dans son entièreté, l'homme dans son histoire et dans sa politique. Nul ne peut considérer ces crimes comme un particularisme géographique ou comme une bizarrerie de l'histoire : au contraire, c'est le XXème siècle qui s'accomplit en ce lieu, c'est même tout le XXème siècle.[52]

Une éthique s'impose. « Je travaille sur les faits. Les images. Les archives. Je travaille sur l'histoire, même si elle nous incommode. Je vérifie tout. Je traduis chaque mot. J'analyse chaque signe – ce qui est dit ; ce qui est écrit ; ce qui est caché. Si j'ai un doute, je retranche. Et je montre ce qui a été. »[53] Rithy Panh opère de la manière la plus rationnelle qui soit pour être le plus objectif possible, sans état d'âme, en se basant sur des faits qu'il interroge et vérifie. Ni sacralisation ni banalisation du mal fait ou du bourreau. Le langage ayant été la langue de l'endoctrinement puisqu'instrumentalisé pour le mal, il a fallu le réadapter pour la bonne cause pour dire ce mal qui a été fait.

Puisqu'« oublier est impensable. Comprendre est difficile »[54], l'art est mis au service de « la connaissance », la compréhension de ces quatre années car « c'est le silence qui blesse. »[55] Parler donc, choisir la poésie pour la dire, pour mieux comprendre ce passé et le saisir dans son entité pour donner à lire l'*Elimination*, « un livre dans la douceur des mots. »[56]

---

52 Panh 2011, p. 111–112.
53 *Ibid.*, p. 107.
54 *Ibid.*, p. 167.
55 *Ibid.*, p. 235.
56 *Ibid.*, p. 235.

Markus Lenz

La guerre et le témoin : Les *Carnets de Homs* de Jonathan Littell comme problématisation du caractère littéraire des journaux de guerre

Abstract : En 2012, l'écrivain Jonathan Littell s'est rendu dans la ville syrienne de Homs, marquée par la guerre civile, pour rendre compte de cette guerre dans le quotidien *Le Monde*. Toutefois, il a publié ses notes non seulement sous la forme d'une série d'articles, mais aussi comme un livre indépendant. Dans ce contexte, la question se pose de savoir pourquoi cette décision a été prise. Le statut de témoin de guerre acquiert-il une qualité différente avec une autre forme de publication ? En outre, il faut souligner la problématique de la recontextualisation et de l'esthétisation du reportage quotidien de guerre à travers une allocation formelle et archi-textuelle de l'écrit du domaine journalistique au domaine littéraire. Car la publication d'un journal de guerre édité doit s'inscrire dans une longue tradition, comme on l'appellera dans l'article à l'exemple des œuvres d'Ernst Jünger, dont les relations avec l'écriture de Jonathan Littell sont à remettre en question ici.

Mots-clés : guerre civile ; Syrie ; Jünger, Ernst ; Littell, Jonathan ; journaux de guerre

Même après que la « crise » allemande dite « des réfugiés » a, en 2015, attiré une attention considérable de la part de l'opinion publique, une guerre par procuration continue sur le sol syrien entre la Russie, l'Iran, l'Occident, l'EI (État 'Islamique'), les rebelles et le régime gouvernemental. Néanmoins, les forces gouvernementales du président Bachar al-Assad semblent gagner lentement mais sûrement la suprématie sur un pays détruit.

Dans les médias allemands, d'autres sujets tels que l'été record 2018, le changement climatique, l'évolution des positions de Donald Trump dans les guerres et les guerres commerciales et le traitement des réfugiés en Europe et en Allemagne font la une des journaux. Mais cette couverture médiatique incomplète de l'horreur en Syrie était aussi une normalité avant la 'perturbation de la paix européenne' par les réfugiés de la zone en guerre, qui a été gérée par un accord 'efficace' du gouvernement allemand avec la Turquie et son président autoritaire.

La France, qui a occupé la Syrie en 1920, y a régné après la conférence de San Remo sous mandat de la Société des Nations jusqu'à son indépendance totale en 1946 ; mais même là, l'intérêt des médias en 2015 et 2016 semble orienté vers la sécurité intérieure. Les attentats terroristes contre la rédaction du magazine satirique *Charlie Hebdo* et l'attentat terroriste dévastateur de Nice, ainsi que l'élection d'un jeune président en 2017 et ses projets pour une plus grande intégration européenne, ont exigé beaucoup d'attention publique. Sans parler des émeutes des mouvements « Nuit debout » et « Gilets jaunes ». La situation intérieure a fait la une des journaux. La guerre civile en Syrie est devenue un bruit de fond continu.

Bien avant que l'Europe n'ouvre les yeux sur le massacre à sa porte, l'écrivain Jonathan Littell, qui est aussi actif par ailleurs en tant que reporter de guerre et qui est devenu célèbre dans le domaine littéraire grâce à son roman controversé *Les Bienveillantes*[1], s'est aventuré dans la ville contestée de Homs. Journaliste et accompagné d'un ami photographe nommé Mani, il devait faire un reportage pour le quotidien français *Le Monde*.

Revenons brièvement à Jonathan Littell : Né à New York en 1967, l'auteur est issu d'une famille juive d'origine russe qui s'est installée en Amérique à la fin du XIXe siècle et a grandi en France, où il a obtenu son baccalauréat en 1985. Il a étudié par la suite à Yale. Entre 1993 et 2001, il a travaillé pour l'organisation humanitaire *Action contre la faim* (ACF) en Bosnie et en Afghanistan, au Congo et en Tchétchénie. Littell vit à Barcelone. Son roman *Les Bienveillantes* a remporté le *Grand Prix du Roman 2006 de l'Académie Française* et le *Prix Goncourt*.

Cinq articles ainsi que la publication à analyser ici proviennent de son séjour en Syrie du 16 janvier au 2 février 2012. Les articles ont été publiés dans l'ordre suivant du 13 au 20 février 2012 : 1. « Passage clandestin », 2. « Baba Amro, bastion libéré », 3. « Une révolution populaire », 4. « Médecins et tortionnaires à Homs », 5. « Punition collective ». Les articles peuvent être consultés en ligne dans les archives du *Monde*.[2] Ceux-ci et le livre publié peu de temps après par Gallimard sont basés sur les deux carnets que Littell a emportés avec lui pendant son séjour à Homs.[3] Ce n'est pas la première fois que Jonathan Littell est correspondant de

---

1 *Cf.* Littell, Jonathan : *Les Bienveillantes*. Roman, Paris : Gallimard 2006.
2 *Cf.* https://www.lemonde.fr/ [consulté le 07/04/2019] ; « Passage clandestin : Le trajet jusqu'à Homs se fait de village en village, sous la menace des barrages volants », 13/02/2012. « Baba Amro, bastion libéré : L'Armée syrienne libre contrôle ce quartier d'Homs, où elle tient tête à une armée régulière mieux équipée mais en pleine déliquescence », 14/02/2012. « Une révolution populaire : Hommes, femmes, enfants, imams, militants : leur vie est rythmée par les manifestations. Exutoires des douleurs et catalyseurs de la révolte », 15/02/2012. « Syrie : médecins et tortionnaires à Homs : Le régime est sans pitié envers toute personne apportant une aide médicale aux blessés. A l'hôpital militaire, les soignants sont parfois des tortionnaires », 16/02/2012. « Punition collective : Homs est le théâtre de violences qui font chaque jour des victimes. Les opposants au régime tentent d'éviter une dérive sectaire de la révolution », 20/02/2012.
3 *Cf.* Littell, Jonathan : *Carnets de Homs. 16 janvier – 2 février 2012*, Paris : Gallimard 2012.

guerre. Il a acquis ses premières expériences pendant le conflit en Tchétchénie ; des expériences traitées dans sa publication de 2009 *Tchétchénie, An III*.[4] De la même façon, son documentaire *Wrong Elements* de 2016, consacré aux enfants soldats en Ouganda, poursuit un enjeu documentaire et journalistique plutôt que littéraire.[5]

1. Journal de guerre et article de presse – Deux modes de témoignage

En lisant les articles du *Monde* sur la Syrie, on peut remarquer que par rapport à la version publiée des cahiers, seules quelques corrections stylistiques des textes originaux ont été réalisées : Littell renonce délibérément au style de reportage du journaliste et décrit dans une perspective propre ses expériences à la première personne du singulier afin de fournir aux lecteurs d'un quotidien renommé des scènes d'une horreur inimaginable. On pourrait ne voir dans ce livre qu'une extension du traitement documentaire des événements par Littell. Mais il est alors difficile pour le lecteur de comprendre ce que le langage non embelli, les descriptions quotidiennes parfois monotones des journalistes de guerre et le réalisme brutal d'un volume difficile à lire en une seule fois sont censés avoir de plus que les articles frappants du quotidien, qui mettent en lumière le sang, la cruauté et les horreurs de la guerre civile. Une possibilité serait que l'auteur se laisse aller dans cette publication à une certaine fascination pour la guerre et la violence que l'on connaît dans d'autres publications de Littell.[6] Il fournit donc lui-même le raisonnement suivant au début de son livre sous la forme d'une préface :

> Ceci est un document, pas un écrit. Il s'agit de la transcription, la plus fidèle possible, de deux carnets de notes que j'ai tenus lors d'un voyage clandestin en Syrie, en janvier de cette année. Ces carnets devaient au départ servir de base pour les articles que j'ai rédigés en rentrant. Mais peu à peu, entre les longues périodes d'attente ou de désœuvrement, les plages de temps ménagées, lors de conversations, par la traduction, et une certaine fébrilité qui tend à vouloir transformer dans l'instant le vécu en texte, ils ont pris de l'ampleur. C'est ce qui rend possible leur publication. Ce qui la justifie est tout autre : le fait qu'ils rendent compte d'un moment bref et déjà disparu, quasiment sans témoins extérieurs, les derniers jours du soulèvement d'une partie de la ville de Homs contre le

---

4   *Cf*. Littell, Jonathan : *Tchétchénie, An III*, Paris : Gallimard-Folio 2009.

5   *Cf*. Littell, Jonathan (Réalisation/Script)/Giri, Jean-Marc/Kufus, Thomas (Production) : *Wrong Elements*, F/B/D 2016.

6   Le fait que Littell laisse toujours à la violence une dimension anthropologique et existentielle au sein de l'être humain est particulièrement clair dans son roman *Une vieille histoire*, Paris : Gallimard 2018.

régime de Bachar al-Assad, juste avant qu'il ne soit écrasé dans un bain de sang qui, au moment où j'écris ces lignes, dure encore.[7]

Littell fait donc une distinction presque juridique entre les raisons *suffisantes* et les raisons *nécessaires* à la publication. Aux premières appartiennent la quantité et la densité des enregistrements réalisés avec impatience ; aux secondes la prétention historique des enregistrements ainsi que la fonction de témoin, qui, selon Littell, revient aux livrets. Témoin de la résistance du peuple de Homs et de la brutalité du gouvernement, de ses milices et de ses *snipers,* ainsi que d'une vieille ville culturelle qui a dû payer un lourd tribut de sang jusqu'à ce que les rebelles se rendent le 22 septembre 2016.

Néanmoins, la question de la valeur historique d'une représentation documentaire en tant que source archivistique se doit d'être posée. Cette source emprunte naturellement avant tout la perspective des rebelles et donc la position des alliés occidentaux. Une source qui rapporte certes quelques atrocités des rebelles, mais suggère néanmoins clairement au lecteur une identification avec leur cause, malgré une légitimité possible, doit être classée par tout historien comme problématique, puisque tendanciellement idéologique. Bien sûr, la cruauté des groupes paramilitaires et des troupes gouvernementales soutenues par le régime d'Assad est incontestable et ne doit pas non plus être relativisée ici !

Cet article fait suite à la thèse selon laquelle c'est moins le réalisme de la représentation et la prétention de l'auteur à la vérité historique, que la condensation du témoignage qui est permise par la qualité littéraire du texte, le témoignage d'un narrateur à la première personne, ainsi que le caractère littéraire du journal de guerre qui sont les seules justifications de ce « reportage » avec ses micro-récits sur les destins, les espoirs et les opinions politiques des personnages concernés, bien que ces derniers puissent être référencés de manière extratextuelle. Sur un terrain difficile de l'histoire littéraire, Littell produit un rapport sur une situation actuelle qui porte avec elle, en sous-texte, l'expérience de la guerre en tant que situation existentielle.

Il ne s'agit en aucun cas d'un phénomène nouveau, comme l'illustrera plus tard une comparaison avec les écrits d'Ernst Jünger sur l'expérience de la Première Guerre mondiale. Un auteur allemand qui joue un rôle dans les œuvres de Littell et dont les théories sont mentionnées plusieurs fois dans ses textes théoriques et des interviews publiques en France et en Allemagne.[8] En ce qui

---

7 Littell 2012, p. 9.
8 Sur la réception d'Ernst Jünger par Jonathan Littell, *cf.* Martens, Gunther : « Das Poetische heißt Sammeln. Ernst Jünger im Spiegel der enzyklopädischen Literatur (Kempowski, Littell, Kluge, Müller) », in : Schöning, Matthias/Stockmann, Ingo (dir.) : *Ernst Jünger und die Bundesrepublik. Ästhetik – Politik – Zeitgeschichte,* Berlin/Boston : Walter de Gruyter 2012, pp. 137–160.

concerne le cas à l'étude et dans ce contexte intellectuel, l'identification de Littell à la cause rebelle implicitement proposée au lecteur devient extrêmement problématique d'un point de vue historiographique. Néanmoins, elle remplit une fonction importante : elle met l'accent sur le droit du sujet qui est en danger mortel d'être partisan, contrairement à la rationalité générale d'équilibre d'un narrateur supposé rapporteur objectif. Cette rationalité, telle qu'elle est exprimée dans la recherche de la neutralité de l'observateur, semble être indispensable pour un journaliste. Mais elle sacrifie la question de la conscience individuelle dans sa confrontation avec les exigences inhumaines de la situation de guerre en faveur de la conscience générale d'un lectorat de quotidiens prétendant à l'objectivité. Pour la raison du lecteur, la compréhension de la guerre n'est possible que par des motifs abstraits. La neutralité du journaliste est préservée par le fait que dans les reportages 'objectifs' de guerre des abstractions argumentatives et des analyses de distance doivent être faites de la situation concrète. Littell choisit consciemment un autre chemin et évite ainsi cette abstraction de l'expérience de la guerre.

Contrairement à son sombre roman picaresque *Les Bienveillantes*[9] et malgré une réduction radicale de toute fiction, dans les *Carnets*, Littell, en choisissant la forme du journal de guerre, semble vouloir utiliser l'espace de la littérature, sa politique telle que la pense le philosophe Jacques Rancière, pour diviser l'ordre du sensible en faveur du particulier et mettre le général à son service. Voici un bref rappel de ce que le très cité Rancière écrit à propos de cette fonction de la littérature :

> La politique de la littérature n'est pas la politique des écrivains. Elle ne concerne pas leurs engagements personnels dans les luttes politiques ou sociales de leur temps. Elle ne concerne pas non plus la manière dont ils représentent dans leurs livres les structures sociales, les mouvements politiques ou les identités diverses. L'expression 'politique de la littérature' implique que la littérature fait de la politique en tant que littérature. Elle suppose qu'il n'y a pas à se demander si les écrivains doivent faire de la politique ou se consacrer plutôt à la pureté de leur art, mais que cette pureté même a à voir avec la politique. Elle suppose qu'il y a un lien essentiel entre la politique comme forme spécifique de la pratique collective et la littérature comme pratique définie de l'art d'écrire.[10]

Mais Jacques Rancière souligne aussi que cette politique ne peut se faire qu'au prix d'une délimitation de la littérature comme activité constamment précaire. Dans

---

9   *Cf.* Lenz, Markus : « L'excès profané. Une lecture bataillienne des 'Bienveillantes' de Jonathan Littell », *Trajectoires* 10 (2016) : *Excès et sobriété : Construire, pratiquer et représenter la mesure et la démesure*, s. p., https://trajectoires.revues.org/2041 [consulté le 14/04/2019].

10 Rancière, Jacques : *La politique de la littérature*, Paris : Galilée 2007, p. 11.

le travail de Littell, en revanche, le réalisme narratif et le particulier demeurent dans le domaine fonctionnel de la transmission de l'information médiatique. Ses carnets créent un espace pour le particulier, la cause des rebelles, mais ils s'insèrent dans le domaine des textes abstraits-objectifs des non fictions et des rapports, bien que le livre ne puisse remplir cette prétention que superficielle-ment, comme nous allons le montrer immédiatement – accompagné des propres affirmations de Littell en tant que témoin des événements ainsi que de sa double stratégie de publication dans un journal quotidien et en tant que livre indépen-dant. La question demeure donc de savoir comment cette division de la réalité sensiblement tangible, la réalité de la guerre en Syrie, peut être évaluée comme une expérience individuelle, puisque le rapport de Littell peut être lu de manière à la fois positive et critique en ce qui concerne les combats et l'utilisation de la violence par les rebelles et leur droit à la résistance armée.

Tout comme la biographie et le psychisme de l'officier SS Max Aue demeurent l'ancre herméneutique du monde de la Seconde Guerre mondiale qui se construit dans le roman *Les Bienveillantes*, dans le cas des *Carnets de Homs* c'est le narrateur à la première personne en tant que correspondant de guerre qui joue ce rôle. C'est seulement avec lui, jamais sans son « moi », que l'on peut faire l'expérience du monde de Homs. Cela fait de lui un témoin exclusif, mais le sépare du journaliste qui, même si ce n'est pas vrai en pratique, revendique la possibilité d'une expé-rience du monde de guerre dissemblable et indépendamment de ses reportages.

Outre la question de la valeur littéraire de cette publication, il faudrait se demander si le principe du journal de guerre publié en temps de journalisme intégré, de documentation vidéo rapidement traitable sur les plates-formes Internet et des statuts Facebook mis à jour, malgré sa production de contenu en comparaison laborieuse, représente réellement un complément à ces possibili-tés de communication. Ce genre littéraire ne conduit-il pas encore aujourd'hui à une lecture affirmative de l'expérience de la guerre, tout comme l'ont fait les œuvres d'Ernst Jünger, sans doute les plus importantes dans l'histoire littéraire, en autorisant la guerre comme possibilité légitime pour l'amélioration de l'onto-logie humaine et de l'expérience métaphysique de sa propre mortalité ? Dans ce qui suit, on essaiera d'aborder cette question par quelques exemples frappants de la structure et du contenu du texte

2. Stratégies textuelles et leur impact sur la qualité de l'expérience de guerre

Tout d'abord, la structure du texte et le paratexte : En plus d'une courte préface et d'un épilogue à peine plus long, le livre contient une annexe avec deux cartes

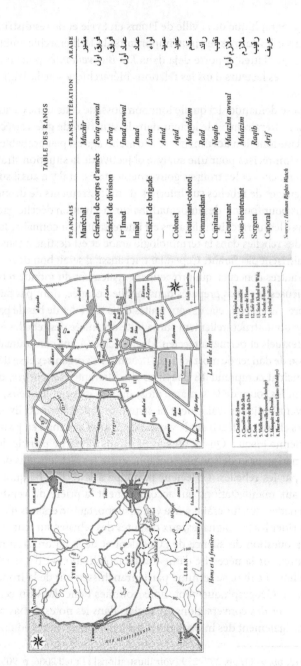

TABLE DES RANGS

FRANÇAIS	TRANSLITTÉRATION	ARABE
Maréchal	Muchir	مشير
Général de corps d'armée	Fariq awwal	فريق اول
Général de division	Fariq	فريق
1er Imad	Imad awwal	عماد اول
Imad	Imad	عماد
Général de brigade	Liwa	لواء
—	Amid	عميد
Colonel	Aqid	عقيد
Lieutenant-colonel	Muqaddam	مقدّم
Commandant	Raid	رائد
Capitaine	Naqib	نقيب
Lieutenant	Mulazim awwal	ملازم اول
Sous-lieutenant	Mulazim	ملازم
Sergent	Raqib	رقيب
Caporal	Arif	عريف

Source : *Human Rights Watch.*

La ville de Homs

1. Citadelle de Homs
2. Cimetière de Bab Sbaa
3. Cimetière de Bab Dreb
4. Souk
5. Vieille horloge
6. Comm-ville (nouvelle horloge)
7. Mosquée al-Douabi
8. Place des Hommes Libres (Khaldiye)
9. Hôpital national
10. Gare routière
11. Gare de Homs
12. Safir Hotel
13. Stade Khaled ibn Walig
14. Stade al-Bassel
15. Hôpital militaire

Homs et la frontière

Fig. 1 : Homs et la frontière, La ville de Homs, Table des rangs. Appendices en Littell 2012, pp. 237–239.

de la situation géographique de la ville de Homs en Syrie et de ses districts ainsi qu'un tableau avec les termes les plus importants de la hiérarchie militaire en arabe. Un ajout que Littell apporte déjà dans *Les Bienveillantes* pour une meilleure orientation des lecteurs dans les relations hiérarchiques de la *Waffen-SS* et de la *Wehrmacht*.[11]

On peut déjà se demander ici quelle fonction possède cette annexe, autre que celle d'impliquer littérairement le lecteur dans la situation de guerre vécue personnellement. Une fonction documentaire et d'archivage est peu probable, car les cartes sont trop imprécises pour une analyse objective de la situation stratégique entre les camps rebelles et les troupes gouvernementales, et il y a aussi suffisamment de témoignages de rebelles sur Internet, d'enregistrements de drones et de satellites espions pour fournir des informations sur la situation décrite par Littell.

Le tableau avec les hiérarchies militaires est intéressant pour connaître le niveau d'organisation des rebelles dans la terminologie arabe et est destiné à tous les lecteurs qui ne maîtrisent pas l'arabe. Cependant, ici aussi, il serait bon de se demander pourquoi d'autres concepts, qui proviennent également du monde rebelle, les coutumes religieuses, les plats préparés dans la ville occupée, n'ont pas fait l'objet d'une liste propre. Au lieu de cela, ils sont traités dans les notes de bas de page. Littell se concentre donc structurellement sur la lutte organisée des rebelles à travers des ajouts paratextuels et permet au lecteur de participer à une communauté solidaire en situation de danger de mort, qui sait néanmoins s'organiser et se défendre.

Le texte principal comprend 18 chapitres de différentes longueurs, dont les titres reprennent les jours de la semaine ainsi que les dates et les lieux, c'est-à-dire qu'ils doivent indiquer clairement la structure journalière du livre. Alors que les premiers chapitres décrivent le voyage de Tripoli au Liban en passant par la frontière syrienne jusqu'à Qusair au sud de Homs, la partie principale décrit les voyages du narrateur et de son photographe entre les districts plus ou moins sûrs contrôlés par les rebelles. Le lecteur participe à la recherche quotidienne de nourriture, aux manifestations qui accompagnent la prière du vendredi, au tonnerre de grenades, aux funérailles, à la vue insupportable d'enfants morts, aux tentatives de vérifier les témoignages, aux disputes des rebelles sur leur stratégie, ainsi que sur la question du silence de l'Occident et de la nature sunnite de la rébellion syrienne, sur la nécessité d'une fondamentalisation et d'une islamisation de la rébellion. Le livre se termine par le franchissement de la frontière au Liban à Beyrouth. Géographiquement, nous sommes donc dans un cercle. En plus des traductions des conversations en anglais dans les notes de bas de page, le texte contient également des informations sur les armes et autres équipements

---

11 *Cf.* Littell 2012, pp. 9–11, pp. 237–239 [voir illustrations] ; Littell 2006, p. 905.

militaires ainsi que sur les actions et procédures des rebelles syriens qui néces-sitent des explications.

Il est intéressant de remarquer les ajouts en italique et les commentaires par-fois annexés beaucoup plus tard aux entrées du journal original, car cela conduit l'expérience subjective à travers la duplication de la figure du narrateur dans un méta-niveau qui prête une distance critique à l'immédiateté de la situation afin de transformer finalement ce qui a été vécu en un texte journalistique : un document délibérément conçu comme un palimpseste avec plusieurs couches de temps. Dans ces commentaires, non seulement la crédibilité des personnages témoins et leurs histoires, mais aussi la situation du narrateur, ses passe-temps, son état mental aussi bien que physique sont dépeints. Avec cette stratégie, le narrateur essaie de gagner en objectivité non pas par la révision critique par un autre témoin ou un second narrateur en tant qu'autorité de supervision de ses propres déclarations, mais par la distance temporelle et un méta-niveau du narrateur à la première personne, sa conscience de la situation donc, pour rendre sa propre expérience transparente. Cette approche est également problématique pour le journaliste, qui est au mieux contrôlé par un ou plusieurs éditeurs, mais dans les textes narratifs littéraires à la première personne, la singularité du narrateur n'est bien sûr rien d'inhabituel.

Pour expliquer brièvement comment le texte de l'enregistrement se trans-forme en article de journal, voici un court exemple. Observons tout d'abord le passage du journal :

> Le cadavre, déjà cireux, emmailloté dans son linceul, une couronne de fleurs en plas-tique autour de la tête, repose dans un coin de la mosquée. Agenouillé à côté du cata-falque, un garçon en larmes, son frère, lui caresse le visage avec une tendresse infinie. Le mort avait 13 ans. La nuit précédente, il cassait du bois devant le pas de sa porte. C'est son père, les yeux gonflés mais droit et digne au milieu de ses proches, qui raconte : 'Il a dû s'éclairer avec son portable, je pense. Et le sniper l'a abattu'.[12]

À titre de comparaison, l'extrait correspondant du livre :

> À l'entrée de Bab Drib, un checkpoint ASL. Pas loin il y a une école, où est posté le sniper qui a tué le petit. On trouve la rue, mais l'enfant est déjà à la mosquée. On y va à pied. Il y a des soldats ASL partout. Le corps est dans la salle de prière au sous-sol, dans un catafalque en bois, enveloppé dans un linceul, avec des fleurs en plastique autour de la tête, entouré d'enfants et de gens plus âgés. Trois enfants pleurent discrètement contre un pilier. On découvre le corps pour nous montrer la blessure, au niveau du ventre. La

---

12 Littell, Jonathan : « Punition collective : Homs est le théâtre de violences qui font chaque jour des victimes. Les opposants au régime tentent d'éviter une dérive sectaire de la révolution », *Le Monde*, 20/02/2012, https://www.lemonde.fr/proche-orient/article/2012/02/20/punition-collective_1644912_3218.html [consulté le 07/04/2019].

peau est déjà jaune, les yeux légèrement entrouverts, on lui a bourré les narines d'ouate. Il a un début de moustache, un léger duvet. Filmé par Abu Bilal, Omar prononce un bref discours rageur devant le corps. L'enfant s'appelait Mohammed N. et avait treize ans, pas douze. C'est le père qui nous parle. Il cassait le bois pour la *sobia* devant la maison, hier soir vers 23h. Il avait une petite lumière et le sniper l'a abattu.[13]

La cruauté de la scène est énorme et pourtant il est nécessaire d'attirer l'attention sur les quelques différences de la version publiée de l'article : le discours direct du père n'apparaît pas dans le cahier, tandis que des expressions d'intensification ont été ajoutées (« tendresse infinie »). Mais aussi la description de la situation s'est naturellement condensée dans l'article, sans que rien ne soit perdu pour le lecteur. La photographie de Mani publiée dans *Le Monde* à côté de l'article ne montre pas le corps du petit Mohammed N., dont le nom complet n'est pas publié par prudence et malgré l'autorisation donnée par le père. La légende de la photo est plutôt : « Taha, 10 ans, a été tué le 29 janvier par un sniper gouvernemental. Les moukhabarat ont refusé de rendre son corps à son père s'il ne signait pas un certificat attestant que son fils avait été tué par des 'terroristes' de l'Armée syrienne de libération. MANI POUR 'LE MONDE'. »[14]

Au niveau du texte, cependant, ce triste reportage dans les *Carnets de Homs* permet une lecture différente de l'article du journal : elle est relativisée par le contexte. En effet, la description détaillée de la situation du jour – après avoir retracé d'autres urgences, après avoir décrit une manifestation et après avoir fait un rapport sur les décisions concernant le cours de la journée – fait de la scène tragique du sort d'une famille un épisode parmi tant d'autres. On voit dans cette séquence, interrompue par les réflexions du « je », une approche du journal de guerre que Littell aurait pu connaître au travers de l'histoire littéraire. Cette approche de banalisation de la cruauté à travers le contexte du quotidien a déjà joué un rôle dans ses publications *Les Bienveillantes* et *Le sec et l'humide*[15]. Une méthode de description entre le quotidien et l'extrême de la guerre, qui a fait de *In Stahlgewittern*[16] de Ernst Jünger un bestseller, est présente dans les *Carnets de*

---

13 Littell 2012, p. 156.

14 Extrait et illustration de l'article de Littell, Jonathan : « Punition collective : Homs est le théâtre de violences qui font chaque jour des victimes. Les opposants au régime tentent d'éviter une dérive sectaire de la révolution », *Le Monde*, 20/02/2012, https://www.lemonde.fr/proche-orient/article/2012/02/20/punition-collective_1644912_3218.html [consulté le 07/04/2019].

15 *Cf.* Littell, Jonathan : *Le sec et l'humide : Une brève incursion en territoire fasciste*, Paris : Gallimard 2008.

16 *Cf.* Jünger, Ernst : *In Stahlgewittern*, Stuttgart : Cotta 1994 [1920].

Homs, même si la situation historique, le rôle de soldat d'une part, de journaliste d'autre part, ainsi que les explications et le contexte journalistique des notes ne suggèrent pas ce lien au premier coup d'œil.

3. Rapports sur la première ligne de la guerre : parallèles entre Ernst Jünger et Jonathan Littell

Ce qui est intéressant ici, c'est que les journaux intimes de Jünger de 1914 à 1918, sur lesquels était basé *In Stahlgewittern*, n'ont été publiés qu'en 2010 et que le texte du livre a été méticuleusement révisé par Jünger. Littell doit se demander si – après tout – ses propres cahiers publiés n'ont pas fait l'objet d'une intervention. Comme nous l'avons vu plus haut, le rapport de guerre de Littell est en fin de compte sa propre conscience mise en scène. Son livre décrit également ce que la situation générale de guerre fait de cet esprit particulier dès qu'il entre dans la dialectique de guerre entre la survie et la mort. Que Littell le veuille ou non, la glorification du courage, ci-dessus avec l'exemple du père du petit Mohammed et l'audace des rebelles, l'admiration pour la solidarité, l'anonymat de l'ennemi, qui n'apparaît toujours qu'aux marges du rapport comme une menace anonyme qui teste la volonté des soldats, ici les rebelles, nous rappellent de façon frappante *In Stahlgewittern* et la façon dont il réalise la transition d'un rapport à la littérarisation de la guerre. La méthode d'Ernst Jünger et Jonathan Littell pour décrire la vie quotidienne de la guerre oscille entre le témoignage quotidien de la guerre, la situation héroïque et l'appropriation ontologique de l'environnement par la conscience individuelle sous forme de camaraderie, de solidarité et d'unité.

Pour étayer cette thèse et justifier cette comparaison, en voici un exemple. C'est un témoignage sur la mort pendant la Première Guerre mondiale, enregistré par Jünger :

> Am 25. Februar wurden wir durch einen Todesfall, der uns einen vortrefflichen Kameraden entriß, besonders betrübt. Kurz vor der Ablösung bekam ich in meinem Unterstand die Meldung, daß soeben der Kriegsfreiwillige Karg im Stollen nebenan gefallen sei. Ich begab mich dorthin und fand, wie schon so oft, eine ernste Gruppe bei der regungslosen Gestalt, die mit verkrampften Händen auf blutgetränktem Schnee lag, mit gläsernen Augen in den dämmernden Winterhimmel starrend.[17]

---

17 Jünger 1994, p. 94.

Dans le livre d'Ernst Jünger, il y a aussi des passages d'appropriation consciente d'un environnement difficile à travers des rituels du quotidien :

[...] Wenn wir uns nach dem Morgenkaffee — man bekam sogar fast regelmäßig die Zeitung nach vorn — frisch gewaschen, mit dem Zollstock in der Hand im Graben begegneten, verglichen wir die Fortschritte unserer Abschnitte, während sich das Gespräch um Stollenrahmen, Musterunterstände, Arbeitszeiten und ähnliche Themen drehte. Ein beliebter Gegenstand der Unterhaltung war der Bau meines »Puffs«, einer kleinen Schlafkoje, die von dem unterirdischen Verbindungsgang aus in die trockene Kreide getrieben werden sollte als eine Art von Fuchsbau, in dem man selbst den Weltuntergang hätte verträumen können. Als Matratze hatte ich mir feinen Maschendraht, zur Verkleidung der Wände besondere Sandsackstoffe zurückgelegt.[18]

Pour comparaison, voici maintenant des passages dans les carnets de Littell. D'une part, nous trouvons ici aussi le narrateur à la première personne comme témoin de la guerre et de ses victimes en construisant une relation avec les morts : « Bilal me montre de nouveau son téléphone. Un homme avec tout le ventre ouvert, poumons et boyaux dehors que des médecins repoussent dedans. Tous ces téléphones sont des musées des horreurs. »[19] Et comme dans le rapport sur la conscience d'un soldat pendant la Première Guerre mondiale, le rythme de la mort et de la solidarité ainsi que l'appropriation de la situation au travers de la communauté et la camaraderie :

Un peu après minuit, dîner dans la grande pièce, avec une vingtaine d'hommes de l'ASL. Un véritable festin, il y a de tout : omelette, haricots froids en salade, fromage, *labneh*, *mutabbal*, petits *sfihas* chauds, et du halva pour dessert. Un des hommes se fait appeler Abu Maout, le Père de la Mort. Ses trois frères sont morts, et sa mère a fait un vœu de cuisiner tous les jours pour les soldats de l'ASL, jusqu'à la fin de la révolution. Les hommes lui apportent les produits et elle prépare tout ça. On dort dans la pièce du fond, QG des activistes, groupés autour du poêle, avec Abu Bilal.[20]

Si l'on se réfère maintenant à la réflexion théorique ultérieure d'Ernst Jünger sur *In Stahlgewittern*, la déclaration centrale de *Der Kampf als inneres Erlebnis* devient une feuille problématique avec laquelle on pourrait aussi comprendre la fascination de Littell pour l'expérience de la guerre exprimée dans les *Carnets de Homs* et dans *Les Bienveillants*, si l'on voulait les voir comme une critique civilisationnelle de l'image de soi européenne. D'une part, ils soulèvent aussi la question de la coprésence de la barbarie et de la civilisation en regard de la longue

---

18 *Ibid.*, p. 66.
19 Littell 2012, p. 132.
20 *Ibid.*, p. 154.

histoire des valeurs européennes du vivre ensemble, comme Ernst Jünger les a invoquées au milieu d'une rupture de civilisation :

> So lebten wir dahin und waren stolz darauf. Als Söhne einer vom Stoffe berauschten Zeit schien Fortschritt uns Vollendung, die Maschine der Gottähnlichkeit Schlüssel, Fernrohr und Mikroskop Organe der Erkenntnis. Doch unter immer glänzender und polierter Schale, unter allen Gewändern, mit denen wir uns wie Zauberkünstler behingen, blieben wir nackt und roh wie die Menschen des Waldes und der Steppe.[21]

Mais la question se pose de savoir si cette critique de la civilisation peut également être lue comme une affirmation de l'expérience de la guerre en tant que force originelle de la nature humaine. D'autre part demeure chez Littell la question des facteurs qui font de la conscience une conscience de la guerre, une conscience qui a été formée par lui. Cette question est même l'un des principaux thèmes de la vie intellectuelle de Jonathan Littell en tant qu'auteur, cinéaste et journaliste. Même si Littell, comme il le souligne lui-même, rejette la défense de la guerre d'un point de vue politique, il admet néanmoins cette dimension de l'expérience humaine d'une manière fascinante, comme il l'a souligné dans une de ses rares et donc très appréciées interviews réalisée par André Müller, écrivain et journaliste autrichien en 2008 :

> Ich habe mehrere Jahre in Bosnien und Tschetschenien als Mitarbeiter der ‚Aktion gegen den Hunger' verbracht. Ich kenne den Krieg, und ich sage Ihnen, ich hatte auch eine Menge Spaß in dieser Zeit. Denn wenn man weiß, die nächsten dreißig Sekunden können die letzten im Leben sein, es braucht nur eine Granate einzuschlagen, und du bist weg, fühlt man den Augenblick intensiver als in einer Whiskey-Bar in New York oder dem Restaurant, in dem wir gerade sitzen. Das Gemeine am sogenannten Frieden ist, daß man an die Gefahr, in der man sich ständig befindet, nicht denkt. Wenn ich jetzt aufstehe und auf die Straße gehe, kann mich ein Auto überfahren, und ich bin tot. Dann bleiben ‚Die Wohlgesinnten' tatsächlich mein erster und letzter Roman… Haben Sie Kinder?[22]

Cette fascination existentielle pour la guerre et la violence dans toutes ses publications semble coïncider avec la question qu'Ernst Jünger avait soulevée cent ans plus tôt :

---

21 Jünger, Ernst : *Der Kampf als inneres Erlebnis,* Berlin : E.S. Mittler & Sohn 1922, pp. 5–6.
22 Littell, Jonathan : « Mögen Sie Käse? », entretien de André Müller avec Jonathan Littell, *Frankfurter Rundschau,* 24/06/2008, s.p., https://www.fr.de/politik/moegen-kaese-11577329.html [consulté le 07/04/2019].

Was ging am Grunde vor? Träger des Krieges und seine Geschöpfe, Menschen, deren Leben zum Kriege führen mußte und durch ihn in neue Bahnen, neuen Zielen zugeschleudert wurde – was waren wir ihm, und was war er uns? Das ist eine Frage, die heute mancher zu beantworten sucht. Damit beschäftigen sich auch diese Blätter.[23]

Il convient de noter que lorsque cette grille de lecture est appliquée aux *Carnets de Homs* de Littell, les déclarations faites dans l'avant-propos et citées ci-dessus pour justifier la publication du livre ne sont crédibles que dans la mesure où il ne s'agit pas d'une description objective d'un moment historique. Ces notes constituent plutôt une mise en scène de la propre expérience d'une personne dans un moment historique, non pas le témoignage objectif de l'historien, mais le témoignage subjectif fascinant de l'écrivain. Le vernis journalistique, que les articles du *Monde* mettent sur le livre, rend cette couche de lecture problématique en élevant la conscience individuelle à une instance de formation objective de l'opinion.

Il ne s'agit plus d'une politique de la littérature au sens de Rancière, puisque le statut du rapport en tant que littérature est déjà délibérément remis en question par l'auteur dans la préface. Ce n'est pas le récit, mais le témoignage revendiquant et absolument contraignant qui est convoqué – même s'il doit être unilatéral – comme la base d'un discours qui ne veut plus être littéraire et qui, en fin de compte, est toujours établi dans le domaine de la littérature. Cette dissimulation de la littérature par un vernis journalistique correspond à l'intention de l'auteur, qu'il a évoquée dans une interview très remarquée de *Der Spiegel* sur ses *Carnets de Homs* :

SPIEGEL: 'Gegen diesen Apparat der Unterdrückung hat sich in Syrien das Volk zunächst sehr chaotisch erhoben. Intellektuelle lassen sich gern von ihrer Begeisterung für einen Befreiungskampf mitreißen. Sie auch?'
Littell: 'Die Romantik des revolutionären Heldentums meinen Sie? Ich unterstütze die Sache des syrischen Volks und den Kampf, den die Opposition dort führt, das ist klar. Aber ich unterscheide zwischen meiner Meinung als Citoyen und Zeitgenosse und meiner Arbeit *als Schriftsteller und Berichterstatter*. Das Pathos der Freiheit und das philosophische Drumherum beschäftigen mich dabei viel weniger.'[24]

---

23 Jünger 1922, p. 5.
24 Littell, Jonathan : « Ich bin grundsätzlich Pessimist », entretien de Roman Laick avec Jonathan Littell, *Der Spiegel*, 09/07/2012, s.p., http://www.spiegel.de/spiegel/print/d-86752121.html [consulté le 07/04/2019]. [Italicisation par l'auteur, M.L.].

4. Conclusion

Il devrait être clair d'après les points mentionnés ci-dessus que ce n'est pas tant la distinction entre citoyen et écrivain qui devient le problème de la réception de ces *Carnets de Homs*, mais la confusion des activités d'écrivain et de reporter. Cette mise en œuvre d'une division qui suit deux axiomatiques différentes de l'écriture – rendre visible le subjectif d'une part, expliquer les connexions objectives à partir d'une position neutre d'autre part – est un problème dans un présent dont le média principal n'est plus le journal quotidien, mais des reportages d'autres individus sur des plates-formes sur Internet ou des blogs, qu'il s'agisse de bots ou de personnes réelles qui recueillent leurs propres opinions à une fréquence hebdomadaire, quotidienne, horaire et même plus courte.

Le traitement littéraire de la guerre par Littell, et sa politique simultanée de dé-littérarisation du littéraire, devient donc une épée à double tranchant dont la valeur est à remettre en question ici. Cependant, le danger semble moins résider dans la littérature et le genre du journal de guerre que sous la forme d'une re-contextualisation de ce qui a été vécu entre faits et récits, qui semble mélanger le journaliste, le chroniqueur de guerre avec l'écrivain et finalement aussi le soldat, que, comme l'évoque aussi la description emphatique de l'aventure, l'écrivain Littell aimerait probablement être.

Lena Seauve

Une saison de machettes de Jean Hatzfeld : la mise en scène de la voix des bourreaux entre récit factuel et récit fictionnel

Abstract : Le livre *Une saison de machettes* (2003) du journaliste Jean Hatzfeld donne la parole aux bourreaux hutus, responsables du génocide qui a eu lieu au Rwanda en 1994 et dont furent victimes environ 800.000 Tutsi. Le texte fait alterner des témoignages supposés authentiques de tueurs avec des commentaires subjectifs de l'auteur. L'article ci-présent analyse la stratégie narrative du texte et les problèmes éthiques qui en résultent. Il se pose des questions par rapport au genre, aux méthodes et par rapport à l'objectif (littéraire/journalistique/historiographique) du texte de Hatzfeld.

Mots-clés : Hatzfeld, Jean ; bourreaux ; stratégie narrative ; Rwanda ; éthique

Le livre *Une saison de machettes*[1] (2003), couronné entre autres par le *Prix Fémina essai*, constitue la deuxième partie de la « trilogie rwandaise » de Jean Hatzfeld.[2] Alors que dans la première partie, intitulée *Dans le nu de la vie*[3] (2000), ce sont les rescapés du génocide dont furent victimes les Tutsi[4] (au Rwanda en 1994) qui parlent, ce deuxième volume donne la parole à un groupe de bourreaux. La troisième partie, *La stratégie des antilopes*[5] (2007), traite de la question d'une possible réconciliation, d'une vie après le génocide. *Une saison de machettes* contient des témoignages et de victimes et de bourreaux.

Notre présente analyse porte essentiellement sur *Une saison de machettes*, le défi éthique que représente la décision de Hatzfeld – mettre en scène la parole des bourreaux – soulevant des questions fondamentales. L'ensemble de ces trois livres, la perspective qui caractérise chacun d'eux, leur structure argumentative,

---

1 Hatzfeld, Jean : *Une saison de machettes. Récits*, Paris : Seuil 2003.
2 On a souvent parlé d'une trilogie, bien que Hatzfeld ait encore par la suite écrit sur le Rwanda, notamment dans *Englebert des collines* (Gallimard 2014) et *Un papa de sang* (Gallimard 2015).
3 Hatzfeld, Jean : *Dans le nu de la vie. Récits des marais rwandais*, Paris : Seuil 2000.
4 L'orthographe actuelle n'accorde pas les substantifs Hutu et Tutsi, mais seulement les adjectifs : hutu(es) et tutsi(es). Dans des textes plus anciens, comme p.ex. ceux de Hatzfeld, on trouve des exemples où les deux sont accordés.
5 Hatzfeld, Jean : *La stratégie des antilopes. Récits*, Paris : Seuil 2007.

mais aussi la décision de donner la parole aux bourreaux semblent pour le moins logiques, car ce choix permet potentiellement de donner une vue plus équilibrée du conflit. Il reste que la parole du bourreau demeure tabou.[6] En général, donner la parole à celui qui a torturé ou tué n'est admis que sous la forme d'aveux, exprimant des regrets. En général, le discours (littéraire) sur un génocide est un discours partant du point de vue des victimes,[7] donc des rescapés – il est dominé inévitablement par l'absence et le silence douloureux de ceux qui sont morts.

Le problème de la crédibilité des bourreaux[8] est abordé, dans *Une saison de machettes*, à plusieurs reprises par le reporter/narrateur[9], qui admet que le mensonge ou du moins la dissimulation de la vérité est fréquente chez ses interlocuteurs : « Face à la réalité du génocide, le premier choix d'un tueur est de se taire, le second de mentir. »[10] Le reporter/narrateur dit avoir exclu deux personnes du groupe des interlocuteurs car ils continuaient « à proposer des narrations invraisemblables, à nier des évidences, à se complaire dans un nihilisme benêt »[11]. À propos de Joseph-Désiré Bitero, le seul de ses interlocuteurs condamné à mort, le reporter/narrateur se demande : « Pourquoi, alors, ne pas essayer de dire la vérité, qui de toute façon ne peut plus lui nuire ? »[12] Cette réflexion montre de façon exemplaire la distance énorme et l'incompréhension insurmontable qui demeurent entre bourreau et reporter/narrateur, en dépit des moments de cordialité ou de sympathie[13] que ce dernier évoque un peu malgré lui.

---

6   *Cf.* Koppenfels, Martin von : *Schwarzer Peter. Der Fall Littell, die Leser und die Täter*, Göttingen : Wallstein Verlag 2012, pp. 18–19.

7   Cette remarque concerne explicitement la représentation littéraire des génocides, où la perspective des bourreaux est rare. Mais il y a, évidemment, tout un discours controversé sur la question de la représentation historiographique et de la mémoire des confrontations violentes et des génocides. Partant de la thèse de Walter Benjamin que l'historiographie est en général une historiographie des vainqueurs, Rainer Koselleck affirme, en revanche, que les vaincus seront, à long terme, les meilleurs historiographes. *Cf.* Assmann, Aleida : *Der lange Schatten der Vergangenheit: Erinnerungskultur und Geschichtspolitik*, München : Ch. Beck 2006, pp. 69–70.

8   *Cf.* Hatzfeld 2003, p. 196.

9   L'instance discursive du texte sera désormais désignée par les termes de reporter/ narrateur, pour souligner le fait qu'il s'agit d'une instance qui hésite entre une personne réelle, le reporter Jean Hatzfeld, et le narrateur littéraire qu'il met en scène.

10   *Ibid.*, p. 49.

11   *Ibid.*, p. 156.

12   *Ibid.*, p. 196.

13   *Cf. ibid.*, p. 46.

Les questions que se pose le reporter/narrateur touchent certainement au tabou de la parole des bourreaux. Le fait de faire parler librement des tueurs, qui, pour la plupart, ne regrettent pas leurs actions, mais qui en parlent de manière troublante, souvent inhumaine, comme s'il s'agissait d'une tâche banale, n'est néanmoins pas abordé directement comme un problème moral. Ce n'est qu'à la fin du livre que le reporter/narrateur se pose explicitement des questions d'éthique à propos de son choix – donner la parole aux bourreaux – et se demande : « [...] est-il moral, non pas de parler avec de tels tueurs, mais de les encourager à s'exprimer ? [...] est-il moral de publier des entretiens de gens emprisonnés, privés de liberté physique, donc de liberté d'expression ? »[14] Ces questions concernent essentiellement la problématique plus vaste de la reproduction d'une parole énoncée dans des conditions de contrainte, de captivité. Les raisons que donne le reporter/narrateur d'avoir quand-même utilisé ces témoignages sont multiples ; il nomme entre autres sa relation amicale avec de nombreux rescapés pour lesquels le silence des bourreaux est insupportable – et aussi, de façon un peu inattendue et non sans ambiguïté, il évoque le livre de Hannah Arendt sur le procès d'Eichmann à Jérusalem.[15]

La reproduction du discours des bourreaux, et surtout celui des bourreaux qui n'expriment aucun regret, court toujours le risque, d'un point de vue éthique, d'être perçue comme une tentative de ne pas prendre au sérieux les souffrances des victimes et de leurs proches, de se moquer de leurs voix encore apeurées et plus faibles, de perpétuer la haine, les préjugés et les mensonges qui, au départ, ont été à la base du génocide. Pourquoi donc ce choix de Hatzfeld ? Adopter (ou reproduire) la perspective du bourreau permet de raconter la violence extrême, voire même indicible. Tandis que la victime ne peut témoigner de sa propre mort, le meurtrier, lui, le peut. Les rescapés, selon le reporter/narrateur « n'avaient presque jamais vu les tueurs »[16] à force de se cacher pour sauver leur vie.

Faire témoigner ceux qui sont responsables de la violence, permet de transmettre une perspective sur les évènements communément dissimulée ou même inconnue. Questionner les bourreaux aide aussi potentiellement à découvrir leurs motifs, puis à expliquer le pourquoi de leurs actions. Hatzfeld ose créer un

---

14 *Ibid.*, p. 263.

15 Ce n'est d'ailleurs pas la seule occasion où, dans *Une saison de machettes*, sont mentionnés Arendt et son livre – de manière directe ou indirecte – et cela montre bien que la thèse de la banalité du mal a dû influencer Hatzfeld. *Cf. ibid.*, p. 52 et p. 195 ; *cf.* Arendt, Hannah : *Eichmann in Jerusalem. A Report on the Banality of Evil*, London : Penguin Books 2006.

16 Hatzfeld 2003, p. 143.

espace où les voix des bourreaux peuvent être entendues. Mais il ne le fait pas sans prendre certaines précautions – littéraires et journalistiques. Le montage de son livre encadre les voix des bourreaux d'un réseau étroit d'informations supplémentaires, de commentaires, de prises de distance et de prises de position.

1. Tout pour le lecteur ?

Une saison de machettes est un texte qui, sans s'en cacher, hésite entre genre littéraire et genre journalistique, entre narration fictionnelle et narration factuelle. Notre analyse se propose d'évaluer la stratégie narrative du texte, et surtout son impact sur le lecteur. La nature ambiguë du texte – entre littérature et reportage – est renforcée par des déclarations introduites par l'auteur au cours même de la trilogie :

> Comment réduire, choisir, monter, construire un texte à partir de témoignages oraux ? Ce n'est pas facile, ce peut être très complexe, mais c'est un travail naturel si la motivation est essentiellement littéraire, si on est mû par l'ambition d'entraîner le lecteur dans l'univers génocidaire, le désir de transmettre une histoire.[17]

Cette citation, tirée du dernier volume de la trilogie rwandaise de Hatzfeld, révèle non seulement la méthode utilisée par le reporter/narrateur mais aussi sa stratégie. Le lecteur est la cible de cette stratégie expressément littéraire : il s'agit pour le reporter/narrateur de transmettre une histoire en entraînant le lecteur dans un univers spécifique, tout autre. Curieusement, l'expression utilisée par le reporter/narrateur, « entraîner le lecteur », contient un élément de contrainte. Le reporter/narrateur, à juste titre, s'attend à ce que le lecteur résiste. Il parle de travail, d'ambition, de désir – non pas de raconter une histoire mais de la transmettre. Il s'agit donc d'une « histoire » que le reporter/narrateur n'a pas inventée lui-même, qui ne porte pas (principalement) sur lui, mais qui existe au contraire sans lui. Il se définit comme médiateur et non comme créateur. Le destinataire est essentiel pour ce reporter/narrateur, la stratégie de l'auteur cible donc le récepteur. La fonction expressive du texte et l'émetteur passent au deuxième plan. Mais, comme le dit Hatzfeld dans une interview, c'est justement ce désir d'entraîner le lecteur qui constitue à son avis le caractère littéraire de l'œuvre : « Pour moi, le reportage consiste à faire rentrer les lecteurs dans un univers, par les mots, et quelle que soit la manière dont on s'y prend, cela relève de la littérature. »[18] Il

---

17 Hatzfeld 2007, pp. 206–207.
18 Interview de Jean Birnbaum, *Le Monde*, 06/05/2010, https://www.lemonde.fr/livres/article/2010/05/06/jean-hatzfeld-la-litterature-est-devenue-un-refuge_1347329_3260.html [consulté le 17/09/2019].

admet volontiers ne plus respecter des règles du journalisme, négliger le devoir de la vérification des faits et préfère créer une atmosphère :

> Parfois, il [le reporter, L.S.] ne se pose plus trop la question de l'éthique journalistique. C'est mon cas. Dans mes trois livres sur le Rwanda, j'ai volontairement oublié les règles d'or du journalisme : chercher les faits, aller au Nord, au Sud, vérifier auprès des autorités compétentes… Au lieu de cela, j'ai posé mes fesses au bord des marais et j'ai passé dix ans à regarder des fantômes.[19]

Hatzfeld dit avoir regardé des fantômes, il est lui-même une sorte de témoin, non pas du génocide mais de ses conséquences dans la vie quotidienne au Rwanda. Paul Kerstens le décrit comme un narrateur omniscient, donc littéraire : « Hatzfeld is acting like an omniscient narrator, displaying his knowledge at large […] While this does not 'fictionalize' the facts, it does 'literacize' the books. »[20] L'âge d'or du reportage classique appartenant depuis quelque temps plutôt au passé,[21] la recherche dans ce domaine préfère à l'heure actuelle se pencher sur l'influence du documentaire sur le roman et non l'inverse. S'agit-il, dans le cas d'*Une saison de machettes*, d'un roman documentaire ? Et comment intégrer l'élément dominant du témoignage oral dans ce texte ?

Le témoignage est tout d'abord censé être un discours authentique,[22] donc l'inverse du résultat d'un travail de création. Le *Petit Robert* précise à TÉMOIGNAGE : « Fait de témoigner ; déclaration de ce qu'on a vu, entendu, perçu, servant à l'établissement de la vérité. »[23] Pourtant, Audrey Alvès parle de « création testimoniale »[24], et cette notion paradoxale de « création du témoignage », nous

---

19 *Ibid.*

20 Kerstens, Paul : « 'Voice and give voice': dialectics between fiction and history in narratives on the Rwandan genocide », *International Journal of Francophone Studies* 9, 1 (2006), pp. 93–110, 104.

21 *Cf.* Boucharenc, Myriam (dir.) : *Roman & Reportage. Rencontres croisées*, Limoges : Presses Universitaires de Limoges 2015, pp. 8–9.

22 Il existe évidemment un discours riche sur la notion de témoin et de témoignage en philosophie, littérature et dans le domaine de la culture. *Cf.* p.ex. : Krämer, Sybille/ Weigel, Sigrid (dir.) : *Testimony/Bearing Witness. Epistemology, Ethics, History and Culture*, London : Rowman & Littlefield International 2017.

23 *Cf.* « TÉMOIGNAGE », *Le Nouveau Petit Robert*, Paris : Dictionnaires Le Robert 2000, p. 2489.

24 Alvès, Audrey : « Dans les coulisses de la trilogie rwandaise : les dispositifs de la création testimoniale », *Les Prépublications de la MSH Lorraine* 19 (2010), http://www.msh-lorraine.fr/fileadmin/images/ppmshl19-2010-09-axe4-alves.pdf [consulté le 04/02/2019].

semble pertinente. Selon Alvès « construire et [...] organiser le récit testimonial »[25] est une partie du procédé que Hatzfeld met en œuvre à force de « trans-
porter le lecteur à l'intérieur de l'enquête, au plus près des témoins mais avec ses
propres repères occidentaux »[26]. Pour atteindre l'objectif de la stratégie narrative,
qu'il formule au cours de plusieurs interviews, Hatzfeld travaille le témoignage,
le matériau journalistique, qui se trouve ainsi littérarisé. Cette hybridation entre
reportage, témoignage et texte littéraire a pour cible le lecteur – comment ?

2. Entre récit fictionnel et récit factuel

En analysant la forme extérieure du texte et ce que Gérard Genette appelle le
péritexte, on remarque tout d'abord le sous-titre d'*Une saison de machettes*,
« Récits » au pluriel ; il ne s'agit donc pas d'un récit au sens littéraire, mais de plusieurs récits, d'un ensemble de récits. Utilisée dans son sens général, la notion de
récit implique seulement, comme précise le *Petit Robert*, la « [r]elation orale ou
écrite (de faits réels ou imaginaires) »[27], notion proche de celle de témoignage –
mais notion qui implique ouvertement, à l'opposé du témoignage, la possibilité
qu'il puisse s'agir là de faits « imaginaires », de fiction. L'ambivalence du terme
choisi par Hatzfeld, ambivalence qui situe le texte entre littérature et reportage,
n'est bien-sûr pas anodine.[28]

Le texte est composé de 37 chapitres assez courts (entre 6 et 8 pages) où
alternent de manière parfaitement régulière les réflexions du reporter/narrateur
et les témoignages des bourreaux. Le livre contient 19 chapitres-commentaire
et 18 chapitres-témoignage.[29] Le texte commence et se termine par des chapitres-commentaire. Ensuite viennent une photographie du groupe des bourreaux prise dans la prison où ils sont retenus, leur biographie et la sentence
prononcée contre eux, un glossaire des expressions rwandaises utilisées dans le
texte, et enfin une chronologie des évènements, ainsi que deux cartes du Rwanda.
Ces éléments péritextuels soulignent évidemment le caractère documentaire du

---

25 *Ibid.*, p. 12.
26 *Ibid.*
27 *Cf.* « RÉCIT », *Le Nouveau Petit Robert*, Paris : Dictionnaires le Robert 2000, p. 2116.
28 Kerstens fait la remarque correspondante à propos de *Dans le nu de la vie*. *Cf.* Kerstens
    2006, p. 102.
29 Dans la traduction allemande du texte, les chapitres sont groupés par deux, mettant
    l'accent sur le fait que les chapitres-témoignage sous-tendent en général la thèse ou l'ob-
    servation présentées dans le chapitre-commentaire qui précède. *Cf.* Hatzfeld, Jean : *Zeit
    der Macheten. Gespräche mit den Tätern des Völkermordes in Ruanda*, aus dem Franzö-
    sischen von Karl-Udo Bigott, Gießen : Haland & Wirth im Psychosozial-Verlag 2012.

texte, son intention informative, objective. Ils sont là pour servir de signes d'authenticité, ils font partie d'une stratégie de factualisation.

Dans les chapitres-commentaire, le reporter/narrateur décrit, commente, explique. Il donne des informations supplémentaires sur la situation historique et politique au Rwanda en 1994. Il explique la façon dont il procède, donne même des détails sur les conditions dans lesquelles se déroulent les interviews. Mais il crée aussi une atmosphère, il raconte, il produit des émotions. Le reporter/narrateur contextualise le discours des bourreaux, ajoute des faits à leur discours forcément subjectif. Parfois, il souligne qu'il s'agit ou pourrait s'agir d'un discours mensonger. Il lui arrive aussi d'ajouter à celle des tueurs une autre subjectivité, la sienne propre. Anneleen Spiessens en conclut que « Hatzfeld crée pour lui-même un lieu discursif d'où il peut formuler un *contre-discours* qui dévoile sa propre position vis-à-vis du discours de ses interlocuteurs. »[30]

Pour pouvoir analyser la nature hybride du texte de Hatzfeld entre littérature et journalisme, les notions de récit fictionnel et factuel au sens de Genette[31] s'avèrent utiles. Genette ne traite pas du caractère véritable ou inventé des textes – donc du rapport au réel ; questions de toute façon difficiles, si ce n'est impossibles, à résoudre. Les différences entre récit fictionnel et récit factuel se révèlent, dans le domaine de la narratologie, en analysant la position du narrateur par rapport au récit[32] – c'est-à-dire à l'intérieur du texte.

Le texte de Hatzfeld commence ainsi :

> En avril, les pluies nocturnes laissent souvent en partant des nuages noirs qui masquent les premières lueurs du soleil. Rose Kubwimana *connaît* le retard de l'aube en cette saison, sur les marais. Ce n'est pas cette luminosité grise qui l'*intrigue*. […] Depuis son arrivée, elle *devine* une bizarrerie dans l'air […] cela ne vient pas du ciel, elle le *sait*. […][33]

Le reporter/narrateur raconte le déroulement de la première journée du génocide dans les collines de Nyamata, le 11 avril 1994. Il le fait en utilisant un mode et une voix narrative typique pour le récit fictionnel : il s'agit d'un narrateur hétérodiégétique à focalisation interne multiple et variable.

---

30 Spiessens, Anneleen : « Donner la parole au bourreau. Scénographie et traduction dans *Une Saison de machettes* de Jean Hatzfeld », *Témoigner : entre histoire et mémoire* 123 (2016), pp. 80–95, 85.

31 *Cf.* Genette, Gérard : « Récit fictionnel, récit factuel », in : *Fiction et diction*, Paris : Seuil 1991, pp. 65–93.

32 *Cf.* Genette, Gérard : *Figures III*, Paris : Seuil 1972.

33 Hatzfeld 2003, pp. 7–11. [souligné par l'auteure, L.S.].

On entend bien les clameurs des ibis, les sifflements des talapoins, mais très loin. C'est aux alentours que les marais semblent s'être tus. Aucun froufroutement furtif de sitatungas ni grognement grincheux de cochons pour la faire sursauter ; les touracos verts, d'habitude si matinaux sur les branches des ficus, n'émettent pas leurs éclatants et ponctuels *kô kô kô* ; *peut-être se sont-ils dispersés comme les autres habitués du petit matin.*[34]

N'étant arrivé au Rwanda qu'après le génocide, le reporter/narrateur n'a pas pu percevoir le silence des oiseaux à ce moment précis. Ces descriptions minutieuses des lumières et des sons relèvent d'un procédé littéraire : le reporter/ narrateur met en scène des éléments qui auraient pu se passer ainsi, mais pas des faits dont il a été témoin. La dernière phrase, utilisant le style indirect libre, marque le paroxysme de la mise en scène de la subjectivité prêtée par l'auteur au personnage de Rose.[35] Mais, les verbes signalant la subjectivité (*connaître, deviner, savoir*), d'abord nombreux, se font, petit à petit, plus rares jusqu'à la fin du chapitre, pour laisser la place à un narrateur à focalisation externe, qui ne semble plus qu'observer de l'extérieur les protagonistes de son livre en train de se réunir et de se préparer à massacrer leurs voisins : « Sans l'ombre d'une hésitation, les gars quittent le sol ferme et s'enfoncent jusqu'aux genoux dans la vase, une main tenant la machette, l'autre écartant les feuillages. »[36] On pourrait parler d'un « effet de zoom négatif », c'est-à-dire d'un narrateur littéraire, qui, d'abord tout près du personnage de Rose, s'éloigne au cours du chapitre de plus en plus de ses personnages, pour à la fin, survoler l'espace de sa narration comme à vol d'oiseau. Ce premier chapitre du livre est un exemple frappant de l'utilisation de techniques littéraires. Il est évident que l'auteur tente, comme il le dit, « d'entraîner le lecteur »[37] dans l'univers du génocide par des techniques propres à la littérature. Il s'agit pour lui, dans ce premier chapitre, de créer une atmosphère, de stimuler l'imagination du lecteur. Il s'éloigne ici de la fonction première du reportage, telle que la définit Boucharenc, à savoir « transcrire la 'chose vue' »[38].

Des réflexions et observations personnelles d'un narrateur autodiégétique, comme dans un récit de voyage, font aussi partie des chapitres-commentaire. Après avoir placé le lecteur au milieu de la scène, à l'aide de quelques expressions déictiques (« cet-été-là », « Nous sommes fin juillet 1994 »[39]), le reporter/

34 *Ibid.*, pp. 7–8. [souligné par l'auteure, L.S.].
35 Pour Genette, c'est « l'accès direct à la subjectivité des personnages » qui caractérise la fiction narrative. *Cf.* Genette 1991, p. 75.
36 Hatzfeld 2003, p. 12.
37 Hatzfeld 2007, pp. 206–207.
38 Boucharenc 2015, p. 9.
39 Hatzfeld 2003, p. 87.

narrateur décrit explicitement ses propres impressions – subjectives – lors de son arrivée sur les lieux :

> Mon souvenir le plus insolite en arrivant dans la ville est celui d'un amoncellement de plaques de tôle, le long de la piste, dans les villages et aux abords des campements. Puis, de plus hauts amoncellements dans les rues du marché, et de plus hauts encore en descendant vers le fleuve, au passage de la douane, que jaugent avec une jubilation exubérante, derrière leurs Ray Ban, les caïds de l'armée congolaise.[40]

D'une manière semblable, mais en réduisant la focalisation interne, pour créer de nouveau une atmosphère permettant au lecteur (occidental) d'entrer plus facilement dans l'univers étranger qu'il désire présenter, le reporter/narrateur décrit la prison dans laquelle sont menées les interviews avec les bourreaux :

> Deux itinéraires mènent au pénitencier de Rilima. L'un est une piste sableuse qui relie des hameaux écrasés de chaleur. L'autre, pédestre, coupe à travers la savane et permet aux familles des trois collines de s'y rendre en sept ou dix heures de marche, selon le poids des ballots qu'elles amènent les jours de visite.
>
> Le pénitencier en briques beiges se dresse, telle une forteresse, sur une butte d'où l'on surplombe le lac Kidogo, et plus loin des marais du fleuve Nyabarongo qui réapparaît dans le paysage après un détour. Partout ailleurs, des immensités désertiques de terre et de broussailles, verdies çà et là par des oasis de maïs et de haricots stoïques. Rilima règne sur la zone la plus sèche de Bugesera.[41]

Ces éléments font, de nouveau, partie d'une stratégie narrative visant le lecteur. Mais ce qui est décrit, l'atmosphère créée, n'a rien à voir avec le génocide, ni avec les bourreaux. Ce ne sont pas leurs cellules, la vie quotidienne dans la prison, qui sont décrites, mais ce que vit, voit et ressent le reporter/narrateur. Le lecteur suit le reporter/narrateur dans l'espace, l'accompagne dans son trajet jusqu'à la prison. Cette stratégie souligne évidemment son obstination à maintenir, bien qu'il donne la parole aux bourreaux, une perspective extérieure mais en fait tout aussi subjective, un regard du dehors qui est et qui reste le sien.

Le reporter/narrateur décrit, dans le même but, sa manière d'entrer en interaction avec les habitants de Nyamata, mais en même temps, il introduit aussi une forme de jugement :

> A Nyamata, j'entretiens des relations cordiales, parfois amicales, avec des familles hutues. J'ai des conversations avec des personnes délivrées de tout soupçon, des femmes exemptes de la moindre accusation. Je parle derrière des maisons avec des parents de tueurs, hors des regards ; [...] Toutes ces conversations sont sans grand intérêt, parfois

---

40 *Ibid.*
41 *Ibid.*, p. 153.

absurdes. La mauvaise foi, le mensonge, et le négationnisme rivalisent avec la gêne et la peur dès qu'on aborde les évènements du génocide.[42]

Ce jugement, à la manière d'un narrateur omniscient, ne laisse aucun espace au lecteur pour décider lui-même du degré de sincérité existant chez les parents des bourreaux. En cachant au lecteur leurs propos que, lui déclare pour le moins « sans grand intérêt », le reporter/narrateur lui retire une partie de sa liberté d'interprétation. Ce que le lecteur est supposé ressentir lors de la lecture du texte lui est imposé par le sens assez étroit suggéré par le reporter/narrateur qui ne laisse que peu d'espace libre au lecteur pour que celui-ci se forge un jugement personnel. Le reporter/narrateur interprète, dans un chapitre-commentaire sur Joseph-Désiré Bitero, les propos de celui-ci en faisant remarquer : « il essaie de se présenter comme le bouc émissaire, la victime expiatoire d'une justice politique […] on se demande s'il ne pense pas sincèrement ce qu'il dit. »[43] On pourrait multiplier les exemples du même genre. Il reste que les chapitres-commentaire contiennent indiscutablement des genres de discours très divers, dont des discours proprement littéraires. Il s'agit donc d'un discours multiple adoptant des perspectives diverses qui changent rapidement, ce qui exige une attention accrue de la part du lecteur.

3. Le travail sur les témoignages

Les chapitres contenant transcriptions et traductions des témoignages oraux ne comportent aucun autre élément textuel si ce n'est le nom du locuteur écrit en majuscules, et suivi de deux-points (:), vient alors un discours que l'on suppose authentique, et ainsi de suite pour chaque locuteur, sans introductions ni explications ou commentaires quelconques. Il ne s'agit pas non plus, comme on pourrait le croire, de conversations ou de dialogues. Au contraire, comme le dit le reporter/narrateur lui-même, les témoignages ont été construits, montés après coup. C'est le reporter/narrateur qui les a regroupés selon les sujets qu'indiquent les titres des chapitres.

Ainsi, le chapitre intitulé « La première fois » contient les descriptions des premiers meurtres par les hommes du groupe. Les titres de ces chapitres sont marqués d'une ironie difficile à bien interpréter : sous le titre « L'apprentissage », le reporter/narrateur réunit par exemple des témoignages – ou des réflexions – particulièrement pénibles à lire, portant sur les difficultés techniques qui se posaient

---

42 *Ibid.*, p. 143.
43 *Ibid.*, p. 194.

aux différents auteurs des massacres : « [n]ombre de cultivateurs n'étaient pas lestes en tueries », « un grand nombre de gens ne savaient pas tuer », « [a]u début on coupe avec timidité, puis le temps nous aide à nous habituer », « [a]u fond, un homme c'est comme un animal, tu le tranches sur la tête ou sur le cou, il s'abat de soi »[44], « [d]es maladroits, il y en a toujours eu, surtout pour l'achèvement des blessés »[45]. Dans la succession de ces citations, l'intervention du reporter/narrateur est évidente, il ne nie pas d'ailleurs, comme l'on avait vu dans les citations précédentes, qu'il s'agit bien d'un texte « construit », et cette construction sert à influencer l'effet des témoignages sur le lecteur.

Le livre contient aussi, et ceci dans les deux sortes de chapitres – chapitres-commentaire et chapitres-témoignage – et des témoignages de rescapés, notamment du traducteur Innocent Rwililiza, qui accompagne et assiste le reporter/narrateur pendant les interviews, et des témoignages d'un certain nombre de femmes, hutues et tutsies.

Spiessens analyse en détail les instances discursives dans le texte de Hatzfeld en tenant compte en outre de problèmes supplémentaires dus à la traduction.[46] Elle attire l'attention sur le fait que la parole des bourreaux elle-même, supposée authentique, est en vérité soumise à un procédé de transformation en plusieurs étapes. Du kinyarwanda oral, les témoignages sont transformés directement, par le traducteur Innocent, présent pendant les interviews, en français oral, et par la suite – le texte mentionne la présence d'un magnétophone[47] – en français écrit. Cependant, pour certains de ces hommes, l'entretien se tient directement en français. En tout cas, le reporter/narrateur parle de la « retranscription des textes *in extenso* »[48] comme première étape de la mise en écriture. Il est évident que cette nécessité de transformation implique aussi une déformation plus ou moins volontaire et consciente du discours, et ceci même avant le montage qu'effectue Hatzfeld avec le matériau dont il dispose.

Spiessens souligne aussi le fait que Hatzfeld transforme la situation initialement dialogique des entretiens en discours monologiques et cohérents. Comme le lecteur n'apprend rien sur les questions éventuelles posées par Hatzfeld et

---

44 *Ibid.*, pp. 40–41.
45 *Ibid.*, p. 43.
46 En ce qui concerne les problèmes posés par la traduction, voir aussi : Kuhn-Kennedy, Fleur : « Le témoin et son double. La traduction comme ressource poétique chez David Boder, Claude Lanzmann et Jean Hatzfeld », *L'inquiétante étrangeté* 21 (2017), http://journals.openedition.org/trans/1577 [consulté le 13/02/2019].
47 *Cf.* Hatzfeld 2003, p. 169.
48 *Ibid.*

ses assistants, le lecteur ne peut rien savoir sur leur caractère – potentiellement suggestif ou au contraire objectif, neutre. Cette démarche aboutit, de l'avis de Spiessens, à ce que le lecteur a l'impression que le discours des bourreaux est prononcé avec assurance et sur un ton impassible – impression que le reporter/ narrateur veut peut-être renforcer. Toutes ces raisons nous amènent à ne pas effectuer une analyse détaillée du discours des bourreaux en soi, puisqu'il s'agit de toute évidence d'un discours non-authentique. Il suffit de noter la présence de ces « témoignages travaillés » dans le texte ; elle sert d'un côté à renforcer l'appa-rence documentaire d'*Une saison de machettes* et d'un autre côté à choquer le lec-teur par la brutalité insupportable de leur forme aussi bien que de leur contenu.

4. Le tabou de la voix du bourreau

Pour ce qui est du texte lui-même, dans les chapitres-commentaire, le reporter/ narrateur n'explique pas de façon claire pourquoi il se tourne vers les bourreaux dans son deuxième livre sur le Rwanda. Il s'exprime cependant sur le « point de départ » de ce second livre qu'il déclare être identique à celui du premier livre :

> En 1994, entre le lundi 11 avril à 11 heures et le samedi 14 mai à 14 heures, environ 50 000 Tutsis, sur une population d'environ 59 000, ont été massacrés à la machette, tous les jours de la semaine, de 9 h 30 à 16 heures, par des miliciens et voisins hutus, sur les collines de la commune de Nyamata, au Rwanda.[49]

La seule différence, selon le reporter/narrateur, est que ce nouveau livre « a pour sujet les tueurs des parents de ces rescapés, leurs voisins »[50]. Les questions morales qui se posent par la suite sont multiples et le reporter/narrateur avoue avoir eu des doutes sur son projet tout au long de son travail.[51] Il est conscient du fait que « mettre en parallèle les récits [de rescapés et bourreaux] aurait été immoral, insupportable aux yeux des rescapés, certainement aux yeux des lec-teurs aussi »[52]. Il avoue que son « envie de [s]e rendre à la prison [lui] est venue seulement à la fin des entretiens avec les rescapés. »[53] Le reporter/narrateur déclare que c'étaient entre autres des questions de lecteurs du premier volume de sa trilogie qui « souhaitaient savoir, sans aucun souci d'objectivité, ce qui s'était passé dans la tête des tueurs »[54] qui l'ont amené à entamer la discussion avec les

---

49 *Ibid.*, p. 13 et Hatzfeld 2000, p. 7.
50 Hatzfeld 2003, p. 13.
51 *Cf. ibid.*, p. 49.
52 *Ibid.*
53 *Ibid.*
54 *Ibid.*

bourreaux. Ces explications montrent une nouvelle fois que c'est bien le lecteur qui est au centre de son attention et ceci justifie la place que nous lui donnons. Les questions stéréotypées mais cependant pertinentes du « pourquoi » et du « qu'est-ce que j'aurais fait à leur place » sont aussi abordées dans le livre, mais elles sont formulées de façon négative :

> Je ne profiterais pas de cette remarque sur l'universalité du génocide pour glisser derrière elle, les sempiternelles questions : à la place de Pio, Fulgence, Pancrace et les autres de la bande, qu'aurions-nous fait ? Qu'aurions-nous osé faire ou refuser de faire ? Que serions-nous devenus ? Ces questions n'ont aucun intérêt, pas tant parce que nous ne pouvons nous mettre dans la peau de planteurs de haricots, sur une colline de la région des Grands Lacs, mais parce qu'il nous est impossible de nous imaginer nés et avoir grandi sous un pareil régime despotique et ethniciste, et que, hormis quelques individus sûrs de leur solidité morale et de leur courage, la plupart d'entre nous bredouilleraient à peu près ceci : 'on aurait traînaillé, paressé loin derrière le groupe, sans toutefois salir la machette...' Espérant mieux en notre for intérieur, mais laissant entier le doute.[55]

Le reporter/narrateur prétend ne pas s'intéresser à ces questions – mais il les pose et y répond tout de même, à la place de ses lecteurs – nouvel exemple de son désir d'orienter leur interprétation. Les « observations » par lesquelles il dit vouloir remplacer ses « sempiternelles questions » sont en réalité des jugements : par la suite il laisse entendre que, dans le cas du génocide rwandais, les tueurs auraient probablement eu la possibilité de ne pas participer aux massacres – et ceci sans conséquences sérieuses.[56]

Un autre problème éthique, celui du voyeurisme, de la fascination du mal, est ouvertement discuté dans le texte. Le reporter/narrateur parle de la « curiosité ambiguë [...] »[57] qu'il éprouve face aux bourreaux. Tout à la fin du livre, il évoque une scène qu'il dit avoir vécue quelques semaines plus tard en compagnie de son traducteur tout près de la frontière congolaise. Les deux hommes se trouvent soudain agressés par un groupe d'hommes hutus rescapés du génocide, prêts à les tuer, comme il le précise, simplement pour « la voiture, l'argent, les vêtements, un sac de bananes »[58]. De manière détaillée, il décrit et affirme ne pouvoir rien oublier « de ces visages rigidifiés, comme convulsés par la haine, de ces cris, de

---

55 *Ibid.*, p. 248.
56 Hatzfeld fait, dans ce contexte, référence à l'œuvre classique de Christopher Browning sur les membres d'un bataillon de police allemand ayant participé aux massacres des juifs en Pologne : *Ordinary Men. Reserve Police Battalion 101 and the Final Solution in Poland*, New York : Harper Collins 1993.
57 *Ibid.*, p. 49.
58 *Ibid.*, p. 262.

ses regards où se mêlaient des reflets de folie et de mort »[59]. Il se demande alors si « inconsciemment, je ne suis pas allé dans ce pénitencier, entre autres, pour retrouver sur leurs traits ces expressions de haine incompréhensible […] »[60].

Ce que le reporter/narrateur avoue est donc sa propre fascination (il parle d'« attirance ») pour ces êtres humains qui ont infligé la mort. Ce frisson provoqué par une violence « incompréhensible », exotique, brute, mérite d'être désigné par le terme de voyeurisme. Wolfgang Sofsky insiste sur l'implication du spectateur dans l'acte de violence : « Malgré le dégoût et la répugnance qu'il éprouve, le spectateur est saisi par les passions de la violence. »[61] Il est impossible de rester neutre face à la violence en acte et ceci vaut également face à sa représentation.

Lorsqu'on désire aborder les questions éthiques posées par *Une saison de machettes* de Hatzfeld, il est, comme nous avons essayé de le faire, indispensable de tenir compte de la position narrative et des prises de position du reporter/narrateur. Spiessens attire l'attention sur un autre aspect qui, malgré tous les mérites indéniables de Hatzfeld et de ses travaux sur le génocide au Rwanda, nous interroge : « Hatzfeld contribue aussi à renforcer les clichés existants [sic !] sur le rapport entre la violence 'primitive' et l'identité culturelle africaine. »[62] Elle reproche à Hatzfeld son regard postcolonial, celui d'un auteur européen sur des acteurs africains. Et en effet, le regard du reporter/narrateur sur les témoins-bourreaux peut vraiment causer un malaise équivoque.

> Au début, je n'éprouve à leur égard que détestation, ou aversion, naturelles ; et au mieux, en quelques occasions, de la condescendance. […] Mais au fil du temps, une sorte de perplexité s'en mêle, qui ne rend pas la bande de Kibungo plus sympathique, mais plus fréquentable, en tout cas sous l'acacia. C'est délicat à admettre, mais la curiosité l'emporte sur l'hostilité.[63]

Le reporter/narrateur parle aussi de la colère, de l'exaspération, de l'écœurement et de l'ennui dans lequel son traducteur et lui-même se sentaient plongés

---

59 *Ibid.*
60 *Ibid.*, p. 263.
61 Sofsky, Wolfgang : *Traktat über die Gewalt*, Frankfurt a. M. : Fischer 1996, p. 102. « Trotz Abscheu und Widerwillen wird der Zuschauer von den Leidenschaften der Gewalt ergriffen. » [traduction de l'auteure, L.S.] Il existe une traduction française de ce texte qui n'était toutefois pas disponible au moment de l'écriture du texte ci-présent : Sofsky, Wolfgang : *Traité de la violence*, trad. de l'allemand par Bernard Lortholary, Paris : Gallimard 1998.
62 Spiessens 2016, p. 85.
63 Hatzfeld 2003, p. 269.

régulièrement au bout de deux heures d'entretien avec les prisonniers. Les bour-reaux sont, dans les chapitres-commentaire, construits comme des figures typiques de l'autre ; entre eux et le reporter/narrateur reste ce « ravin d'incom-préhension »[64] qui les sépare.

5. Conclusion

Sachant qu'il s'agit d'un reporter blanc, européen, la détestation, l'aversion et le regard méprisant ne s'expliquent pas uniquement par le fait qu'il se trouve en face de tueurs sans pitié. Le mystère qui émane du génocide rwandais, le manque d'explications satisfaisantes, répété à plusieurs reprises par le reporter/narrateur, révèle un stéréotype du regard européen, (post)colonial, sur l'autre, l'africain, qui reste, en fin de compte, inexplicable et étrange dans ses motivations. La repro-duction des explications des bourreaux et des victimes comme « des agissements surnaturels de gens bien naturels » ou bien « ce n'est plus de l'humain »[65] ne fait finalement que souligner l'ambiguïté de l'observateur extérieur.[66]

Lorsque le reporter/narrateur fait un bref résumé des évènements qui ont mené au génocide, il ne mentionne nulle part l'influence du passé colonial du pays[67], mais commence son récit justement au moment de l'indépendance (1962). Quant à la problématique de l'appartenance ethnique et du rôle peu glo-rieux que la puissance coloniale a joué dans ce domaine, le reporter/narrateur ne les mentionne pas.[68] Il parle de l'« administration »[69], qui avait introduit en 1931 l'inscription de l'ethnie dans les pièces d'identité, sans préciser qu'il s'agis-sait de l'administration coloniale belge qui avait inventé la différenciation eth-nique, et la faisait reposer sur des différences à l'origine sociales.[70]

C'est aussi sa tendance à faire un parallèle entre le génocide rwandais et la Shoah[71] qui met en évidence la perspective eurocentrique du reporter/

---

64 *Ibid.*, p. 197.
65 *Ibid.*, p. 250.
66 *Cf. ibid.*, pp. 161, 218.
67 *Cf. ibid.*, p. 61.
68 Il n'en parle que brièvement dans un autre chapitre, *cf.* Hatzfeld 2003, p. 234.
69 *Ibid.*, p. 75.
70 *Cf.* p.ex.: Wirz, Albert : « Hutu oder Tutsi ? Europas Rassenlehre und ihre fatalen Folgen », NZZ-Folio: Im Herzen Afrikas, Juni 1997, https://folio.nzz.ch/1997/juni/hutu-oder-tutsi [consulté le 17/09/2019].
71 *Cf.* Hatzfeld 2003, p. 232.

narrateur. Il est toutefois flagrant – et le reporter/narrateur l'admet sans difficultés – que la Shoah ne constitue aucun point de repère pour la population rwandaise, les juifs n'étant pour eux qu'un peuple biblique parmi d'autres.
Il en est de même pour la notion de génocide elle-même, connue et traduite
dans la langue rwandaise qu'après les évènements de 1994. Le mot est, selon le
reporter/narrateur, utilisé uniquement par les rescapés « avec une étonnante
lucidité sur sa signification », tandis que « les tueurs n'utilisent qu'exception-
nellement le mot génocide »[72]. Pourquoi cette lucidité des rescapés est-elle
étonnante selon le reporter/narrateur ? Bien que Hatzfeld demande évidemment aux témoins la permission de publier leurs discours, il dit, en parlant de
Joseph-Désiré Bitero : « il est le seul qui peut se représenter les effets d'un livre
publié à l'étranger »[73]. Ce groupe d'observations et remarques subjectives met
le doigt sur un déséquilibre – réel ou imaginé – entre celui qui écrit ce texte,
et ceux qui lui en fournissent les témoignages, le matériau. Il est évident que
le succès du livre de Hatzfeld ne provient pas uniquement de ses propos sur
le génocide rwandais et ses auteurs ; il est en grande partie dû au fait que le
livre brise un tabou en mettant en scène la voix des bourreaux et les émotions
ambiguës qu'elle provoque.

Pour en revenir à notre question initiale, il semble bien que c'est le genre
hybride caractérisant le texte d'*Une saison de machettes* qui se trouve à la base des
problèmes éthiques abordés ici. Le texte, en se servant des moyens d'une œuvre
fictionnelle, tente de provoquer des réactions émotionnelles chez le lecteur. Il le
fait en insistant, d'un côté, sur l'authenticité des témoignages et sur l'objectivité
des faits rapportés, et en profitant, d'un autre côté, du destin de victimes et de
bourreaux africains pour satisfaire un besoin occidental. Il s'agit là d'un besoin
de frisson, de frémissement provoqué par une violence « mythique », la violence
de l'autre, censé hanter le continent africain.

Le traitement des questions éthiques à l'intérieur du texte, les éléments qui
proviennent de la subjectivité du reporter/narrateur, mais aussi la contextualisation historique et géopolitique de la situation au Rwanda et les éléments littéraires, distraient l'attention du lecteur de la franchise des témoignages. Il ne
s'agit, dans le cas du livre de Hatzfeld, aucunement d'un objet testimonial pur,
donc d'une « œuvre-témoignage », mais bien comme le dit Alvès, d'une création testimoniale, de témoignages travaillés pour servir une certaine stratégie.
Il s'agit d'un livre qui s'adresse à un public européen, encore plongé dans les

---

72 *Ibid.*, p. 174.
73 *Ibid.*, p. 196.

traumatismes de la Shoah. Le but reste, sans doute, de préserver la mémoire d'un terrible crime contre l'humanité, la mémoire du génocide rwandais. Mais le livre ne s'arrête pas là : il veut aussi provoquer des émotions, en utilisant les techniques d'un texte littéraire, et c'est précisément là, au moment où récit factuel et récit fictionnel s'entremêlent, que l'entreprise devient, comme on l'a vu, problématique d'un point de vue éthique.

Messan Tossa

L'image de l'Occidental dans les narrations du génocide rwandais : *L'aîné des orphelins* de Tierno Monénembo

Abstract : Le présent article analyse les images variables des personnages occidentaux mis en scène dans le roman *L'aîné des orphelins* de Tierno Monénembo. L'insertion des Occidentaux dans la constellation des personnages tend à illustrer la dimension globale de ce drame qui a impliqué des acteurs de divers horizons socioculturels. La focalisation sur des personnages occidentaux met en lumière les complexes ressorts de l'altérité, rapportés à une réciprocité imagologique entre deux mondes, l'Afrique et l'Occident pris dans la tourmente d'un abominable projet d'extermination qui rappelle singulièrement l'holocauste.

Mots-clés : génocide rwandais ; fiction ; Occidental ; image

Le génocide au Rwanda est le symptôme de la défaillance de l'Afrique postcoloniale à endiguer les crises identitaires. Même si le génocide est un drame récurrent dans l'histoire de l'humanité, le dernier génocide du 20ᵉ siècle traduit l'échec de la communauté internationale à préserver un pays du chaos. Au-delà de la culpabilité collective, le génocide rwandais s'inscrit dans le contexte de l'implosion politico-militaire de nombreux États africains au lendemain de la Guerre Froide.[1] Occultant les imbrications historiques et géopolitiques des drames africains, la presse occidentale recourt foncièrement à des stéréotypes qui laissent transparaître implicitement une « construction idéologique fondée sur l'infériorité congénitale de la race noire (tant morale qu'intellectuelle) »[2], incapable de se départir des réflexes « de sauvages »[3] et d'assimiler la modernité occidentale.

---

1 Dans la postface de son roman *Murambi, le livre des ossements,* Boubacar Boris Diop souligne en effet : « [...] Au cours des dernières décennies, les luttes pour le pouvoir se sont traduites au Libéria, en Sierra Leone, au Congo et en maints endroits par un tel déferlement d'horreur [...] ». Diop, Boubacar Boris : *Murambi, le livre des ossements,* Paris : Zulma 2011, p. 200.

2 Kesteloot, Lylian : « La littérature négro-africaine face à l'histoire de l'Afrique », *Afrique contemporaine* 241, 1 (2012), pp. 43–53, 45, DOI 10.3917/afco.241.0043 [consulté le 24/08/2016].

3 Ce stéréotype a évolué au fil du temps au gré du discours postcolonial, cédant la place à de nouvelles constructions occidentales de l'Afrique. Susanne Zantop parle de « kolonialen Denktraditionen » in « postkolonialen Einsichten ». *Cf.* Zantop, Susanne :

Dans *L'aîné des orphelins*, Tierno Monénembo insère un jeu d'images où le Blanc est perçu par les yeux d'un Africain dans son acte de figuration du génocide. La perception du Blanc culmine alors dans la falsification du génocide par des journalistes occidentaux dont l'attitude procède d'une construction médiale de la périphérie en référence à un intertexte social et idéologique ancré dans l'imaginaire occidental.

La présente contribution explore la fiction de l'Occidental présenté par Tierno Monénembo dans son roman sur le génocide rwandais.

1. La constellation des personnages occidentaux dans *L'aîné des orphelins*[4]

La pensée postcoloniale a sonné le glas de l'ère où les discours eurocentriques avaient une validité incontestable. En relativisant les perspectives occidentales, le postcolonialisme a ouvert une brèche aux intellectuels de la périphérie qui laissent filtrer des voix discordantes dans les constructions hégémoniques de la pensée occidentale. Il s'agissait de briser l'étau eurocentrique, comme le suggérait *The Empire writes back*[5]. Ce que l'ancien empire colonial écrivait en retour, n'était rien d'autre qu'une réponse aux mythes coloniaux, dans la perspective de Janos Riesz.[6] Le colonialisme reste inscrit dans une parenthèse historique certes, mais il est logique de la percevoir dans une suite dynamique, car cet épisode continue de régenter en grande partie les relations entre le centre et la périphérie, entre le moi et l'autre, entre l'Occident et le monde en développement. Pour ce qui est de l'Afrique en particulier, l'imaginaire occidental s'est forgé, à côté de l'Afrique objective, une image fabriquée à l'aune des discours médiatiques et des expériences parcellaires qui sont à nouveau réactualisés. Les perceptions des guerres et des crises africaines dans le monde occidental sont le lieu favori de production et de formalisation de ces clichés. L'Afrique « [...] doit peut-être plus

---

« Der (post-)koloniale Blick des 'weißen Negers'. Hans Christoph Buch: *Karibische Kaltluft* », in : Lützeler, Paul Michael (dir.) : *Schriftsteller und "Dritte Welt". Studien zum postkolonialen Blick*, Tübingen : Stauffenburg 1998, pp. 129–152, 152.

4 Monénembo, Tierno : *L'aîné des orphelins*, Paris : Seuil 2005. Toutes les autres citations ultérieures dans cet article se rapportent à cette édition du roman.

5 Ashcroft, Bill/Griffiths, Gareth/Tiffin, Helen : *The Empire Writes Back: Theory and Practice in Post-Colonial Literatures*, London : Routledge 1989.

6 Riesz, Janos : *Koloniale Mythen. Afrikanische Antworten. Europäisch-afrikanische Literaturbeziehungen*, Frankfurt a.M. : IKO-Verlag 1993.

ses traits, son visage et sa physionomie au regard des Blancs qu'à l'authenticité de ses racines et à une bien hypothétique identité. »[7]

Ainsi, Tierno Monénembo insère dans sa fiction sur le génocide rwandais des adjuvants et des figurants occidentaux dont les actes mettent en lumière les mécanismes utilisés par l'Occidental pour « fabriquer » l'Afrique et les Africains. Par ce biais, il forge sa propre fiction de l'Occidental par les yeux d'un personnage qui, sans le savoir, procède lui-même par une fabrication de soi et de l'autre.

En effet, la thématique du génocide met en filigrane la question de l'altérité. Les génocidaires ont opté pour une scission radicale entre le soi – les Hutu – et l'autre – les Tutsi –, dont l'anéantissement laissait le moi isolé face au silence morbide de son crime de masse. La perception de l'autre « in Form von Aufforderung, Provokation, Simulation, Stimulation und Anspruch »[8] a nourri sur les collines du Rwanda un funeste dessein d'extermination.

Contempteur des perceptions occidentales du génocide, Tierno Monénembo introduit sur le champ de la narration des personnages totalement étrangers au contexte africain et confronte deux imaginaires qui se croisent au niveau de l'énonciation. La catégorisation raciale des actants participe alors d'une « réappropriation » endogène des discours sur le génocide rwandais, dans un « renversement des regards par les ex-colonisés »[9]. La constellation des personnages obéit de manière implicite à une catégorisation raciale entre Africains et Européens. Un tel ordonnancement des actants contraste avec le lourd silence[10] du narrateur sur les constructions identitaires ayant mené au génocide. La catégorisation formelle entre personnages africains et occidentaux intervient probablement dans une optique de l'esthétique de la réception axée sur l'opération *Écrire par devoir de mémoire*[11]. Toute la trame romanesque de Monénembo agite en arrière-plan

---

7 Devésa, Jean-Michel : « L'Afrique à l'identité sans passé d'Alain Mabanckou. D'un continent fantôme l'autre », *Afrique contemporaine* 241, 1 (2012), pp. 93–110, 96, DOI 10.3917/afco.241.0093 [consulté le 24/08/2016].

8 Waldenfels, Bernhard : *Topographie des Fremden. Studien zur Phänomenologie des Fremden*, Frankfurt a.M. : Suhrkamp 2016, p. 164.

9 Gehrmann, Susanne/Riesz, Janos (dir.) : *Le Blanc du Noir. Représentation de l'Europe et des Européens dans les littératures africaines*, Münster : Lit Verlag 2004, p. 7.

10 La plupart des romans sur le génocide contournent le problème des différenciations identitaires locales.

11 Le projet est présenté de la manière suivante : « L'initiative la plus remarquable a été le projet *Rwanda : écrire par devoir de mémoire*, lancée en 1995 par l'Association Arts et Médias d'Afrique de Lille, qui organise chaque année le festival Fest'Africa. L'Association a invité une dizaine d'écrivains africains de langue française à s'engager dans des résidences d'écriture au Rwanda en 1998 et en 1999. Le projet a été achevé en

du génocide des personnages occidentaux, au point même de donner lieu à de longues digressions – voir le cas du Belge Van der Poot. Rapidement, affleure dans l'esprit du lecteur averti la suspicion que la référence aux Occidentaux dans le roman de Monénembo intervient dans la droite ligne d'un programme esthétique en rupture avec les figurations occidentales du génocide rwandais. Ces figurations se focalisent sur une « […] interprétation de ces faits comme 'massacres interethniques' »[12]. Le devoir de mémoire devient donc le correctif d'une interprétation trop schématique du génocide. La rupture avec le « monopole du discours médiatique occidental »[13] apparaît comme le refus d'une assimilation des « vérités » occidentales sur le génocide.

La mise en fiction de l'Occidental a une forte tradition dans la littérature africaine, née d'une diction contemptrice de l'idéologie coloniale. L'image de l'Occidental est forgée dans l'univers colonial africain dans divers romans comme *Batouala*[14], *Une vie de boy*[15] etc. La diction postcoloniale de cette fictionnalisation de l'Occidental va se cristalliser dans un « long processus de démythification et de démystification du Blanc dans la littérature négro-africaine »[16]. Est donc canonisée dans la littérature négro-africaine une « palabre ininterrompue sur la nature et le caractère des Blancs »[17], mis en scène d'abord comme religieux, colon, puis ensuite comme coopérant, technicien ou porteur de l'aide au développement. Cette dernière perception alimente un imaginaire représentant l'Occidental comme un bienfaiteur. Ainsi, un des figurants du roman de Monénembo relève avec fausse commisération : « Ah, ces pauvres Blancs, ils viennent nous aider à sortir de la barbarie et nous, tout ce qu'on trouve, c'est de leur fouiller les poches. »[18] Tierno Monénembo vilipende cet imaginaire pathogène et dépeint l'Occidental en Afrique en procédant d'une focalisation interne articulée autour de la perspective d'un enfant, un miraculé du génocide devenu marginal.

2000 avec la publication des ouvrages en France et avec leur présentation à l'occasion d'un colloque international organisé à Kigali et à Butare dans le cadre de Fest'Africa 2000 ». Germanotta, Maria Angela : « L'écriture de l'inaudible. Les narrations littéraires du génocide au Rwanda », *Interfrancophonie-Mélanges* (2010), p. 4–5, www.interfrancophonie.org/Germanotta_10.pdf [consulté le 15/10/2015].

12 *Ibid.*, p. 6.
13 *Ibid.*
14 Maran, René : *Batouala*. *Véritable roman nègre*, Paris : Albin Michel 1921.
15 Oyono, Ferdinand : *Une vie de boy*, Paris : Julliard 1956.
16 Gehrmann/Riesz 2004, p. 11.
17 Riesz, Janos : « Quelques réflexions préliminaires », in : Gehrmann/Riesz 2004, pp. 17–40, 38.
18 Monénembo 2005, p. 52.

Cette perspective offre un instrumentaire lexical cru, chargé de stéréotypes et peu tributaire du politiquement correct. La revue des personnages occidentaux intervenant dans le roman illustre leur instrumentalisation pour réfuter ou relativiser les figurations occidentales du génocide rwandais.

2. L'Italienne Tonia Locatelli

La première esquisse du personnage occidental dans le roman de Monénembo est celle de la religieuse Tonia Locatelli dont la figure reste indissociable des souvenirs du protagoniste sur les « avènements ». Elle continue d'ailleurs de hanter la mémoire frileuse du narrateur parce qu'elle constitue le prototype de l'Occidental renonçant à son univers pour venir vivre au milieu des Noirs. Elle a réussi son immersion au sein du microcosme sociétal local et reste l'unique Occidental du roman qui suscite l'empathie du narrateur. L'importance que prend ce personnage dans le temps raconté réside dans le fait que son assassinat constitue une des stations événementielles sur la voie du génocide. Elle est surtout active dans la situation initiale du récit et fait obstacle à l'événement perturbateur. Pour autant, sa participation à la diégèse est indirecte puisqu'elle vit uniquement dans la mémoire du narrateur dont « chaque fibre du corps renferme des souvenirs qui émergent par fragments »[19]. L'importance de ce personnage, dont seul le souvenir peuple le roman, s'accroît du fait qu'il sera le repère affectif favorisant la guérison des blessures psychopathologiques de la fratrie du narrateur. Ainsi, l'Italienne Tonia Locatelli joue un rôle déterminant dans l'évolution du récit, mais constitue plus un point d'ancrage affectif pour les souvenirs d'enfance du narrateur. Elle se distingue de l'expatrié occidental classique par le fait qu'elle « n'avait quitté son Italie natale que pour venir mourir parmi nous ! »[20], alors que les autres ont fui le Rwanda sans rien faire pour prévenir les massacres.

Tonia Locatelli est le symbole de l'humanisme judéo-chrétien dans un monde qui ferme les yeux au désastre annoncé par les observateurs avertis. Elle est présentée comme le prototype du renoncement et de l'abandon de soi dans un monde hautement égoïste. Contre la folie meurtrière des génocidaires, elle va opposer sa modeste personne et attirer la haine des autorités rwandaises : « Le sous-préfet en personne vint sonner à sa porte [...] : 'Vous êtes une étrangère, disait-il. Ne vous mêlez-pas de nos affaires !' »[21] En dépit des menaces, elle tentera

---

19 Pejoska-Bouchereau, Frosa : « Littérature et génocide : l'écriture testimoniale des enfants », *Yod* 19 (2014), 16/04/2014, p. 5, http://yod.revues.org/1965 ; DOI : 10.4000/yod.1965 [consulté le 24/01/2016].

20 Monénembo 2005, p. 121.

21 *Ibid.*, p. 122.

d'avertir « le Ouatican et les Nations Unies »[22] de ce qui se prépare au Rwanda et mourra en prélude au génocide : « Je préparais ma sacoche pour me rendre à l'école quand ils arrivèrent. Certains étaient armés de gourdins, d'autres de machettes [...]. On la cueillit au portail. On l'assomma d'un coup sur la nuque. On la traîna jusque dans la cour de l'église. On la découpa en morceaux. »[23]

La rencontre du protagoniste avec les « umuzungu »[24] est le lieu de la figuration d'une construction de l'Afrique et du génocide de la part de l'Occidental. La posture narrative utilisée dans le roman est celle de la rétrospective, puisque l'effarant spectacle d'extermination massive ne peut être relaté dans la contemporanéité du temps raconté. D'ailleurs, la séquence du récit consacrée au massacre voit le narrateur dans une situation de léthargie. C'est dans la séquence rétrospective du récit que sont insérés des épisodes mettant en scène des personnages occidentaux.

L'image générique de l'Occidental présentée est peu variable. À l'exception du personnage Tonia Locatelli, tous les personnages occidentaux laissent le narrateur indifférent. La défiance du protagoniste à l'égard de l'Occidental peut résulter de l'implication latente ou de l'indifférence du monde occidental dans le drame qui a secoué le Rwanda. Bien plus, elle dérive sans doute d'un intertexte psychosocial vérifiant le postulat de Wilden selon lequel :

> [...] Die Konstruktion und Bestimmung des Fremden als fremd ist aufgeladen durch (Bedeutungs-)Zuschreibungen; sie ist [...] abhängig vom sozialen, historischen, kulturellen Kontext und den jeweils gegebenen Machtverhältnissen, bedingt hierbei übrigens auch, dass im Gegensatz zum Verhältnis vom Selbst und Anderem, das eine Gleichwertigkeit beider Positionen, eine grundsätzliche Möglichkeit der Austauschbarkeit bzw. Umkehrbarkeit impliziert, in der Beziehung von Eigenem und Fremdem aufgrund der Machtverhältnisse und der Definitionsmacht aufseiten des Eigenen eine Asymmetrie zuungunsten des Fremden markiert ist.[25]

En effet, les analyses historiques pointent du doigt les politiques coloniales et leur obsession de la catégorisation raciale comme un des ferments essentiels de la concurrence identitaire qui va alimenter les pogroms au cours de la période postcoloniale. Au fil du roman, le jeune narrateur semble nourrir une certaine rancœur à l'égard des Blancs. Le protagoniste part d'abord d'une perception globale de l'autre, liée à un système de représentations collectives qui imprègne

---

22 *Ibid.*, p. 122.
23 *Ibid.*, p. 123.
24 Terme utilisé dans le roman pour désigner les Blancs dans la langue locale.
25 Wilden, Andrea : *Die Konstruktion von Fremdheit. Eine interaktionistisch-konstruktivistische Perspektive*, Münster : Waxmann 2013, p. 225.

son imaginaire. C'est sur le terreau de cet imaginaire qu'est présenté au lecteur l'Occidental. Mais bien entendu, l'auteur fait distinguer au jeune narrateur inculte – fait surprenant – les nuances entre les Occidentaux. À certains égards, il est possible que l'image positive de l'Italienne qui transparaît des souvenirs du protagoniste résulte de sa fin tragique. Elle passe dans le roman pour l'unique personnage auquel va la sympathie du jeune narrateur, de sorte que son extranéité « in Gewohnheit, Routine und Reglements erlischt »[26]. Même si la vocation humaniste de Tonia Locatelli a séduit le narrateur, ce dernier refuse la sympathie de Miss Una Flatterty O'hara, une humanitaire irlandaise.

3. L'Irlandaise Una Flatterty O'hara

L'Irlandaise Una Flatterty O'hara est le prototype de l'Occidental philanthrope qui vient réparer les hommes après le génocide, mais se heurte à une série d'incompréhensions. Elle œuvre pour reconstruire un univers plus vivable pour les enfants de l'époque post-génocidaire, mais se trouve désemparée par l'attitude hostile des victimes : « Déjà, c'était sans enthousiasme que nous recevions notre sœur Claudine […], alors imaginez une Blanche ! »[27] Claudine Kamerera, la protectrice du protagoniste s'emploie à tempérer l'hostilité des enfants de la rue à l'égard du personnage Una Flatterty en ces termes : « Elle n'est ni belge, ni française. Elle est irlandaise. Avez-vous entendu parler des Irlandais […] ? C'est bien la preuve qu'ils ne nous ont rien fait de mal eux. »[28] Une telle catégorisation des Européens est lourde de sous-entendus, puisque le lecteur ignore si l'hostilité foncière des enfants résulte de l'expérience coloniale ou de l'indifférence de ces puissances hégémoniques au cours du génocide. Mais la conscience des contingences géopolitiques mondiales contraste avec la simplicité des enfants de la rue.

Le personnage Una Flatterty tient un rôle plus actif dans la progression de la narration puisqu'elle intervient dans le temps raconté avec des interférences brèves sur la situation du narrateur. Introduite dans le champ diégétique par le personnage Claudine Kemerera, elle ne réussira jamais à briser la méfiance du jeune Faustin : « Je ne dis pas qu'elle n'était pas gentille, Miss Human Rights. Mais son pays était inconnu sous nos cieux et, franchement, nous étions bien mieux sans elle. »[29] Elle est esquissée comme une humanitaire venue au secours d'enfants en détresse dans la société post-génocidaire. Son insertion dans la diégèse participe

---

26 Waldenfels 2016, p. 164.
27 Monénembo 2005, p. 123.
28 *Ibid.*, p. 123.
29 *Ibid.*, p. 64.

du devenir du protagoniste et son orphelinat est le lieu de la reconstitution de l'embryon familial de Faustin. Et c'est dans les péripéties de cette nouvelle vie familiale que le protagoniste trouve sa position d'énonciation. La prison lui permet de mûrir avec distance les événements de sa courte existence dont il garde les souvenirs des relations ambivalentes avec l'Irlandaise :

> Elle était comme ça, la Hirlandaise ! Là-bas, chez elle, les gens avaient sommeil en même temps, ressentaient les brûlures de la faim au même moment et, à une seconde près ; l'envie d'uriner leur venait du même coup. Je me rendis très vite compte que c'était inutile de lui expliquer qu'ici c'était différent : chacun vivait selon son heure, même pour aiguiser sa machette. A chaque incident, elle appelait Claudine et comme je ne voulais pas faire de la peine à celle-ci, je rentrais dans le rang [...].[30]

Les relations du narrateur avec l'Irlandaise se compliquent par la confrontation de deux mondes différents. L'orphelinat destiné à protéger le narrateur devient pour lui, au contraire, un lieu de supplice. Cette ambivalence met en lumière les limites d'une philanthropie occidentale diligentée vers des personnes aux aspirations divergentes de celles du projet des bienfaiteurs. Faustin le narrateur n'est nullement dupe : « Mais la Hirlandaise, elle ne pouvait pas comprendre. Avec les Blancs, c'est difficile de parler, nos mondes ont été faits comme si les pieds de l'un étaient la tête de l'autre. »[31] L'emphase de cette différence foncière est une contestation de la prise en charge épistémologique et artistique du génocide dans une perspective occidentale. Le correctif de la vision occidentale de ce génocide constitue alors la finalité de l'opération *Écrire par devoir de mémoire*. Le personnage Una Flatterty incarne le type de l'Occidental aveuglé par un paternalisme néocolonial, qui a du mal à comprendre les nuances socioculturelles endogènes. À l'instar de la plupart des Occidentaux, elle va vite quitter le champ de la narration et le lecteur apprend, suite à une question désinvolte du narrateur, qu'elle a quitté le Rwanda pour « l'Inde, le Cambodge ou peut-être la Somalie »[32].

4. Le Belge Van der Poot

Le personnage Van der Poot suscite une grande antipathie chez le protagoniste. Son portrait est chargé d'une foule de stéréotypes que le narrateur agite pour souligner l'ignorance du personnage au sujet des conventions sociales endogènes. L'insertion du personnage Van der Poot dans la fiction relève d'une pure digression diégétique qui alimente une esquisse presque burlesque de l'Occidental, pris

---

30 *Ibid.*, p. 79–80.
31 *Ibid.*, p. 92.
32 *Ibid.*, p. 89.

dans des turpitudes dans un environnement sociétal dont il ignore et méprise les codes. Intermède diégétique situé en marge de la progression de l'action, la séquence narrative mettant en scène Van der Poot est un portrait picaresque du coopérant européen confronté à une société dont les ressorts fonctionnels lui échappent. Bien plus, le narrateur le présente comme un Européen vicieux pris dans les fantasmes anomiques : « Nos gars n'ont rien de pédrophiles [sic !]. Ils ne savent même pas ce que c'est, pour y porter un jugement. »[33] Le narrateur marque cette divergence entre deux mondes aux échelles de valeurs divergentes.

Affichant un mépris total au système de valeurs indigènes, l'expatrié belge se trouve empêtré dans une histoire de mœurs cocasse. En filigrane, se profile une juxtaposition de valeurs sociétales divergentes qui allègue de manière implicite que les Européens ne comprennent grand-chose aux mœurs rwandaises : « allez comprendre pourquoi après tant de temps, monsieur Van der Poot n'avait toujours rien compris à nos histoires de coutumes et de mœurs. Chez nous, monsieur Van der Poot, quand on désire une fille, on donne du sorgho et de la bière à ses parents et on la déflore au su de l'ensemble de la tribu. »[34]

Le personnage Van der Poot se profile comme un personnage incongru, en marge de la société qu'il est censé aidé à se développer. La description de ce personnage et de ses turpitudes participe de la démystification de l'image du coopérant occidental : « Il travaillait à la coopération belge. Sa femme était comme lui : agent technique. Les Blancs, ils mènent une double vie : chez eux, ils s'occupent de leur carrière ; ici, ils s'occupent de nous coopérer. »[35] Dérision acerbe du coopérant Blanc en totale rupture avec le monde des indigènes qu'il « doit coopérer. »[36] De la bouche de Van der Poot, fusent toutes sortes de préjugés néocolonialistes frisant le racisme anti-noir : « Rien du tout macaque ! [...] Parce que le fusil, c'est de la mécanique, figure-toi ! C'est pas aussi facile à manier qu'une machette de coupeur de canne ! »[37] Allusion indélicate au génocide qui voile les dérives néocolonialistes des coopérants belges au Rwanda : « [...]

---

33   *Ibid.*, p. 85.

34   *Ibid.*, p. 82.

35   *Ibid.*, p. 82.

36   La forme transitive de ce verbe n'est pas usuelle et traduit ici une appréciation critique sur le concept de coopération au nom duquel les expatriés occidentaux séjournent dans les pays du Sud. Le déroulement de ce génocide montre les limites d'un tel concept, puisque la coopération n'a pu empêcher le désastre. Bien plus, il est important de souligner que c'est au nom de ce concept que la France aurait entretenu des relations militaires avec le gouvernement rwandais responsable du génocide.

37   Monénembo 2005, p. 82.

Quinze années parmi nous ne vous avaient pas habitué à nos lubies tropicales. Les tornades, les mouches, les odeurs de viande boucanée et de beurre rance, les trottoirs infectés d'urine vous faisaient sortir de vos gonds. Les jurons et les gros mots fusaient sans que vous ne le fassiez exprès. »[38]

La séquence narrative évoquant les dérives du coopérant belge se distingue par une duplication de la stratégie énonciative. Le narrateur s'adresse directement au personnage Van der Poot, annihilant de fait toute distanciation diégétique. Le Belge devient alors le point focal d'une série de reproches sur son ignorance de la culture rwandaise. La dérision exclut toute empathie aux yeux du narrateur : « Seulement un Blanc qui pleure, ça ne fait même pas pitié. C'est vrai que, par ici, des Blancs qui pleurent, on en avait jamais vu, comme si toutes les larmes du monde avaient été faites pour nous autres Noirs. »[39] La dérision se mue en animosité raciale puisque les faveurs judiciaires accordées au personnage Van der Poot, en raison de son statut d'expatrié, alimentent une sourde animosité : « Vous avez de la chance, monsieur Van der Poot. On vous aurait jeté en prison, je vous aurais fait pire que ce qui me vaut d'être en ce moment au Club des Minimes. »[40] Est mise en branle une sémantique de l'altérité, de l'extranéité basée sur « das Festschreiben und Zementieren von Differenz, zum Beispiel durch Stigmatisierung, Objektivierung, Stereotypisierung und fixierte hegemoniale Repräsentationen des Anderen, durch die dieser zum ‚permanenten Anderen' gemacht wird. »[41] A contrario, cette séquence ne comporte aucun jugement moral sur les déviances des personnages rwandais impliqués dans l'histoire de la déchéance du coopérant belge.

5. L'aventurier Rodney et ses comparses

Le personnage Rodney est le stéréotype de l'Occidental désinvolte et perfide, prompt à tirer parti des situations les plus désastreuses. Avec un comportement à la limite de la décence, il s'intègre parfaitement au monde marginal du narrateur. Dépeint comme un personnage superficiel, il vit au rythme de ses pulsions et ne rechigne pas à s'afficher comme un personnage retors et pervers : « Rodney est partout où ça va mal. »[42] Son intervention dans le ressort dramatique va engendrer pour le narrateur une série de circonstances aboutissant au meurtre de son

---

38 *Ibid.*, p. 83.
39 *Ibid.*
40 *Ibid.*, p. 85.
41 Wilden 2013, p. 225.
42 Monénembo 2005, p. 98.

ami Musinkoro. Bien plus, Rodney constitue le paravent idéal pour contester les représentations du génocide rwandais dans les médias internationaux. Il s'investit dans la « fabrication » du génocide pour se remplir les poches et satisfaire la quête de sensationnel des grandes chaînes d'information internationaux : « [...] Il y a toujours quelque chose à voir ! Au besoin, on invente. C'est ça le génie d'un cameraman : toujours donner à voir, même s'il n'y a rien à montrer ! »[43] En dépit des réserves et des suspicions de certains journalistes jouant le rôle de figurants dans le roman, Rodney finit par les attirer dans une posture totalement en marge de la déontologie de leur métier. Le jeune protagoniste devient un acteur instrumentalisé pour une falsification grotesque du génocide, relayée par diverses chaînes internationales :

> Rodney montait sa caméra et le film se déroulait tout seul. Dans des endroits où je n'avais jamais mis les pieds, je reconnaissais tout de suite la masure calcinée d'où l'on avait extrait mes parents ; le préau de l'église où on les avait éventrés ; la vieille brasserie de bois où l'on avait fait de la bière avec leur sang ; le fourneau où l'on avait grillé leurs cœurs et leurs intestins avant de les assaisonner de piment pour le déjeuner des assaillants qui s'étaient montrés les plus braves.[44]

Dans sa fiction du génocide, Monénembo évoque à dessein un faussaire de l'information : Rodney qui incite le protagoniste à raconter des mensonges aux reporters envoyés au Rwanda pour documenter le génocide. Sans se douter de la duplicité de Faustin et de son mentor, les chaînes de télévision internationales vont répandre à travers le monde les mensonges du protagoniste. Du coup, les contre-vérités servies par Faustin deviennent des vérités du génocide, un narratif dont l'authenticité est garantie par la réputation des chaînes qui le diffusent.

Du reste, les mécanismes de manipulation des médias occidentaux dérivent aussi de leur approche superficielle du drame. Les journalistes affichent une légèreté scandaleuse sur des sites ayant été le théâtre du génocide. Ainsi, ils se gavent de bière, suivent des matchs du championnat anglais sur un site érigé à la mémoire des victimes du génocide. Un tel comportement semble *a priori* inimaginable sur les sites consacrés à la mémoire des victimes de la Shoah.[45] Cette désinvolture coupable donne lieu à une profanation de la mémoire des victimes. Alors, le jeune Faustin servira des versions analogues du génocide

---

43 *Ibid.*, p. 98.
44 *Ibid.*, p. 109.
45 Le parallèle entre le génocide rwandais et la Shoah transparaît dans le roman de Monénembo lorsqu'il place la réplique suivante dans la bouche d'un des personnages : « Vous pensez peut-être que tous les rescapés d'Auschwitz se souviennent de la vie qu'ils ont menée avant de goûter à l'enfer. » *Ibid.*, p. 107.

à différents médias occidentaux sans que aucun journaliste, aucun reporter ne semble alerté par la promptitude du narrateur à témoigner sur diverses expériences du génocide. Sous l'impulsion du personnage Rodney, Faustin entreprend une falsification du génocide dans un abîme éthique où l'information médiatique relève du montage mensonger, d'une « déréalisation »[46] du génocide. Cet épisode narratif conforte la nécessité d'une approche du génocide rwandais en marge de ses représentations par les médias occidentaux. La mise en scène des organes d'information internationaux qui assimilent successivement les montages de Faustin et de son mentor Rodney, illustre comment les réseaux médiatiques de la société globale peuvent être sujets à des manipulations et distiller des informations contestables à travers la planète. La liste des médias victimes de la supercherie est longue : « Cela dura une semaine, de sorte que, quand nous quittâmes les gens de la BBC, j'étais devenu un aussi bon acteur [...]. La télévision suisse nous transporta à Rebero, CNN à Biserero [...]. Les Norvégiens nous entraînèrent à Musha, les Australiens à Mwuliré »[47].

La légèreté déconcertante des journalistes impliqués dans le récit prouve que le traitement médial du génocide obéit à des schémas tracés à l'avance. Se précise une approche superficielle du sujet, étant donné que l'Afrique a été toujours « en très grande partie forgée en dehors du continent noir, 'à l'extérieur' d'elle-même »[48]. Or les figurations du génocide rwandais dans les littératures européennes dérivent d'une construction de l'Afrique sur le terreau d'un discours global formaté à partir des informations médiatiques. Boubacar Boris Diop effleure la question lorsqu'il laisse son personnage français le Colonel Perrin s'en référer aux journalistes : « [...] Ces meurtriers dont parlent les journalistes »[49] ou encore « [...] Je suis bien d'accord avec nos journalistes »[50].

Les dérives subjectivistes des approches médiatiques du génocide justifient, aux yeux des promoteurs du projet *Écrire par devoir de mémoire*, la nécessité d'une culture artistique endogène sur le génocide rwandais. Dépassant l'approche journalistique, le projet procède plutôt d'une immersion dans l'univers affectif et physique des survivants avant toute fictionnalisation du génocide.

---

46 Coquio, Catherine : *Rwanda. Le réel et les récits*, Paris : Belin 2004, p. 180.
47 Monénembo 2005, p. 108–109.
48 Devésa 2012, p. 93.
49 Diop 2011, p. 124.
50 *Ibid.*

6. Réciprocité altéritaire dans *L'aîné des orphelins*

La mise en scène des acteurs occidentaux dans le roman de Monénembo crée de manière implicite une frontière esthétique entre le soi et l'autre. En agitant, l'image de l'Occidental, le narrateur recourt souvent à une comparaison implicite qui catégorise le Blanc ou l'Occidental par rapport au soi, ou du moins à l'univers des indigènes. Le regard de Faustin est finalement un regard du moi sur autrui dans une posture où la perception de l'autre, ici l'Occidental se fait dans la perspective d'une échelle de valeurs portées par le monde du narrateur. Ceci aboutit à l'image intéressante du sujet qui observe comment il est observé par l'autre, en d'autres termes à un double reflet du miroir imagologique. Les séquences narratives impliquant des personnages occidentaux sont le lieu d'une production de clichés qui répondent aux stéréotypes du Blanc. À cet effet, l'épisode de la querelle entre Rodney et Solange est assez suggestif : « [...] La scène était pathétique : Rodney en caleçon et Solange à moitié nue se battaient comme des chiffonniers en s'injuriant copieusement. – Que l'on fouille son sac ! rugissait Rodney. Mon argent se trouve dedans ! Je l'ai payée vingt dollars en billet de dix. J'ai perdu cinq cents dollars [...]. »[51]

Cette scène illustre la formalisation de deux clichés classiques : le Noir voleur et prostitué, le Blanc libidineux. Cette image générique de l'Occidental présenté comme un débridé sexuel revient aussi chez le personnage Van der Poot qui « n'était pas seulement un agent technique, mais aussi un fieffé pédrophile [sic !] »[52].

L'insertion de personnages occidentaux dans le roman crée deux univers qui s'observent réciproquement. Mais la focalisation interne du récit procède « d'une expérience [qui] est le passé présent dont les événements ont été incorporés et peuvent être rendus au souvenir »[53]. Ces souvenirs laissent affleurer l'imagologie à la périphérie de la diégèse dans une posture homodiégétique, où seul le narrateur présente les perceptions de l'Occidental sur l'Afrique et les Africains. La configuration de l'énonciation lui donne les moyens d'assimiler ses perceptions, de les intérioriser et de formuler en réponse son propre imaginaire de l'Occidental. Il prend une posture représentative de l'Africain et catégorise les personnages occidentaux. En dehors d'une empathie passagère envers certains Occidentaux, le protagoniste les perçoit généralement comme des « umuzungu » et les éjecte aisément de son souvenir, comme le lui reprochera sa protégée : « [...] Tu ne m'as

---

51 Monénembo 2005, p. 102.
52 *Ibid.*, p. 82.
53 Ricœur, Paul : *Temps et récit. Le temps raconté*, Paris : Seuil 1985, p. 376.

jamais demandé les nouvelles d'Una. C'est vrai que tu ne demandes jamais les nouvelles de personne. »[54]

Au fil du récit de Faustin, se dessine une construction de l'Occidental dont l'image générique est structurée autour d'un substrat idéologique constitué par le sexe, l'argent, la quête sensationnelle de l'information journalistique. À la représentation schématique de l'Africain par l'imaginaire collectif occidental, Faustin oppose une construction du Blanc dans l'imaginaire collectif des communautés d'Afrique. Et Véronique Porra de souligner à juste titre que « [...] l'image du Blanc dans les descriptions qu'en donne le Noir n'est autre qu'un des éléments constitutifs de l'image que le Blanc donne du Noir et de lui-même [...]. »[55] La construction du Blanc serait simplement actualisée en fonction des contextes dans lesquels la fiction romanesque saisit l'Occidental comme personnage agissant. Du reste, le roman de Monénembo passe en revue tous les stéréotypes collés à l'Occidental en Afrique : l'aventurier – Rodney, le journaliste – Jenny et ses compagnons, l'humanitaire – Una Flatterty O'Hara, le coopérant – Van der Poot, le religieux – Tonia Locatelli.

Au demeurant, « le portrait est une autre condition de la forme qui veut véhiculer la réalité génocidaire. »[56] Les écrivains africains ont pris l'habitude de stigmatiser le Blanc comme responsable des catastrophes politiques en Afrique, mais la littérature sur le génocide rwandais ne peut occulter le fait que « le crime contre l'humanité n'est plus perpétré par des colonisateurs blancs »[57], mais par des Africains. De ce point de vue, la construction imagologique de l'Occidental tend à agiter les responsabilités historiques imputant au Blanc « l'ethnicisation coloniale »[58] qui va aboutir au génocide. Les génocidaires auraient alors simplement récupéré une différenciation identitaire créée par le Blanc.

Dans une logique analogue, la systématisation de la Shoah comme paradigme représentatif de la perception du génocide crée un parallélisme selon lequel les Rwandais auraient appris du Blanc, au point d'en avoir acquis les penchants obscurantistes de l'extermination de l'autre. Robert Stockhammer admet ce parallélisme lorsqu'il désigne le génocide rwandais par « l'autre » génocide, reconnaissant que : « Der Genozid von Ruanda unterliegt in der deutschsprachigen allgemeinen Genozidforschung [...] der allgemeinen Tendenz, ,ferne

---

54 Monénembo 2005, p. 89.
55 Porra, Véronique : « L'invention de l'authenticité. Paroles d'Africains dans la fiction coloniale des années 1920 », in : Gehrmann/Riesz 2004, pp. 18–41, 36.
56 Germanotta 2010, p. 23.
57 Ibid., p. 4.
58 Ibid.

Völkermorde' weitgehend auszuklammern »[59]. Ce parallélisme permet de cerner le génocide rwandais dans la synchronie d'une modernité africaine avec les ressorts des grandes catastrophes humaines ayant caractérisé la modernité occidentale. Le diagnostic de Nouss est à cet effet révélateur :

> [...] notre modernité nous rend tous contemporains d'Auschwitz. Et nous oblige alors non à abandonner l'idée de l'homme mais à repenser, sur fond du désastre, une autre définition. Qui contienne la possibilité de l'impossible, de l'inhumain. Cela n'a pas été fait. Les sociétés occidentales [...] continuent à fonctionner et à penser dans les catégories antérieures, notamment politiques. Et notre modernité, par cet inachèvement, cette irresponsabilité, en est scandaleuse.[60]

Or, c'est de ces catégories antérieures que dérive une modernité africaine dont la dégénérescence suprême est le génocide rwandais. Alors, se comprend la fictionnalisation de l'Occidental alignée sur les expériences désastreuses faites par les Rwandais avec les Occidentaux : premièrement au cours des colonisations belge et allemande, puis avec la France qui a entretenu des relations privilégiées avec le gouvernement rwandais responsable du génocide.[61] Mais, en dépit de la tentative d'appropriation du sujet dans un contexte essentiellement africain, la narration du génocide rwandais ne peut se défaire de la laisse paradigmatique de l'holocauste. Du reste, le génocide est un crime contre l'humanité avec une dimension éthique universelle et il est pertinent de s'interroger sur la pertinence de la récupération géographique ou artistique d'un drame qui « continue de présenter son énigme insoutenable aux humains »[62]. C'est dans ce sens qu'il faut comprendre la profusion des productions littéraires européennes sur le génocide rwandais alors que leur public montre un intérêt mitigé pour l'Afrique. Cette dense constellation littéraire autour du génocide peut être le symptôme des émotions suscitées par une catastrophe inscrite dans la mémoire universelle depuis la Shoah. Elle peut aussi être comprise comme la quête du sensationnel destiné à confirmer les stéréotypes néocolonialistes et c'est contre cette dernière posture que veut s'ériger la question du devoir de mémoire. En introduisant l'Occidental sur le champ de la narration, Monénembo universalise la responsabilité du génocide : autant les Interahmwe sont coupables d'avoir tué les Tutsi, autant les colonisateurs le sont d'avoir formaté les divergences sociales en réduits identitaires, autant la

---

59 Stockhammer, Robert : *Über einen anderen Genozid schreiben,* Frankfurt a.M. : Suhrkamp 2005, p. 63.

60 Nouss, Alexis : *La modernité,* Paris : Jacques Grancher 1991, p. 212–213.

61 Germanotta parle de « la complicité de certains secteurs étatiques français avec le régime génocidaire ». Germanotta 2010, p. 4.

62 Coquio 2004, p. 180.

communauté internationale et les autres pays africains le sont de n'avoir rien fait. De ce point de vue, le génocide n'est nullement le symptôme d'une misanthropie africaine, mais d'un échec de l'humanité au Rwanda. C'est en ce sens que se comprend la mise en scène des personnages occidentaux dans les romans traitant du génocide rwandais.

Le roman de Tierno Monénembo sur le génocide rwandais consacre essentiellement le silence de la mémoire comme mode d'expression privilégié sur le génocide. Les pages de ce silence sont remplies par des digressions amnésiques derrière lesquelles se profilent les tranches de souvenirs du narrateur sur le génocide. La focalisation du récit sur les Occidentaux relève foncièrement de cette stratégie digressive qui substitue à la « mémoire […] le nécessaire oubli et le mutisme, sorte de sommeil amnésique, faisant des rescapés des amputés. »[63] Les portraits d'Européens introduits sur le champ fictif du génocide sont autant de figures muettes qui occultent la mémoire pathologique du narrateur. Aux yeux des rescapés, le silence est le meilleur mode d'expression de l'expérience du génocide, un « mutisme traumatique indépassable. »[64]

---

63 Pejoska-Bouchereau 2014, p. 6.
64 Germanotta 2010, p. 16.

Jan Knobloch

Berichte aus der Zone. Gewalt und Neue Kriege zwischen Reportage und Roman (Roberto Bolaño, Mathias Énard)

Abstract: Im Kontext der Neuen Kriege deutet sich ein Gestaltwandel der Kriegsführung an, der auch das Erzählen vor neue Herausforderungen stellt. Der Aufsatz untersucht die Repräsentation von Zonen der Gewalt in zwei Romanen der Gegenwart: Roberto Bolaños *2666* (2004) und Mathias Énards *Zone* (2008). Die Wiederholung sinnloser Gewalt in der Zone, eine Figuration der unübersichtlich gewordenen Raumverhältnisse der Neuen Kriege, ruft den Reporter als Sichtenden auf den Plan. Werden dabei nicht nur die Möglichkeiten, sondern auch die Grenzen journalistischer Repräsentation von Gewalt ausgelotet, so ist die Literatur, indem sie diese integriert, immer schon darüber hinaus. Während Bolaño der Reportage als Hypotext Sichtbarkeit verleiht, um zu reflektieren, was für sie unsichtbar bleibt, inszeniert Énard den Autor als Reporter, bringt die eigenen Quellen und Recherchen (eine Art Reportage im Rohzustand) im Roman aber weitgehend zum Verschwinden. Erst im Epilog weist er sie als solche aus.

Schlagwörter: Bolaño, Roberto; Énard, Mathias; Gewalt; Krieg; Reportage

Dass neue Formen der Kriegsführung eine Herausforderung für die literarische Repräsentation darstellen, wurde vielfach bemerkt. Ähnliches gilt für exzessive Häufungen von Gewalt. Nicht zufällig illustriert Theodor W. Adorno im Jahr 1954 seinen Befund, es lasse « sich nicht mehr erzählen, während die Form des Romans Erzählung verlangt »[1], mit einem Verweis auf die Nicht-Erzählbarkeit der Schlachten des Zweiten Weltkriegs. In seinem Essay zum « Standort des Erzählers im modernen Roman » heißt es:

> Zerfallen ist die Identität der Erfahrung, das in sich kontinuierliche und artikulierte Leben, das die Haltung des Erzählers einzig gestattet. Man braucht nur die Unmöglichkeit sich zu vergegenwärtigen, dass irgendeiner, der am Krieg teilnahm, von ihm so erzählte, wie früher einer von seinen Abenteuern erzählen mochte.[2]

Als Abenteuerroman lassen sich die Vernichtungskriege des 20. Jahrhunderts nicht erzählen. Die Geschichte eines Helden, der die Ordnung des Bekannten

---

1 Adorno, Theodor W.: *Noten zur Literatur*, hg. von Rolf Tiedemann, Frankfurt a.M.: Suhrkamp 1981, p. 41.
2 *Ibid.*, p. 42.

verlässt, um eine Reihe außergewöhnlicher, mitunter handgreiflicher Ereignisse und Situationen zu durchleben,[3] ist, so Adorno, der modernen Kriegsführung nicht mehr angemessen. Im Zeichen von « Standardisierung » und « Immergleichheit » stehend, klammert diese das besondere Erlebnis, das erfahrende Individuum aus.[4] Die Kluft verläuft zwischen dem literarischen Modell und der Form des « Mitgeteilten selber »[5], genauer: Zwischen den Normen des Genres, welche die Modellierung der literarischen Welt strukturieren, und der wahrgenommenen Struktur des Krieges selbst.

So scheint es, als machten neue Erscheinungsweisen des Krieges alte Muster, von ihm zu erzählen, obsolet. Das galt schon für die beiden Weltkriege. Um die Jahrtausendwende, insbesondere im Kontext der « Neuen Kriege »[6], also seit den 1990er Jahren, deutet sich erneut ein solcher Gestaltwandel an. Die Neuen Kriege sind geprägt von Unübersichtlichkeit: Gemeint sind vor allem innerstaatliche Konflikte, in denen eine « Privatisierung von Gewalt », eine « Ökonomisierung des Krieges durch ‚ethnische Unternehmer' und transnationale kriminelle Netzwerke » sowie eine « sich auflösende Trennung zwischen staatlichen und nicht-staatlichen Akteuren, Zivilisten und Kombattanten » vorherrscht.[7] « Flüchtlingskatastrophen », ethnische Säuberungen und « gezielte Angriffe auf Zivilisten » sind die Folge.[8] Stets ist hier « die Finanzierung des Krieges, anders als in den klassischen Staatenkriegen, ein wichtiger Aspekt der Kriegführung selbst »[9], was die Dauer der Kampfhandlungen ins Endlose

---

3   Zur Definition des Abenteuerromans : *Cf.* Schmiedt, Helmut: « Abenteuerroman », in: Weimar, Klaus et. al. (Hg.): *Reallexikon der deutschen Literaturwissenschaft.* Band I, A–G, Berlin/New York: De Gruyter 2007, pp. 2–4.

4   Adorno spricht hier zwar von der « verwalteten Welt » im Allgemeinen, führt aber den Krieg als besonders aussagekräftiges Beispiel dieses unerzählerischen Verwaltungszustands an. Adorno 1981, p. 42.

5   *Ibid.*

6   *Cf.* Münkler, Herfried: *Die neuen Kriege*, Reinbek: Rowohlt 2003. Münkler macht darauf aufmerksam, dass die Neuen Kriege zugleich den alten Kriegen ähnlich sind, wie sie vor der Verstaatlichung des Krieges in der frühen Neuzeit geführt wurden. Sie situieren sich in einem Rahmen, wo « der Staat *nicht mehr* ist, was er damals *noch nicht* war: Monopolist des Krieges. » *Ibid.*, p. 9.

7   Calic, Marie-Janine: « Der erste ‚neue Krieg'? Staatszerfall und Radikalisierung der Gewalt im ehemaligen Jugoslawien », *Zeithistorische Forschungen/Studies in Contemporary History* 2 (2005), pp. 71–87, 71–72.

8   *Ibid.*, p. 72.

9   Münkler 2003, pp. 7–8.

verlängert, da keine Seite finanziell daran interessiert ist, sie zu beenden. Nicht zuletzt besteht ein wichtiges Kennzeichen der Neuen Kriege in ihrer Asymmetrie: Hier treffen Parteien ungleicher Stärke aufeinander, und so werden die alten Strukturierungsleistungen der Staatenkriege unterminiert. « Die Unterscheidung zwischen Front, Hinterland und Heimat löst sich auf. »[10]

Hatte Adorno 1954 noch eine streng anti-realistische Romankunst gefordert, die das Berichterstatten der Reportage und anderen Medien überließe,[11] so zeichnet sich im Kontext der Neuen Kriege eine gegenläufige Bewegung ab. Sie steht mit der Tendenz eines *retour du réel*[12] in Verbindung: Journalistische Narrative werden zunehmend in die Erzählliteratur integriert, wo sie dazu dienen, Tatsachennähe zu verbürgen und referentielle Effekte zu erzeugen. Dies findet seinen Ausdruck nicht nur in Hybridformen wie den « narrations documentaires »[13]. Es zeigt sich auch in jenen als « Roman » etikettierten Schriften, in denen Reportagen und Dokumente zum Material des Literarischen avancieren. Der Berichterstattung aus postkolonialen Kriegsgebieten und innerstaatlichen Zonen der Gewalt kommt dabei eine besondere Rolle zu: Diese nämlich bleiben den Autoren häufig unzugänglich. So besehen fungiert die Reportage als Transposition von Wahrnehmungen, die an die Stelle eines Aufenthalts in der Konfliktzone tritt.

Im Umkehrschluss aber erzeugt diese Situation auch das Bedürfnis nach Reflexivität. Nicht selten geht gerade der Roman mit dem Problem der Erzählbarkeit des Krieges um, indem er die Rolle der Medien thematisiert und kritisch reflektiert. Vielleicht erweist sich gerade darin seine « Leistungskraft […] für die Literarisierung Neuer Kriege »[14]. Romane repräsentieren dabei häufig nicht mehr primär den Verlauf des Krieges, sondern dessen mediale Repräsentation, sie widmen sich den Neuen Kriegen « unter den Prämissen fraglich gewordener Sichtbarkeitsordnungen und Darstellungsgewissheiten »[15]. Die Gattung infiziert sich gleichsam mit dem perspektivierten Wissen des Reporters. Lässt die Kriegsführung des Zweiten Weltkriegs Adorno zufolge die Einheit eines erfahrenden,

---

10 *Ibid.*, p. 25.
11 *Cf.* Adorno 1981, p. 41.
12 *Cf.* Viart, Dominique/Vercier, Bruno: *La littérature française au présent. Héritage, modernité, mutations*, 2ᵉ éd. augmentée, Paris: Bordas 2008, pp. 207–227.
13 *Cf.* Ruffel, Lionel: « Un réalisme contemporain : Les narrations documentaires », *Littérature* 166, 2 (2012), pp. 13–25.
14 Karpenstein-Eßbach, Christa: *Orte der Grausamkeit. Die neuen Kriege in der Literatur*, München: Fink 2011, p. 49.
15 *Ibid.*, p. 27.

das Kriegsgeschehen registrierenden und transkribierenden Subjekts nicht mehr
zu, so zeugt die Allianz zwischen Reportage und Roman zu Beginn des 21. Jahrhunderts, so die These, von der Reintegration und gleichzeitigen Dekonstruktion
einer solchen Subjektposition. Dies geschieht meist in medienkritischer Absicht.
Christa Karpenstein-Eßbach, an deren Forschungen der vorliegende Aufsatz
anschließt, deutet diese Tendenz als Reaktion der Literatur auf gesteigerten
Wettbewerb. Neuen « Medienkonkurrenzen » begegne diese mit dem Mittel der
Komplexitätssteigerung.[16] Der Roman kann die Darstellung der Neuen Kriege
demnach nur dann noch leisten, wenn er auf deren mediale (Nicht-)Darstellbar-
keit, auf Prozesse, Mechanismen und Konventionen der Repräsentation sowie
den durch die Vermittlung bedingten Authentizitätsverlust reflektiert. Gerade
dadurch erhält die Literatur einen Vorsprung. Die Figur des Reporters, nicht
selten selbst Protagonist, rückt ins Zentrum von Erzählen und Kritik.

Im Folgenden werden zwei Romane untersucht, in denen die Reportage auf
unterschiedliche Weise als Hypotext in Erscheinung tritt: Roberto Bolaños *2666*
(2004) und Mathias Énards *Zone* (2008).[17] Beide kreisen um ein Darstellungs-
problem, wie es die Logik der Neuen Kriege mit sich bringt: Die Erzählbarkeit
exzessiver, d.h. sich repetierender Gewalt. Gewalt ist hier räumlich fixiert und
nicht unmittelbar an das Handeln einzelner Personen gebunden. Berichtet wird
aus einer Zone, in der das staatliche Gewaltmonopol zusammengebrochen ist,
weshalb Konflikte kriegerischer oder mörderischer Art im Modus der Wiederholung auftreten. Wenn wir die Zone mit dem Duden als ein « nach bestimmten
Merkmalen unterschiedenes, abgegrenztes, geografisches Gebiet »[18] definieren,
so wird deutlich, dass sich der Innenbereich der Zone von dem, was außerhalb
liegt, nicht primär durch staatliche Grenzziehungen abtrennt. Vielmehr konstituiert er sich als räumliche Konzentration von Äquivalenzen. Die Ränder ver-
laufen häufig innerhalb von oder quer zu nationalstaatlichen Territorien. Im
Inneren der Zone herrschen andere Regeln als draußen, zumindest hinsichtlich
ihres zentralen Merkmals: Zu denken wäre etwa an Zeitzonen, Wetterzonen,
die Eurozone oder an die demilitarisierte Zone auf der koreanischen Halbinsel,
aber auch an die übernatürlich-metaphysische Zone in Andrei Tarkowskis Film

---

16 *Cf. ibid.*, p. 9.
17 Beide sind, wie im Folgenden deutlich wird, Grenzfälle: Während *2666* sich zwar in
     einem Gebiet innerstaatlichen Konflikts situiert, aber nicht streng genommen Krieg
     verhandelt (sondern dessen Vorstufe oder Vorbereitung), bringt *Zone* den journalis-
     tischen Hypotext fast gänzlich zum Verschwinden.
18 Duden: « Zone », https://www.duden.de/rechtschreibung/Zone [aufgerufen am
     05.05.2019].

Stalker (1979). Die beiden im Folgenden behandelten Zonen – das nordmexikanische Grenzgebiet bei Bolaño, die Schlachtfelder des Mittelmeerraums bei Énard – werden als Grauzonen imaginiert: Geografisch-kulturelle Räume, in denen moralische und gesetzliche Normen, aber auch Wahrnehmungs- und Sichtbarkeitsordnungen suspendiert scheinen. Rekurrentes Merkmal ist das Auftreten von Gewalt. Dass die Darstellung dabei auf Vermittlung angewiesen bleibt, zeigt sich nicht nur daran, dass beide Romane auf Dokumente, Interviews und Reportagen zurückgreifen. Es spiegelt sich auch in der Figur des Reporters und des Reisenden: eines Außenstehenden, der die Grenzen der Zone in beiden Richtungen überschreitet, um aus ihrem Inneren zu berichten.[19]

Auffällig ist zudem, dass in beiden Romanen eine Betonung der räumlichen Dimension vorliegt. Die Dimension der Zeit dagegen tritt, zumindest im Hinblick auf einen chronologischen, von einer nachvollziehbaren Entwicklung geprägten Ablauf der Geschehnisse, in den Hintergrund. Das Zeitliche fällt als Organisationselement des Erzählens zunehmend aus und wird durch eine räumliche Logik ersetzt. Nicht zufällig tritt dieses Ordnungsprinzip, auf den Begriff gebracht im Ausdruck der Zone, gerade in Texten zutage, die sich mit Neuen Kriegen (oder, wie im Falle Bolaños, mit deren Vorläufern)[20] beschäftigen. Denn nicht nur zeichnen sich diese durch eine räumliche Weitung aus, die alte Strukturen zersetzt (Front, Hinterland, Schlachtfeld, Grenze verschwinden zugunsten eines ausfransenden Gebiets, in dem Gewalt periodisch aufflackert). Neue Kriege sind auch durch ihre eigentümliche Dauer gekennzeichnet. Sie entfalten sich in einer eigenen Zeitlichkeit, erstrecken sich mitunter über Jahrzehnte, wobei außergewöhnliche Ereignisse oder Kampfhandlungen oftmals lange ausbleiben. Man spricht auch von sogenannten *low intensity wars*: Die Kriegsparteien sind nicht darauf aus, sich gegenseitig zu vernichten, sondern den Kriegszustand zu

---

19 In *Zone* etwa: « j'entrais dans la Zone ». Énard, Mathias: *Zone*, Arles: Actes Sud, Babel, 2010, p. 132.

20 Der Roman *2666* schildert die Jahre vor dem Ausbruch des mexikanischen Drogenkriegs, der 2006 begann. Ob es sich bei diesem Krieg um einen Neuen Krieg im Sinne Münklers handelt, soll hier nicht entschieden werden. Zumindest scheinen einige der Grundbedingungen erfüllt: Zerfall der staatlichen Institutionen, Verlust des Gewaltmonopols, Privatisierung von Gewalt, kriegerische Unternehmer mit finanziellem Interesse an der Fortdauer des Krieges, Auflösung der Grenze zwischen Kombattanten und Zivilisten sowie zwischen staatlichen Akteuren und deren Gegnern, Zusammenfallen von kriegerischer Gewalt und organisiertem Verbrechen, Gewaltexzesse gegen die Zivilbevölkerung, Zulauf der Kampftruppen aufgrund von grassierender Armut und Arbeitslosigkeit.

erhalten, weshalb sie ihre Gewalt bevorzugt gegen die Zivilbevölkerung richten.[21] Dies zu erzählen bringt neuartige Darstellungsprobleme mit sich.

1. Dokument, Epistemologie, Strukturmodell: Die Reportage in Roberto Bolaños 2666

In einem Interview mit der Tageszeitung *Reforma* beschreibt der US-amerikanische Kriminologe Robert K. Ressler das Grenzgebiet im Norden Mexikos als « twilight zone »[22]: Ein dämmriges, zwielichtiges Gebiet, in dem vieles
geschehe – Ressler verweist auf den Handel mit Menschen und Drogen – was
sich dem kriminologischen Blick entziehe. Ressler, berühmt für seine Arbeiten zum Konzept des Serienmörders, war im Sommer 1998 von den mexikanischen Behörden eingeladen worden, um bei der Untersuchung der sogenannten
« Frauenmorde von Juárez » mitzuwirken. Es handelt sich um eine Reihe von
Mordfällen in der gleichnamigen Grenzstadt, denen seit Beginn der 1990er
Jahre mehrere hundert junge Frauen und Mädchen zum Opfer gefallen sind.
Die Opfer waren entführt, gefoltert und in vielen Fällen vergewaltigt worden.
Ihre Leichen fand man in abgelegenen Gebieten der Stadt, auf Brachflächen, in
der Nähe von informellen Siedlungen, auf illegalen Müllkippen und Fabrikhö-
fen. Die genaue Anzahl der Morde – Schätzungen reichen von ca. 200 bis über
600 – bleibt, ebenso wie die Identität und die Motive der Täter, bis heute unbe-
kannt. Kritiker warfen der Polizei, den Behörden und der mexikanischen Politik
in diesem Zusammenhang Inkompetenz, Korruption, die Fabrikation falscher
Geständnisse und sogar Mittäterschaft an den Verbrechen vor. Zudem wurde
häufig auf die Verbindung zwischen den Morden und dem Grenzgebiet hingewiesen, seine Topographie und sozio-ökonomische Struktur. Die Opfer ent-
stammten größtenteils den sozial schwachen Schichten. Viele von ihnen waren
in *Maquiladoras* tätig, den im Grenzgebiet konzentrierten Fabriken, in denen
zu Niedriglöhnen Waren für den Export montiert werden. Schon in den 1990er
Jahren, vor dem Eskalieren des Drogenkriegs, litt die Region um Ciudad Juárez unter extremer Armut, sozialer Polarisierung, Bandenkriminalität und dem
die Grenze überschreitenden Drogenhandel. Heute wird der Konflikt zwischen
Drogenkartellen und Regierungstruppen als innerstaatlicher Krieg eingestuft,

---

21 *Cf.* Münkler 2003, pp. 24–28.
22 Zitiert nach González Rodríguez, Sergio: *Huesos en el desierto*, Barcelona: Anagrama
    2002, p. 14.

der die höchste Intensitätsstufe gewalttätiger Auseinandersetzung erreicht hat.[23] Die Region ist zudem Kreuzungspunkt migratorischer Bewegungen: Transitzone für diejenigen, die in die USA emigrieren, aber auch Zielort für Arbeitssuchende aus ärmeren Landesteilen im Süden, beherbergt sie zahlreiche Personen auf der Durchreise sowie Neuankömmlinge. Strukturlosigkeit, Anonymität, Verlust des staatlichen Gewaltmonopols: Diese Faktoren bilden den Nährboden der *impunidad*, der weit verbreiteten Straflosigkeit.[24] So schätzte die Bundeszentrale für politische Bildung im Jahr 2017, 99% aller Delikte in Mexiko blieben ungesühnt.[25]

« A twilight zone » – Resslers Zitat ist für den vorliegenden Zusammenhang auch deshalb wichtig, weil es auf den ersten Seiten von *Huesos en el desierto* (2002) erscheint (dt.: Knochen in der Wüste), einem Reportageband des mexikanischen Journalisten Sergio González Rodríguez. *Huesos en el desierto* ist der vielleicht umfassendste journalistische Bericht über die Frauenmorde und stellt zugleich den zentralen Hypotext für *2666* dar. Der Klappentext stuft das Buch ein als « crónica, reportage y ensayo de historia cultural »[26]. Er verortet es somit in einer spezifisch lateinamerikanischen Reportagetradition, die literarische Züge aufweist und hier mit einer essayistisch-kulturhistorischen Rahmung versehen wird. Die Mehrzahl der achtzehn Kapitel situiert sich im unmittelbaren zeitlichen Kontext der Geschehnisse: Sie basiert auf zuvor in Zeitungen und Zeitschriften veröffentlichten, für die Monographie deutlich erweiterten Reportagen. Tatsächlich ist der Band nicht zuletzt eine beeindruckende Sammlung dokumentarischen Materials. Auf rund 330 Seiten legt González Rodríguez Interviews, Zeugenaussagen und Erlebnisberichte vor, zitiert Statistiken und Dokumente, etwa gerichtsmedizinische Gutachten, und präsentiert Resultate eigener wie fremder Recherchen. Minutiös zeichnet er die Chronologie der Morde nach,

---

23 *Cf.* Heidelberg Institute for International Conflict Research: *Conflict Barometer 2017*, Heidelberg 2018, pp. 125–126, https://hiik.de/konfliktbarometer/bisherige-ausgaben/ [aufgerufen am 05.05.2019].

24 *Cf.* González Rodríguez 2002.

25 Demnach führen weniger als 5% der angezeigten Straftaten zur Verurteilung, während, so die Schätzungen, über 90% der Verbrechen gar nicht erst angezeigt werden. *Cf.* Blechle, Karsten: *Innerstaatliche Konflikte: Mexiko*, https://www.bpb.de/internationales/weltweit/innerstaatliche-konflikte/54652/mexiko [aufgerufen am 05.05.2019].

26 *Cf.* González Rodríguez 2002; « *Crónica*, Reportage und kulturgeschichtlicher Essay ». Diese sowie die folgenden Übersetzungen von González Rodríguez' Text stammen vom Verfasser.

wobei er wichtige Akteure vorstellt und sie in den nordmexikanischen Kontext einordnet. Sein Argument lässt sich wie folgt resümieren: Während die Behörden den Eindruck erwecken wollten, es handle sich bei den Morden um die Taten außergewöhnlicher Einzeltäter sowie um « homicidios situacionales »[27], also Affekttaten, Raubüberfälle usw., müssten diese eigentlich als Produkt eines Ensembles ökonomischer, räumlicher, kultureller und politischer Beziehungen verstanden werden. Die Morde, situiert « en el límite de lo delincuencial y el femicidio », sind eine « orgía sacrificial de cariz misógino propiciada por las autoridades »[28]: Sie sind zurückzuführen auf eine Normalisierung der Gewalt gegen Frauen, insbesondere der unteren Schichten, und werden durch das Versagen der lokalen Institutionen, mitunter auch der Medien, weiter begünstigt. Im « beglaubigenden Augenschein »[29] des Reporters wird die Verbindung zwischen den Morden und der Zone, in der sie möglich wurden, fixiert.

Wenden wir uns nun der Art und Weise zu, wie Roberto Bolaño Elemente der Reportage in den Roman integriert und sie literarisch transformiert. Im « Teil von den Verbrechen » (« La parte de los crímenes »), dem vierten und mit rund 370 Seiten umfangreichsten Teil von 2666, werden die Frauenmorde von Juárez verhandelt (im Roman heißt die Stadt Santa Teresa). Das Erzählerische tritt dabei mitunter in den Hintergrund zugunsten einer auf das Genre der Reportage verweisenden Montage dokumentarischen Materials.[30] Drei Funktionen der

---

27 Ibid., p. 243; « situationsbedingte Tötungsdelikte ».

28 Ibid., p. 11; « an der Grenze zwischen Kriminalität und Feminizid »; « misogyne Opferorgie, die von den Behörden ermöglicht wird ».

29 Bentele, Günter: « Reportage », in: Müller, Jan-Dirk et. al. (Hg.): Reallexikon der deutschen Literaturwissenschaft. Band III, P–Z, Berlin/New York: De Gruyter 2007, pp. 266–268, 266. González Rodríguez' Band, der schwere Vorwürfe gegen Mexikos Institutionen erhebt, schließt mit dem für die Reportage typischen doppelten Verweis auf Faktizität und Subjektivität, d.h. auf einen Tatsachenbezug, der durch den « beglaubigenden Augenschein » des Reporters vermittelt ist. Neben einem detaillierten Quellen- und Personenverzeichnis findet sich ein persönlicher Epilog, in dem González Rodríguez schildert, wie er wegen seiner Recherchen bedroht und entführt wurde. Mexiko ist heute einer der für Journalisten gefährlichsten Orte der Welt.

30 Die äußerst komplexe, labyrinthartige Konstruktion des Romans lässt sich hier nicht darstellen. Es muss die Bemerkung genügen, dass die Zone um Santa Teresa auch das Gravitationszentrum der anderen vier Teile von 2666 markiert. Als deren Protagonisten nach Santa Teresa kommen, büßen sie ihren Wirklichkeitssinn ein (so die Germanisten in Teil 1), drohen den Verstand zu verlieren (der Literaturprofessor Amalfitano in Teil 2) oder passieren eine zwischen Realität und Alptraum schwankende, nächtliche Szenerie, vor der sie schlussendlich fliehen (Fate, Teil 3). Die verzerrten

Reportage für den Roman sollen kurz skizziert werden: Die des Dokuments, der Epistemologie sowie des Strukturmodells.

Die Reportage als Dokument[31] *und Quelle*: Wie wir wissen, hatte Bolaño während des Schreibprozesses Zugang zu González Rodríguez' Buch, und zwar noch bevor dieses veröffentlicht wurde. Zudem standen die beiden in Mailkontakt.[32] Im Vergleich zu anderen kulturellen Verarbeitungen orientiere sich seine Darstellung, so wurde betont, rigoros an den Fakten, die über die Morde bekannt sind.[33] Doch unterwirft sie diese auch einer Reihe von Transformationen. Deren auffälligste ist die Modifikation der Namen: So schildert Bolaños Text in 110 Fällen[34] den Fund von weiblichen Leichen. Die nüchterne Beschreibung der Toten stimmt, zumindest in einigen Fällen, mit jenen Daten überein, die González Rodríguez anführt: Datum des Fundes, Fundort, Alter, Statur, Haarfarbe, Kleidung, mitgeführtes Eigentum, Spuren körperlicher Gewalt und Todesursache, wobei die Namen geändert und geografische Angaben modifiziert sind (so werden beispielsweise die Hänge des « Cerro Bola », eines Hügels, zu jenen des « cerro Estrella »)[35]. In vielen Fällen fügt Bolaño den Beschreibungen der Toten zudem fiktive biografische Miniaturen bei, in denen die narrative Potentialität eines ganzen Lebens aufscheint.[36] Auch die sonstigen Beteiligten, von denen

---

Wahrnehmungsbilder der Gegend sind Chiffren, in denen sich die Gewalt des vierten Teils spiegelt.

31 Diese Funktion untersucht auch Robert-Foley, Lily: « Les femmes de Juárez : meurtre, disparition, silence et traduction dans les œuvres de Roberto Bolaño et Sergio González Rodríguez », *Littérature* 166, 2 (2012), pp. 55–63.

32 *Cf.* Robert-Foley 2012, p. 56; Gras, Dunia: « De Sergio González a Álex Rigola, pasando por Roberto Bolaño: cortesías y transtextualidades », in: Bernasocchi, Augusta López/ López de Abiada, José Manuel (Hg.): *Roberto Bolaño, estrella cercana. Ensayos sobre su obra*, Madrid: Verbum 2012, pp. 107–125. Trotz des Dialogs zwischen den beiden Autoren plädiert auch Gras im Hinblick auf die Chronologie dafür, die Reportage als Hypotext des Romans (Hypertext) zu verstehen: Sie werde zur « obra de inspiración que trasciende su propio punto de partida ». *Ibid.*, p. 117.

33 *Cf.* Kunz, Marco: « Femicidio y ficción: los asesinatos de mujeres de Ciudad Juárez y su productividad cultural », *ConNotas* 6, 11 (2008), pp. 117–153, 147–148.

34 *Cf. ibid.*, p. 147.

35 González Rodríguez 2002, p. 273; Bolaño, Roberto: *2666*, Barcelona: Anagrama 2004, p. 451. Im Folgenden wird im Fließtext aus der Originalausgabe, in den Fußnoten aus der deutschen Übersetzung zitiert: Bolaño, Roberto: *2666*, aus dem Spanischen von Christian Hansen, Frankfurt a.M.: Fischer 2013.

36 *Cf.* Witthaus, Jan-Henrik: « Biografía negativa en 'La parte de los crímenes' de Roberto Bolaño », in: Hennigfeld, Ursula (Hg.): *Roberto Bolaño. Violencia, escritura, vida*, Frankfurt a.M.: Vervuert 2015, pp. 65–81.

González Rodríguez' Reportage berichtet, treten unter verändertem Namen als Romanfiguren auf, etwa der bereits erwähnte Kriminologe Robert K. Ressler, im Roman Albert Kessler, die Jugendbande Los Rebeldes, hier Los Bisontes, die Leiterin der Abteilung für Sexualdelikte sowie der mit fragwürdigen Beweisen im Gefängnis festgehaltene ägyptische Chemiker Abdel Latif Sharif. Dieser heißt bei Bolaño Klaus Haas, ist Deutscher und zudem der Neffe von Hans Reiter alias Benno von Archimboldi, einem fiktiven Schriftsteller, der im Geschehen der Teile I und V des Romans eine zentrale Stellung einnimmt. Das Faktuale ist somit in fiktive Handlungsstränge eingewoben. Auch reale Situationen, die durch Aufzeichnung in den Medien überliefert sind, finden sich szenisch in den Roman transponiert. So rekurriert die Schilderung einer Pressekonferenz, auf der Klaus Haas den versammelten Journalisten von Santa Teresa die wahren Täter der Morde präsentieren will, auf eine reale Pressekonferenz, bei der González Rodríguez persönlich zugegen war.[37]

Die Reportage als epistemologisches Modell: Auch Sergio González Rodríguez selbst ist eine Figur des Romans *2666*. Er wird als Reporter einer Hauptstadtzeitung nach Santa Teresa geschickt, zunächst, um eine Reportage über einen Kirchenschänder zu verfassen, später, um über die Morde zu berichten. Als einziger Beteiligter tritt er unter seinem tatsächlichen Namen auf. Obwohl Bolaños komplexes, digressives Netzwerk von Figuren und ins Leere laufenden Handlungssträngen eine solche Aussage kaum zulässt, hat man den Reporter gar zur Hauptfigur des Romans erklärt.[38] Der « Teil von den Verbrechen » erzählt, neben vielen anderen Geschichten, auch seine journalistische Recherchearbeit. In diesem Fall heißt das: Inszeniert werden die Schwierigkeiten und Unsicherheiten bei der Ermittlung jener Informationen und Tatsachen, die erst die Grundlage des Romans bilden. Die Bewegung des Reporters durch den Raum der *twilight zone*, seine Gespräche mit Interviewpartnern werden zur Matrix dessen, was über die Morde gewusst werden kann.[39] Zu Beginn seiner Recherchen in Santa Teresa erfährt González Rodríguez durch einen Pfarrer von den unaufgeklärten Morden:

> Durante un rato, mientras barría, el cura habló y habló: de la ciudad, del goteo de emigrantes centroamericanos, de los cientos de mexicanos que cada día llegaban en busca de trabajo en las maquiladoras o intentando pasar al lado norteamericano, del

---

37 *Cf.* González Rodríguez 2002, pp. 20–23.
38 *Cf.* Robert-Foley 2012, p. 60.
39 Die epistemologische Funktion des Reporters kennzeichnet indes auch andere Figuren. Sie alle betreiben Recherchen, etwa Kommissar Juan de Dios Martínez, Sheriff Harry Magaña, die Journalistin Mary-Sue Bravo oder Klaus Haas.

tráfico de los polleros y coyotes, de los sueldos de hambre que se pagaban en las fábricas, de cómo esos sueldos, sin embargo, eran codiciados por los desesperados que llegaban de Querétaro o de Zacatecas o de Oaxaca, cristianos desesperados, dijo el cura, un término extraño para venir, precisamente, de un cura, que viajaban de maneras inverosímiles, a veces solos y a veces con la familia a cuestas, hasta llegar a la línea fronteriza y sólo entonces descansar o llorar o rezar o emborracharse o drogarse o bailar hasta caer extenuados. La voz del cura tenía el tono de una letanía y por un momento, mientras lo escuchaba, Sergio González cerró los ojos y a punto estuvo de quedarse dormido. [...] Dos días después le entregó al director de la revista dominical la crónica sobre el Penitente y acto seguido se olvidó de todo lo asunto.[40]

Auffällig ist zunächst die Darstellung journalistischer Selektionsprinzipien – die eingeschränkte Wahrnehmungs- und Memorierfähigkeit des vor Ort präsenten Reporters, aber auch die Ökonomie des Spektakels, die tote Frauen auszuklammern scheint. Während die Morde vorerst vergessen werden, macht die Reportage über den Kirchenschänder im katholischen Mexiko Schlagzeilen. Aufschlussreich ist zudem, dass der Pfarrer auf Hypothesen zur möglichen Identität der Täter verzichtet, jedoch ein pointiertes Bild der Region zeichnet. *2666* ersetzt das Suspense-Prinzip des *whodunit* durch eine *peinture* der Topologie der Gewalt, in der sich zwar keine Enträtselung in der Täterfrage andeutet, dafür aber ein literarisches Wissen über die Möglichkeitsbedingungen des Tötens in der Zone. Indem der Roman erzählt, was dem Reporter entgeht, wird zudem bereits ein epistemologischer Vorteil der Literatur deutlich.

Die Reportage als Strukturmodell: Der öffentliche Diskurs, in dem um die Deutung der Frauenmorde in Ciudad Juárez gestritten wurde, kreiste um die

---

40 Bolaño 2004, pp. 474–475; Bolaño 2013, pp. 500–501: « Eine Zeitlang, während er fegte, hörte der Pfarrer nicht auf zu erzählen: Von der Stadt, dem Zustrom von Migranten aus Mittelamerika, den Hunderten von Mexikanern, die täglich auf der Suche nach Arbeit in den Maquiladoras hier eintrafen oder über die Grenze in die USA zu gelangen versuchten, vom Menschenhandel und den Schlepperbanden, den Polleros, von den Hungerlöhnen, die in den Fabriken gezahlt wurden, und davon, wie begehrt diese Löhne trotzdem bei den verzweifelten Ankömmlingen aus Querétaro oder Zacatecas oder Oaxaca waren, verzweifelten Christenmenschen, sagte der Pfarrer, eine eigenartige Formulierung aus dem Mund eines Priesters, die unter unglaublichen Bedingungen teils allein, teils mit der Familie im Schlepptau unterwegs waren, bis sie die Grenze erreichten und da erst Rast machten oder in Tränen ausbrachen oder beteten oder sich mit Alkohol und Drogen betäubten oder tanzten bis zum Umfallen. Der Pfarrer hatte etwas Leierndes in der Stimme, und während Sergio González ihm zuhörte, schloss er für einen Moment die Augen und wäre fast eingeschlafen. [...] Zwei Tage später übergab er dem Chef der Sonntagsausgabe die Reportage über den Büßer und hatte kurz darauf die ganze Angelegenheit vergessen. »

Frage der Kontinuität. Standen die über Jahre anhaltenden Funde weiblicher Toter miteinander in Verbindung, und, wenn ja, war das politische, soziale und ökonomische Umfeld für sie verantwortlich zu machen? Diese Frage erwies sich bald als eine Frage des Erzählens. Da weder Täter noch Motive der Morde in Erfahrung gebracht werden konnten, erfand man eine Reihe von Hypothesen und erklärenden Erzählungen: Narrative von unterschiedlicher Plausibilität, die sich in einigen Fällen auch an fiktionalen Modellen, etwa dem Polizeiroman oder dem Horrorkino, orientierten.[41] Dass die Deutung der Toten zum Politikum geriet – in der Forschung ist auch von « Nekropolitik » die Rede[42] –, wertete den politischen Stellenwert des Erzählens weiter auf. Während die bevorzugte Hypothese der Behörden nicht zufällig lange Zeit die eines Serienmörders war (eine Option, die kontextuelle Faktoren weitgehend ausklammert), visierten beispielsweise Bürgerverbände die Verbindung zwischen Staat und Verbrechen. Feministische Gruppen wiederum hoben die ubiquitäre Gewalt gegen Frauen als Ursache hervor.[43]

Vor diesem Hintergrund erweist sich Roberto Bolaños Darstellung der Gewalt in Juárez als gezielte Intervention: Sie interveniert in den Diskurs um die Deutung der Toten. Der vierte Abschnitt des Romans unterteilt sich in zwei parallel verlaufende Stränge, einen dokumentarischen und einen narrativen Strang. Dabei korrespondiert der dokumentarische Strang dem achtzehnten Kapitel von *Huesos en el desierto*, wo sich die Namen und Daten der ermordeten Frauen in umgekehrter chronologischer Reihenfolge aufgelistet finden. Ein Beispiel:

---

41 Bislang konnte keine der diversen Hypothesen zur Erklärung der Morde bestätigt werden. Marco Kunz schreibt: « Las autoridades y sus críticos se acusan mutuamente de ficcionalizar los hechos, pero como acabamos de ver, ambos bandos se sirven de modelos explicativos bien conocidos de la literatura policíaca y el cine de acción y horror, como si, recurriendo al acervo mítico de la ficción, quisieran compensar el fracaso de sus intentos de elucidar la realidad. » Kunz 2008, p. 128.

42 Wright, Melissa W.: « Necropolitics, Narcopolitics, and Femicide. Gendered Violence on the Mexico-U.S. Border », *Signs. Journal of Women in Culture and Society* 36, 3 (2011), pp. 707–731.

43 *Cf.* González Rodríguez 2002, pp. 33–35; Olivera, Mercedes: « Violencia Femicida. Violence Against Women and Mexico's Structural Crisis », *Latin American Perspectives* 147, 33 (2006), pp. 104–114.

29/08/93, no identificada, 28 años, interior de auto Mustang estacionado en una calle del fraccionamiento Senecú, pantalón corto y azul, blusa blanca con estampado azul, estrangulada cinco días antes.[44]

Bolaño übernimmt und übersetzt[45] diese dokumentarischen Fragmente, die zugleich Zeugnisse gegen das Vergessen der Toten darstellen, in den Roman. Sichtbarkeit verliehen wird so gerade jenem Kapitel der Reportage, das auf Narration, verstanden als sinnbezogene Verknüpfung der Ereignisse (d.h. der Funde der Toten), verzichtet. Bei Bolaño erscheint die anonyme Tote vom August 1993 wie folgt:

> En septiembre [1993] se encontró a otra muerta. Estaba en el interior de un coche en el fraccionamiento Buenavista, a espaldas de la colonia Lindavista. El lugar era solitario. [...] La mujer llevaba un vestido blanco y no tenía zapatos. Medía cerca de un metro setenta. En la mano izquierda tenía tres anillos de bisutería, en el dedo índice, medio y anular. En la derecha llevaba un par de pulseras de fantasía y dos grandes anillos con piedras falsas. Según el informe forense había sido violada de forma vaginal y anal y luego muerta por estrangulamiento. No portaba consigo ningún documento que acreditara su identidad. El caso se le encargó al policía judicial Ernesto Ortiz Rebolledo, quien investigó primero entre las putas caras de Santa Teresa [...]. Ortiz Rebolledo visitó hoteles y pensiones, algunos moteles de las afueras, puso en movimiento a sus soplones sin ningún éxito, y al poco tiempo el caso se cerró.[46]

Der vierte Teil von *2666* reiht 110 Beschreibungen dieser Art aneinander. Sie folgen einem einheitlichen Muster: Datum, Name, Fundort, Größe, Kleidung, Besitz, forensischer Diskurs, Gewaltspuren, Todesursache. Die Deskriptionen

---

44 González Rodríguez 2002, pp. 272–273; « 29.08.93, nicht identifiziert, 28 Jahre, im Inneren eines Automobils (Mustang), geparkt in einer Straße der Wohnsiedlung Senecú, kurze blaue Hose, weiße Bluse mit blauem Aufdruck, fünf Tage zuvor erwürgt. »

45 *Cf.* Robert-Foley 2012, p. 57.

46 Bolaño 2004, pp. 486–488; Bolaño 2013, pp. 514–515: « Im September [1993] wurde eine weitere tote Frau gefunden, in einem Auto, abgestellt im Neubaugebiet Buenavista jenseits der Siedlung Lindavista. Ein einsamer Ort. [...] Die Frau trug ein weißes Kleid und war barfuß. Sie war ungefähr ein Meter siebzig groß. An der linken Hand trug sie drei Ringe, und zwar am Zeige-, Mittel- und Ringfinger, Modeschmuck, am rechten Handgelenk zwei billige Armreifen und an den Fingern der rechten Hand zwei große Ringe mit falschen Steinen. Das gerichtsmedizinische Gutachten ergab, dass sie vaginal und anal vergewaltigt und anschließend erwürgt worden war. Sie trug nichts bei sich, woran sich ihre Identität feststellen ließ. Der Fall wurde Kommissar Ernesto Ortiz Rebolledo übertragen, der zunächst unter Santa Teresas teuren Prostituierten ermittelte [...]. Ortiz Rebolledo klapperte Hotels, Pensionen und umliegende Motels ab, brachte vergeblich seine Spitzel auf Trab, und nach kurzer Zeit wurde die Akte geschlossen. »

stehen für sich, mit dem narrativen Strang treten sie kaum oder gar nicht in Wechselbeziehung. Durch die Reihentechnik, welche die Narration suspendiert und den dokumentarischen Diskurs nachahmt, wird die Beschreibung in den Dienst eines Realitätseffekts gestellt, der dem Faktischen herausgehobene Sichtbarkeit verleiht. Gewalt erscheint hier als das, was faktisch vorhanden ist, sie ist an ihren Resultaten erkennbar, am immer wieder erneuten Auftauchen versehrter Körper im Stadtgebiet, demjenigen also, was registrierbar, d.h. aufschreibefähig ist. Bolaño verzichtet auf narrative Kontingenzbewältigung, indem er durch exzessive Reihung und Wiederholung die Sinnlosigkeit der Gewalt in der Zone performativ nachvollzieht.

Parallel dazu entfaltet der narrative Strang den Kontext der Morde aus der Perspektive lebendiger und handelnder Figuren: Polizisten, Kommissare, Journalisten und Politiker. Ihr Tun bleibt ohne Wirkung. Weiterhin tauchen Tote im Stadtgebiet auf, die Morde scheinen einer Eigenlogik zu gehorchen. Vom Handeln der Figuren des narrativen Strangs bleiben sie unberührt, Verknüpfungen zwischen den beiden Ebenen hat der Leser selbst herzustellen. Statt personenbezogene Erklärungen für die Morde zu fingieren – Bolaño zeigt weder Tathergänge noch Täter[47] – entfaltet der labyrinthische Text die Raumordnung, in der sie möglich wurden. Der Leser ist dabei den Polizisten vergleichbar, die « con gesto cansado » an die Arbeit gehen, « como soldados atrapados en un *continuum* temporal que acuden una y otra vez a la misma derrota »[48]. Bolaño führt vor, was die Logik der Zone, verstanden als Ort sich wiederholender Gewalt, von der Erzähllogik individueller Geschichten trennt. Gewalt und erzählbares Leben, Dokument und Narration treten auseinander.[49] In der Zone stößt der Reporter an eine Grenze: « Cuando abandonaron el vestuario, el judicial le dijo [a Sergio] que no intentara buscarles una explicación lógica de los crímenes. Esto es una mierda, ésa es la única explicación, dijo Márquez. »[50]

---

47 Außer in einigen wenigen Fällen, wo es sich um « homicidios situacionales » handelt (s.o.), die schnell aufgeklärt werden.

48 Bolaño 2004, p. 661; Bolaño 2013, p. 700: Die Rede ist von Polizisten, die « mit müden Gesichtern » an die Arbeit gehen, « wie in einer Zeitschleife gefangene Soldaten, die wieder und wieder auf dieselbe Niederlage zusteuern ».

49 González Rodríguez dagegen fordert ein « pensamiento analógico », welches das Zerstreute zu einem « Gewebe aus Tatsachen und Vermutungen » zusammenschlösse. González Rodríguez 2002, p. 282–283.

50 Bolaño 2004, p. 701; Bolaño 2013, p. 742: « Als sie die Umkleide verließen, sagte der Beamte, Sergio solle nicht versuchen, eine logische Erklärung für die Verbrechen zu finden. Eine Scheiße ist das, das ist die einzige Erklärung. »

2. Die Inszenierung des Autors als Reporter in der Zone: Mathias Énards *Zone*

Auch bei Mathias Énard konstituiert sich die Zone als Raum wiederkehrender Gewalt. Die Ausgangssituation ist schnell resümiert: Francis Servain Mirković, ehemals Soldat in den Jugoslawienkriegen, mittlerweile für den französischen Geheimdienst tätig, sitzt im Zug von Mailand nach Rom, wo er dem Vatikan einen Koffer voller Dokumente verkaufen möchte. Dokumente, die Kriegsverbrechen belegen: « des milliers de noms de bourreaux et de victimes, conscieusement annotés »[51], wie es heißt. Der Roman konfrontiert uns mit dem inneren Monolog Mirkovićs, der wiederum aus einem einzigen, sich über fünfhundert Seiten erstreckenden Satz besteht.[52] In den Gedanken und Erinnerungen des Protagonisten öffnet sich der begrenzte Raum des Zugabteils auf eine imaginäre Landschaft: die titelgebende Zone, der Mittelmeerraum, erscheint als « sphere affected by collective trauma and imagined as a geopolitical and cultural space haunted by its violent past »[53]. Mirkovićs Zone reicht vom trojanischen Krieg, der Seeschlacht von Lepanto und den napoleonischen Kriegen bis ins 20. Jahrhundert, zu den beiden Weltkriegen, dem spanischen Bürgerkrieg und den Jugoslawienkriegen. Durch Verfahren der Assoziation und der Analogie werden entfernte Zeiten und Räume nebeneinandergehalten, als deren *tertium comparationis*, so Claudia Jünke, Gewalt, Grausamkeit und Zerstörung[54] gelten können. Die Geschichte des Mittelmeerraums erweist sich somit als Gewaltgeschichte, als zyklische Wiederkehr kriegerischer Auseinandersetzungen, in der die historische Verantwortlichkeit des Einzelnen vor der Masse analoger Taten zu verschwinden droht.[55] Auch deshalb hat der ‚journalistische' Tatsachenbezug des Romans in der Forschung bislang kaum Beachtung gefunden: Intertextuellen Ansätzen gilt *Zone* als Palimpsest literarischer Bezüge,[56] der literaturwis-

---

51 Énard 2010, p. 153.

52 Der Satz allerdings wird unterbrochen durch eine intradiegetische Erzählung.

53 Jünke, Claudia: « Trauma and memory in Mathias Énard's Zone », *Journal of Romance Studies* 17, 1 (2017), pp. 71–88, 73.

54 *Ibid.*, p. 82.

55 Dass diese Darstellungsstrategie auf eine Traumatisierung des Protagonisten hinweisen könnte, bemerkt Jünke: Aus dieser Perspektive spricht Mirković deshalb kaum über seine eigenen, dafür aber exzessiv über die Taten der anderen, weil er seine eigene Täterschaft zu kompensieren sucht. *Cf. ibid.* pp. 76–79.

56 Die auffälligsten Bezüge bestehen zu Homers *Ilias*, aber auch zu Dantes *Divina Commedia*, Butors *La Modification* sowie zu Apollinaires Gedicht *Zone*.

senschaftlichen Traumaforschung als Darstellung individueller wie kollektiver Kriegstraumata.[57]

Zone ist aber ebenso eine akribische Verarbeitung dokumentarischen Materials. Zumindest wird der Roman als eine solche beworben, inklusive der korrespondierenden Zeichen auktorialer *posture*.[58] Um das Material zusammenzutragen, hat Énard laut eigener Aussage die Schauplätze des Romans mehrere Jahre lang bereist und Interviews mit ehemaligen Kämpfern und Zeitzeugen geführt. Insbesondere die Schilderungen jener Kriege, die gegen Ende des 20. Jahrhunderts stattfanden, gehen auf diese Recherchen zurück, also die Jugoslawienkriege, der libanesische sowie der algerische Bürgerkrieg. Gerade die ersten beiden sind Neue Kriege im oben erwähnten Sinne. Ein kurzer Epilog erwähnt Énards Recherchen:

> Ce livre est empli de tous ceux qui m'ont confié leurs récits, Vlaho C., Ghassan D., Imad el-Haddad, […] Eduardo Rózsa […] et tous les autres, témoins, victimes ou bourreaux, de Barcelone, de Beyrouth, de Damas […]. J'ai par ailleurs une dette immense envers les journalistes, historiens, cinéastes et documentaristes dont j'ai utilisé le travail, au cours des années passées dans la Zone, ainsi qu'envers ceux qui m'ont accompagné dans ces longs voyages.[59]

Énards Epilog signalisiert Faktualität. Er verleiht den Vorarbeiten des Autors Sichtbarkeit, und zwar an jener Stelle des Buches, wo Basis- und Paratext aneinandergrenzen. Der Epilog soll Tatsachennähe bezeugen und den Eindruck erwecken, das Erzählte wurzele in einer Transkription des Realen. Dies wird nicht nur daran ersichtlich, dass einige der hier aufgeführten « témoins » unter ihren Klarnamen als Figuren der Erzählung auftreten, etwa Vlaho C., Ghassan D. oder Eduardo Rósza.[60] Der Epilog wiederholt auch jene Bezeichnung der Zeugen als « victimes ou bourreaux », mit der schon Francis die Personenliste in seinem Koffer charakterisiert hatte. Der Epilog nähert sich zudem dem Erzähltext an, indem er dessen Stilmittel übernimmt: Den Katalog und das homerische Epitheton[61] (« tous les autres, témoins, victimes ou bourreaux ») sowie das für den

---

57 *Cf.* Jünke 2017.

58 *Cf.* Meizoz, Jérôme: *Postures littéraires. Mises en scène modernes de l'auteur,* Genf: Slatkine Érudition 2007.

59 Énard 2010, p. 519.

60 Rósza, ein bolivianischer Reporter, der im Verlauf des Kroatienkriegs die Seiten wechselte und zum Soldaten wurde, ist ein weiterer Reisender in der Zone, dessen Weg – vom Berichterstatter zum Krieger – jenem Francis Mirkovićs gegenläufig ist.

61 Zu Katalog und Epitheton in *Zone*: *Cf.* Coutier, Elodie: « Un mémorial romanesque pour l'épopée. Fonctions de la référence homérique dans 'Zone' de Mathias Énard », *Fixxion* 14 (2017), pp. 106–115.

Roman zentrale Motiv der Reise in die Zone, mit dem nun die « longs voyages » des Autors selbst belegt werden. Auch in Interviews hat Énard immer wieder die Ausmaße seiner Recherchen betont.[62] Er setzt sich somit nicht nur als Kompilator von Material in Szene – im Begleitheft des Berlin-Verlags zur deutschen Ausgabe des Romans findet sich etwa eine Abbildung der Zettelwand, mit der Énard gearbeitet haben soll[63] – sondern auch als beobachtender Reisender, dessen vermittelnde Rolle der des Reporters vergleichbar ist. Die Bewegungen des Schriftstellers durch den Raum sollen der Notwendigkeit geschuldet sein, das Reale – Ereignisse kriegerischer Gewalt – zu erfassen und sprachlich festzuhalten. Zwar ist Énard, anders als Francis, zum Zeitpunkt der Kampfhandlungen nicht vor Ort. Jedoch dient seine Reise dazu, Spuren des Unverfügbaren zusammenzutragen: Eindrücke, Beobachtungen und Partikel des Faktischen, die im Roman Effekte der Präsenz, des Vor-Ort-Seins, erzeugen sollen. Dies gilt ganz besonders im Hinblick auf die Darstellung von Gewalt. In einem Interview bestätigt Énard diese Deutung:

> Il y a très certainement une partie de l'expérience de la violence de guerre qui n'est pas forcément du domaine de l'indicible mais [qui] ne peut pas être racontée par moi. [...] Et le récit de Francis est né de beaucoup de [...] témoignages de gens qui ont été combattants dans une ou une autre guerre, et Francis et les autres scènes de violence de guerre qui sont dans le livre sont un peu les, comment dire, une *transposition d'évènements réels, comme ils étaient racontés.*[64]

Bedauerlicherweise liegen die Aufzeichnungen dieser Gespräche nicht vor. Wenn sich deshalb auch nicht im Einzelnen nachvollziehen lässt, wie sie transponiert wurden, so kann doch untersucht werden, inwiefern der Roman das Vor-Ort-Sein simuliert, Effekte des « beglaubigenden Augenscheins » erzeugt.[65] Eine Strategie fällt dabei besonders ins Auge: Die präzise Versprachlichung von überraschenden sinnlichen Wahrnehmungen, von unerwarteten Gerüchen,

---

62 Cf. Solé, Robert: « 'Zone' de Mathias Enard », *Le Monde*, 11.09.2008, https://www.lemonde.fr/livres/article/2008/09/11/zone-de-mathias-enard_1093975_3260.html [aufgerufen am 05.05.2019]; Hoctan, Caroline/Orengo, Jean-Noël: « Entretien avec Mathias Énard », *D-Fiction*, 01.07.2010, http://d-fiction.fr/2010/07/entretien-avec-mathias-enard/ [aufgerufen am 05.05.2019].

63 Begleitheft des Berlin-Verlags zur deutschen Ausgabe des Romans https://issuu.com/berlinverlage/docs/_nard_begleitheft.final [aufgerufen am 05.05.2019].

64 Interview mit *Fluctuat*, Transkription und Hervorhebung J.K. https://www.youtube.com/watch?v=gbowdaHRVnY [aufgerufen am 05.05.2019].

65 Als Mirkovićs Vorgesetzter beim Geheimdienst ihn für die Qualität seiner Prosa lobt, heißt es: « on s'y croirait ». Énard 2010, p. 134.

Geräuschen, taktilen oder visuellen Eindrücken. So begründet Francis die Ruhe an seinem Frontabschnitt einmal mit den Folgen, die Kälte und Regen für die Bedienung eines Granatwerfers haben: « personne n'aime manipuler des mortiers dans le froid et la pluie les douilles glissent des mains gantées on patauge dans la boue le tube s'y enfonce toujours un peu et dérègle le tir »[66]. Ein andermal wird der Geruch in einer Höhle geschildert, in der Francis' Vater und seine Einheit Zivilisten foltern und vergewaltigen: « la cave sentait bon l'alcool rance la sueur l'effroi le sang la graisse des armes utilisée pour lubrifier les anus forcés à la bouteille d'anisette, à la grenade d'exercice, ou pour conduire l'électricité et éviter aux chairs de brûler trop vite »[67]. In diesen – mitunter die Grenzen des Erträglichen überschreitenden – Deskriptionen deutet sich das perspektivierte Wissen des Reporters an. Énards Beschreibungen suggerieren Kenntnis der Wahrnehmungen im Kriegsgebiet, aber auch ein technisch-praktisches Erfahrungswissen über Waffen, Gewalt und Folter, das sich aus dem Durchleben konkreter Situationen seitens der Augenzeugen ergibt. Die Beschreibungen geben sich als kopierte Erfahrung. Einmal setzt der Roman auch die Quelle dieses Wissens, das Gespräch, in Szene: Als Francis und Ghassan « récits de guerre »[68] austauschen, schildert Letzterer, wie er durch eine in der Nähe explodierende Granate verletzt wurde:

> il avait vu sa veste de treillis s'ouvrir, se boursoufler d'impacts de mitraille, il était soudain couvert de sang percé de la cheville à l'épaule par des morsures innombrables, une matière infecte et visqueuse lui recouvrait tout le côté droit, Ghassan s'était effondré dans des spasmes de douleur et de panique [...].[69]

Wie sich herausstellt, handelt es sich bei den Geschossen um Zähne und Knochensplitter eines in der Nähe postierten Soldaten, der durch die Explosion in Stücke gerissen wurde. Auch hier erweist sich die Darstellung der Gewalt als Transposition des in der Zone gesammelten Erfahrungswissens. Auf die Spitze getrieben wird dieses Prinzip, als die Spätfolgen geschildert werden:

> Ghassan avait encore sous la peau, dans le cou principalement, de minuscules fragments d'os invisibles ou presque aux rayons X et qui, on ne sait pourquoi, des années plus tard, se manifestaient de temps en temps sous la forme de kystes et de durillons qu'il devait alors faire opérer [...].[70]

---

66 *Ibid.*, p. 43.
67 *Ibid.*, p. 175.
68 *Ibid.*, p. 98.
69 *Ibid.*, p. 99.
70 *Ibid.*, p. 100.

Wenn Énard den reisenden Reporter somit als notwendige Vorstufe des Roman-
autors inszeniert, um seine Erzählung zu beglaubigen, so zielt Francis darauf ab,
vom Täter zum Berichterstatter, vom beteiligten Kombattanten zum Betrachter
zu werden. Das Verlassen der Zone kann ihm nur gelingen, wenn er aus ihrem
Inneren berichtet, indem er Dokumente der Gewalt nach außen schmuggelt.
Dies stellt die Inversion einer Entwicklung dar, die Karpenstein-Eßbach in
Romanen über Neue Kriege als Teil von Medienreflexion identifiziert, jenen
Wandel nämlich, in dessen Verlauf der Reporter zum Täter, der Beobachter zum
Beteiligten wird.[71]

Zugleich aber lässt Énard – viel deutlicher als Bolaño im vierten Teil von
2666 – den Tatsachenbezug des Romans mit literarischen Modellen kollidieren,
insbesondere in der Doppelung des journalistischen Augenmerks durch inter-
textuelle Bezüge. Festzuhalten ist somit die Überschreibung von Faktualitäts-
signalen durch Signale der Literarizität. Wo Bolaño der Reportage Sichtbarkeit
verleiht, um zu reflektieren, was für sie unsichtbar bleibt, bringt Énard seine
eigenen Quellen und Recherchen, eine Art Reportage im Rohzustand, weitgehend zum Verschwinden – erst im Epilog weist er sie als solche aus. Francis Mirkovićs Dokumente bleiben im Koffer. Das dokumentarische Rohmaterial wird
im Roman gleichsam als verschwiegenes mitgeführt; es bleibt verschlossen, ist
aber zugleich Auslöser der düsteren *rêverie* des Protagonisten: «j'ai rêvé […] de
guerre d'Espagne et de ghettos polonais, sans doute influencé par les documents
dans ma mallette»[72].

Die Zone als imaginierter Raum der Gewalt speist sich aus Dokumenten *und*
Literatur, aus Gesehenem *und* Gelesenem gleichermaßen. Sie ist Modellierung
des Realen ebenso wie intertextuelles Konstrukt. In beiden Romanen ist es der
Einsatz der Reportage, der die mit ihr verbundenen Sichtbarkeits- und Darstellungsprobleme löst, wenn auch in gegenläufiger Weise. Die Wiederholung
sinnloser Gewalt in der Zone, eine Figuration der unübersichtlich gewordenen
Raumverhältnisse der Neuen Kriege, ruft den Reporter als Sichtenden auf den
Plan. Werden dabei nicht nur die Möglichkeiten, sondern auch die Grenzen
journalistischer Repräsentation von Gewalt ausgelotet, so ist die Literatur, indem
sie diese integriert, immer schon darüber hinaus.

---

71 *Cf.* Karpenstein-Eßbach 2011, pp. 26–27.
72 Énard 2010, p. 32.

Annika Gerigk

Yanick Lahens und der verletzte Körper. Sprachreflexionen zum Erdbeben von Haiti im Umfeld der Neuen Kriege

Abstract: Die Autorin und Journalistin Yanick Lahens verfasst mit *Failles* einen Text, der nicht nur von der Lage in Haiti nach dem Erdbeben von 2010 berichtet, sondern einen Bezug zwischen den Ereignissen und der Geschichte des Landes herstellt. Auf der Suche nach einer Sprache, die das Erlebte verbildlichen kann, die Mitgefühl erregt, ohne aber ein Abhängigkeitsverhältnis zu schaffen oder einen ausländischen Markt zu bedienen, entsteht eine hybride Textform. Lahens bedient sich an Elementen der Reportage, Essays, Chroniken und ihren eigenen Romanen. In diesen beschäftigt sie sich mit den Existenzbedingungen in Haiti während (Nach-)Kriegszeiten und drückt diese mittels einer Poetik aus, die den (verletzten) Körper als Erfahrungs- und Erinnerungsort ins Zentrum stellt. In *Failles* übernimmt Lahens nicht nur diese Poetik, sie bindet auch Fragmente aus ihren Romanen ein, um Beobachtungen zu verbildlichen und Phänomene zu generalisieren.

Schlagwörter: Körperpoetik; Körpergedächtnis; Habitualisierte Gewalt; Medienkritik; Intertextualität

Am 12. Januar 2010 wird Haiti, die Heimat der Autorin[1] und Journalistin[2] Yanick Lahens, von einem Erdbeben erschüttert. In Folge der humanitären Katastrophe, die sich in dem postkolonialen Staat ausbreitet, entscheidet sich die Autorin, die Geschehnisse festzuhalten. Als problematisch erweist es sich dabei, eine Sprache und Form zu finden, die das Geschehene in Worte fassen kann. Eine Sprache, die die Situation erfasst, ohne sie zu exotisieren und als Ware dem postkolonialen Markt anzubieten. Gemäß ihrer doppelten Rolle als Journalistin und Autorin wählt Lahens in dem 2010 erschienenen Buch *Failles. Récit*,[3] eine hybride Lösung, um über das Erlebte und die Bedeutung des Erdbebens für Haiti zu sprechen. Obwohl sie großteils faktual erzählt, greift sie auf die Poetik zurück,

---

1 Unter anderem: *Dans la maison du père* (Le Serpent à Plumes 2000), *La couleur de l'aube* (Sabine Wespieser 2008), *Guillaume et Nathalie* (Sabine Wespieser 2013), *Bain de lune* (Sabine Wespieser 2014), *Douces déroutes* (Sabine Wespieser 2018).

2 Lahens schreibt für die Kulturmagazine *Chemins critiques*, *Cultura* und *Boutures* und moderiert die Radiosendung *Entre Nous*.

3 Lahens, Yanick: *Failles. Récit*, Paris: Sabine Wespieser Poche [2] 2017.

die sie in ihren Romanen entwickelt. Eine Poetik, die einen starken Fokus auf den menschlichen Körper legt, der als Erfahrungszentrum der Gewalt als Ausgangspunkt für Beschreibungen dient.

In ihren Romanen zeichnet Lahens eine Soziologie der Gewalt nach. Seit der Unabhängigkeitserklärung im Jahr 1804 befindet sich Haiti permanent in einem Zustand von politischer Instabilität.[4] Zahlreiche Staatschefs wurden entweder ermordet, gestürzt oder zur Abdankung gezwungen. Es kam zu Militärinterventionen, einem zwanzig Jahre andauernden US-amerikanischem Protektorat und der anschließenden Diktatur der Duvaliers. Die 1990er und 2000er waren geprägt von gewalttätigen Auseinandersetzungen, die zur Entsendung von UN-Friedensmissionen und der Anwesenheit zahlreicher Hilfsorganisationen führten.

In den sogenannten « Neuen Kriegen »[5] stehen gewaltsame Auseinandersetzungen in einer untrennbaren Relation zu sozialer Unsicherheit, postkolonialer Emanzipation, gelebter Apartheid, wirtschaftlichen und infrastrukturellen Problemen. Vom Krieg betroffen ist hauptsächlich die Zivilbevölkerung, weil der Krieg nicht an einer Front stattfindet, sondern innerhalb der Bevölkerung. In Haiti verschärfen zudem Naturkatastrophen, wie Stürme und Erdbeben, die politische und gesellschaftliche Situation, da sie die Infrastruktur des Landes weiter zerstören und sich destabilisierend auswirken. Da die Infrastruktur in Kriegsgebieten bereits gefährdet ist, müssen Naturkatastrophen in die Analyse mit einbezogen werden.[6] Die Entsendung ausländischer militärischer Truppen und Hilfsorganisationen nach dem Erdbeben wurde von der haitianischen Bevölkerung als erneute Besetzung und Entmündigung wahrgenommen.

Lahens geht in *Failles* weit über eine Berichterstattung zu den Ereignissen und Folgen des Erdbebens hinaus. Die chronologische Darstellung der Ereignisse

---

4 Im Jahr 2019 befindet sich Haiti auf Platz 12 des *Fragile States Index*. Die NGO *Fund for Peace* erstellt den Status eines Staates anhand von Indikatoren aus den Bereichen Soziales, Politik, Militär und Wirtschaft. Aus dem Index kann abgelesen werden, ob ein Staat Gefahr läuft zu scheitern. *Cf.* The Fund for Peace: *Fragile States Index Annual Report 2019*, https://fragilestatesindex.org/wp-content/uploads/2019/03/9511904-fragilestatesindex.pdf [aufgerufen am 07.06.2019].

5 Zum Begriff der « Neuen Kriege »: Kaldor, Mary: *Neue und alte Kriege. Organisierte Gewalt im Zeitalter der Globalisierung*, aus dem Englischen von Michael Adrian und Bettina Engels, aktualisierte Neuausgabe, Frankfurt a.M.: Suhrkamp 2007.

6 Im Falle Haitis ist besonders der Plantagenanbau zu nennen, der mit starken Rodungen einherging, die sich negativ auf Umwelt und Landbevölkerung ausübten. Die daraus resultierende Landflucht und der verstärkte Bau von Armensiedlungen in der Hauptstadt Port-au-Prince machte die Stadt besonders empfindlich gegenüber Erdbeben.

wird zugunsten einer Reflexion über die Geschichte Haitis und die heutige Stellung in einer globalisierten Welt durchbrochen.

> René Depestre a parlé avec justesse de la tendresse du monde pour Haïti. Le monde s'est penché, épanché, et a balbutié les premiers mots d'une solidarité qu'il annonçait comme nouvelle. Le temps de se dessiller les yeux, elle avait déjà pris les traits marqués de l'ancienne.[7]

In einer scharfen Metaphorik verweist Lahens auf Haitis koloniales Erbe und die sich immerzu wiederholenden Mechanismen der Ausbeutung durch unterschiedliche Akteure. Haiti und die Stadt Port-au-Prince werden dabei wiederholt personifiziert und als Opfer eines gewalttätigen Angriffs in einem postkolonialen Weltgefüge dargestellt. Das Erdbeben wird als Teil des Gewaltzyklus dargestellt. Dieses Phänomen wird in *Failles* durch die Verknüpfung von journalistischen und literarischen Elementen dargestellt, die innerhalb des Textflusses vermischt oder durch die Übernahme von Fragmenten unterschiedlicher Textsorten verbunden werden. Die französische Ausgabe wählt für *Failles* die Genrezuordnung « récit », die auch im Untertitel genannt wird, während die deutsche Übersetzung[8] als « Journal » bezeichnet wird. Im Folgenden wird gezeigt, wie Lahens Elemente unterschiedlicher Genres verknüpft und warum es sich um eine hybride Textform handelt, die nicht nach klassischen Genrekriterien kategorisiert werden kann.

Da Lahens auf die Poetik und Motive zurückgreift, die sie in ihren Romanen entwickelt, werden diese im Folgenden exemplarisch an dem 2008 erschienenen Roman *La couleur de l'aube* dargestellt. Lahens' Romane beschäftigen sich mit den Existenzmöglichkeiten während (Nach-)Kriegszeiten. Deskriptive Elemente werden über das Motiv des Körpers eingeleitet, der den Erinnerungsort für Gewaltakte und Verluste darstellt. Der Körper wird dadurch zur Inspiration für eine poetische Sprache, die sich aus der Beobachtung körperlicher Erfahrungen durch Einwirkungen u.a. sexueller, religiöser oder gewalttätiger Natur bedient. Ebenso detailliert werden die körperlichen Empfindungen beschrieben, die mit Emotionen wie Angst, Hass, Desillusionierung, Freude, etc. einhergehen. In *La couleur de l'aube* ergibt sich hieraus ein reichhaltiger Bildspender, der zur Analyse und Darstellung der Lebensbedingung der Protagonistinnen dient.[9]

---

7 Lahens 2017, p. 19.
8 Lahens, Yanick: *Und plötzlich tut sich der Boden auf. Ein Journal*, Zürich: Rotpunktverlag 2011.
9 *Cf.* Marty, Anne: *La littérature haïtienne dans la modernité*, Paris: Karthala 2017, p. 93–94.

1. Erzählungen über habitualisierte Gewalt

La couleur de l'aube thematisiert die Probleme einer Gesellschaft, in der sich Gewalt habitualisiert hat und in das leibliche Gedächtnis übergegangen ist. Den Protagonistinnen gelingt es nicht, über die erlittenen Traumata der Familie zu sprechen oder aus dem Kreislauf der Gewalt, der sich in der Familie etabliert hat, auszubrechen.[10] Der Roman beginnt mit dem Verschwinden von Fignolé, einem jungen haitianischen Mann, der offensichtlich in politische Aktivitäten involviert ist. Dadurch, dass der Leser kaum Informationen über Fignolé erhält, bleibt er, als abwesender Protagonist, eine Leerstelle im Roman. Seine Schwestern – beide sind die homodiegetischen Erzählerinnen des Romans – erahnen seine politischen Verwicklungen anhand von sporadischen Indizien. Sie finden eine Waffe, Blutflecken auf der Kleidung, Notizen oder stellen seine nächtlichen Abwesenheiten fest. Innerhalb der Familie wird sein Verhalten aber nicht thematisiert. Auch die Gruppierung, der sich der Bruder angeschlossen hat, wird nicht explizit genannt, aus Andeutungen lässt sich aber erschließen, dass der Roman von den Unruhen während der Post-Duvalier-Ära handelt.[11] Lahens verzichtet konsequent auf Beschreibungen der beteiligten Konfliktparteien oder deren Motive, denn nicht spezifische politische oder historische Ereignisse stehen im Zentrum des Romans, sondern die Ausformungen von Gewaltstrukturen in der Gesellschaft. Stattdessen fokussiert sich Lahens auf die ständige Wiederholung von Gewalterfahrung und Handlungsmechanismen. Besonders die Gewalterfahrung am Körper rückt in den Vordergrund, weil Kriege nicht nur Einfluss auf das Bewusstsein haben.

> Sie wirken auch auf Körper. Denn das entscheidende Merkmal bewaffneter Konflikte ist physische Gewalt, die *per definitionem* auf Körper zielt und Körper trifft. Gerade länger andauernde bewaffnete Konflikte können leibliche Strukturen nachhaltig prägen und so ein leibliches Gedächtnis des Krieges erzeugen.[12]

---

10 Koloma Beck kommt in ihrer Studie zum Bürgerkrieg in Angola zu dem Ergebnis, dass Gewalt in Nachbürgerkriegsländern kommunikativ nicht gelöst werden kann. Der Abbau von Gewalt kann nur in Verbindung mit dem Abbau von Gewohnheitsstrukturen erfolgen, die sich in Kriegsgebieten etabliert haben. Diese müssen praktisch verlernt und durch gewaltarme und verlässliche Alltagsstrukturen ersetzt werden. *Cf.* Koloma Beck, Teresa: « Krieg und Gewohnheit. Phänomenologische und pragmatische Perspektiven auf verkörpertes Gedächtnis in Bürgerkriegen », in: Heinlein, Michael et al. (Hg.): *Der Körper als soziales Gedächtnis*, Wiesbaden: Springer 2016, p. 168.

11 In dieser Phase kam es zu Konflikten zwischen den Anhängern der « Lavalas-Bewegung » unter Führung von Jean-Bertrand Aristide und deren Gegnern.

12 Koloma Beck 2016, p. 153.

Gemeint ist zum einen die Einübung von Gewalt durch die Konfliktparteien und zum anderen die Habitualisierung von Gewohnheitsstrukturen in der Bevölkerung. Das Verhalten wird der Situation angepasst, um Gewalt, Verschleppung oder Rekrutierung zu vermeiden. Orte mit Gewaltpotential und Personen mit Anschluss an politische Gruppierungen werden gemieden. Trotzdem wird wiederholt in den Straßen, im *tap-tap*[13] oder zuhause Gewalt erfahren, wodurch leibliche und mentale Strukturen ausgeformt werden. Die alltäglichen und repetitiven Erfahrungen prägen zukünftige Erwartungshorizonte und beeinflussen das Handeln. Im Umfeld von Neuen Kriegen ist der Blick auf alltägliche Gewalt deshalb ebenso entscheidend wie der Fokus auf große Massaker.[14] Die Frage nach der Priorität von derartigen Gewaltstrukturen hat auch Bedeutung für Kriegsreportagen, da sie dann auch die alltägliche Gewalt verstärkt erfassen und thematisieren müssten.

In *La couleur de l'aube* werden Gewalttaten explizit als Einwirkungen auf den menschlichen Körper beschrieben. Es entsteht der Eindruck, dass sich die Gewalt verselbstständigt hat und sich in beständigen Wiederholungen gleichbleibender Handlungsmuster fortsetzt. Sie ist der rote Faden in der verworrenen Handlung des Romans. Vor Fignolé verschwand bereits der Onkel der Geschwister. Er wurde unter Gewalteinwirkung von Anhängern des Diktators Duvalier verschleppt und der Familie entnommen. Fignolé setzt den Gewaltkreislauf fort und bricht die Kommunikation zu seiner Familie ab:

> Fignolé, incapable de s'inscrire dans cette vie-là. […] Fignolé, incapable de grandir dans ce qui le dépasse, préfère s'y abîmer. Fignolé traîne aujourd'hui un désespoir qui lui brûle le sang. Le premier déclic a été sans doute l'arrestation d'oncle Octave. […] Il mit des jours avant de pouvoir nous en faire le récit d'une voix monocorde. À dater de cet incident, il ne fut plus jamais le même.[15]

Der junge Mann verspürt nach dem Verschwinden des Onkels eine so starke Desillusionierung, dass er förmlich ausbrennt und selbst politisch aktiv wird. Solche Dynamiken können psychologisch als Versuch des Opfers, sich wieder zu ermächtigen, beschrieben werden.[16] Der Gewaltzyklus setzt sich im Roman über Fignolés Schwestern, Joyeuse und Angelique, fort und wird unter anderem in

---

13 Bus oder Pick-Up, der als Sammeltaxi genutzt wird.

14 *Cf.* Koloma Beck 2016, p. 157.

15 Lahens, Yanick: *La couleur de l'aube*, Paris: Sabine Wespieser Poche ²2016, p. 96.

16 *Cf.* Borst, Julia: *Gewalt und Trauma im haitianischen Gegenwartsroman. Die Post-Duvalier-Ära in der Literatur*, Tübingen: Narr 2015, p. 208.

Form von sexuellen Übergriffen erzählt.[17] Anhand der Geschichten der beiden Schwestern werden die unterschiedlichen Formen der körperlichen Ausbeutung beschrieben. Die Schwestern werden jedoch nicht zu reinen Opferfiguren stilisiert, da auch sie repetitiv Gewaltakte ausüben. Die Einteilung in Täter und Opfer wird durchbrochen, wodurch reale Täterschaften jedoch nicht relativiert werden sollen.

Die Krankenschwester Angelique entschied sich für das Zölibat, nachdem sie verführt und nach der « Eroberung » verlassen wurde. Das Kind, das dabei gezeugt wurde, dient ihr als ständige Erinnerung an die körperliche Ausbeutung und wird regelmäßig grundlos körperlich von ihr gezüchtigt. Zumindest teilweise ist sie sich über die Sinnlosigkeit dieser Handlung bewusst. Joyeuse hingegen wehrt die Übergriffe des Ehemannes ihrer Chefin ab, die das Verhalten ihres Mannes toleriert. Der Übergriff und die Objektivierung, die Lahens beschreibt, lassen die Vergewaltigung von schwarzen Sklavinnen durch die Kolonialherren wieder aufleben:

> Pour ces bourgeois, mulâtres à la peau claire, je n'étais pas une jeune femme en herbe mais juste la femelle noire d'une espèce avec un simple appareil distinctif : deux seins et un vagin. Une espèce vouée aux cases, aux services ou au lit.[18]

Umgekehrt reduziert Joyeuse ihre Chefin auf den Nutzen, den sie aus dem Arbeitsverhältnis ziehen kann und verweigert der von den Unruhen verängstigten Frau das Gespräch.

Mit dem Amerikaner John geht Joyeuse hingegen eine sexuelle Beziehung ein, die scheinbar freiwillig ist. Auch diese Beziehungskonstellation lässt sich nicht als klare Opfer-Täter-Relation einordnen. Jedoch ist die Beziehung von einer starken Asymmetrie geprägt, schon allein dadurch, dass John die Familie finanziell unterstützt. Lahens repetiert keinen kolonialistischen Diskurs, sondern zeigt auf der Ebene der *histoire* das Denken nach kolonialen Mustern. Die Bezeichnungen, die Lahens für das Paar wählt, fallen in das Wortfeld der Kolonialisierung und ihre Gespräche sind geprägt von Exotismen. John wird dabei als gescheiterter Eroberer und Joyeuse als Besiegte deklariert.

---

17 Sexuelle Gewalt gegen Frauen ist in Haiti laut *Amnesty International* zwar weit verbreitet, wird jedoch selten zur Anzeige gebracht. Cf. Amnesty International: « Haiti », in: *Amnesty Report 2017/18*, 23.05.2018, https://www.amnesty.de/jahresbericht/2018/ haiti [aufgerufen am 07.06.2019].

18 Lahens 2016, p. 117.

Il m'appelait 'Ma petite sorcière aux cheveux de charbon' […] Je voulais à la fois apprendre les leçons de la chair et comprendre cet homme, son héritage de conquêtes et ma
propre force de vaincue.[19]

In den Beispielen vermischen sich die Probleme der postkolonialen Gesellschaft
und typische Symptome von Nachkriegskontexten. Charakteristisch ist die
« Endemisierung nichtkriegerischer Formen der Gewalt (beispielsweise häusli-
che Gewalt oder Kriminalität), die Dominanz kurzfristiger Zeitperspektiven, und
der Mangel an generalisiertem Vertrauen. »[20] Durch letzteres ist die Beziehung
von Joyeuse zu der Figur Luckson gekennzeichnet. Es ist die einzige Beziehung
in dem Roman, die nicht in dieselben Muster fällt, die nicht durch Asymmetrie gekennzeichnet ist und trotzdem scheitert. Joyeuse lernt Luckson während
eines Aufstandes in der Straße kennen. Gemäß Lahens « Körperpoetik » reicht
er ihr seine verletzte, blutende Hand, wodurch bereits symbolisch feststeht, dass
die Beziehung vorbelastet ist und daran scheitern wird.[21] Die Beziehung reduziert sich auf Körperliches, da beide nicht über die erlebten Traumata sprechen
können und kein echtes Vertrauen entstehen kann.

Am Ende des Romans vollzieht sich der Rollenwechsel vom Opfer zum Täter.
Joyeuse erfährt, dass Fignolé durch den Verrat eines Freundes exekutiert wurde
und schwört Rache. Der Hass wird wie ein Machtrausch empfunden, der den
Körper erfüllt:

Et ce matin je goûte pour la première fois la haine : un sentiment sublime qui me
réchauffe le corps comme un alcool. Je mesure la profondeur du mal et l'infinie variété
de ses conséquences. La jubilation, l'euphorie et l'indicible sentiment de supériorité qu'il
procure quand il est couronné de succès.[22]

Joyeuse plant die Verführung und Ermordung des ehemaligen Freundes. Sexua-
lität wird im unmittelbaren Zusammenhang mit Macht und Gewalt verhandelt.
Durch den geplanten Mord an Fignolés Verräter wird Joyeuse selbst zur Aggres-
sorin. Lahens inszeniert die zunächst über weite Strecken des Romans reflektiert
auftretende Frau gemäß des stereotypen Bildes der « séduisante », der sitten-
losen Verführerin aus der Kolonialzeit.[23] Sie wird zu jenem Stereotyp, für das

---

19 *Ibid.*, p. 78.
20 Koloma Beck 2016, p. 168.
21 *Cf.* Borst 2019, p. 200–201.
22 Lahens 2016, p. 207.
23 Zum Bild der « séduisante », *cf.* Bandau, Anja: « Die Repräsentation der haitianischen
    Revolution als Bürgerkonflikt in Marie Vieux-Chauvets Roman *La Danse sur le volcan* »,
    in: Id. (Hg.): *Korrespondenzen: literarische Imagination und kultureller Dialog in der
    Romania*, Tübingen: Stauffenburg, p. 43.

ihre Arbeitgeber sie bereits halten. Ob Joyeuse ihre Rache ausführen wird, bleibt offen, stattdessen endet der Roman mit einem Epilog, in dem ein unbekannter Erzähler die Exekution von Fignolé beschreibt, die vor der Erzählzeit des Romans erfolgte.

Die Habitualisierung von Gewaltstrukturen und deren Redundanz werden zwar in Hinblick auf eine Familie erzählt, aber in einen starken soziologischen und historischen Rahmen eingebettet. Nicht die Motivation der einzelnen Figur soll erzählt werden, sondern ihre Korruption durch ein gewalttätiges System, weshalb individuelle und psychologische Motive vernachlässigt werden oder zur Generalisierung dienen. Schweigen und Ungleichheit sind beispielsweise Motive, die nicht nur den Roman dominieren, sondern auch lange als politisches Konzept zur Stabilisierung der Macht dienten. Die Macht wurde bis in die Transitionsphase nach Ende der Duvalier-Diktatur durch die Teilung der Bevölkerung in die einzelnen Volksgruppen gesichert, nach dem Prinzip *divide et impera*. Auf Dialog wurde bei diesem kolonialen Herrschaftsrelikt systematisch verzichtet.[24] In Lahens Darstellung wird das Phänomen zum Äußersten getrieben, da es auch in die eigene Solidaritätsgemeinschaft eindringt. Die habitualisierte Gewalt des Individuums wird als Symptom struktureller Gewalt dargestellt, die in der Nachkriegszeit erhalten bleibt.

> […] die Reproduktion von Kriegsgewalt wäre ohne die systematische Produktion gewaltfähiger Akteure nicht möglich. Die körperlichen und mentalen Strukturen, die dieser Gewaltfähigkeit zugrunde liegen, verschwinden mit dem Ende des Krieges nicht und erschweren die Produktion und Konsolidierung gewaltärmerer Strukturen in der Nachkriegsgesellschaft.[25]

In *La couleur de l'aube* erscheint der Übergang in eine gewaltfreie Gesellschaft versperrt zu sein, da sich Erfahrungen wiederholen. Der Titel des Romans steht nicht für einen Neubeginn, wie der Topos der Morgendämmerung erwarten lässt, sondern für die wiederholte Ankündigung von Gewalt.[26] Mit diesem Thema beschäftigt sich Lahens in *Failles* auf einer größeren Ebene und schildert die Konsequenzen des Erdbebens für Haiti und vor allem die Hauptstadt Port-au-Prince.

---

24 *Cf.* Gliech, Oliver: « Haiti – Die „erste schwarze Republik" und ihr koloniales Erbe », *Aus Politik und Zeitgeschichte. Haiti* 28–29 (2010), 12.07.2010, p. 21, http://www.bpb. de/apuz/32620/haiti [aufgerufen am 07.06.2019].
25 Koloma Beck 2016, p. 155.
26 *Cf.* Borst 2015, p. 170.

2. Erdbeben als Kriegszustand

Lahens Umgang mit der Gewaltthematik ist durch Offenheit und bewusste Unschärfe gekennzeichnet. Da Gewalt in ihren Romanen als strukturelles Problem in einer kaum überschaubaren politischen Lage gezeigt wird, kann die Anzahl der Akteure weiter ausgedehnt werden. In *Failles* werden das Erdbeben und die folgenden Ereignisse in eben diesen Kreislauf von Gewalt und Krieg eingebunden. Damit geht Lahens Analyse inhaltlich einen Weg, der auch in der politischen Forschung diskutiert wird. Durch die instabile politische und ökonomische Situation fiel das Erdbeben in Haiti besonders schwerwiegend aus. Zu nennen sind etwa der dichte Häuserbau durch Landflucht, instabile Häuser in Armutsvierteln und die mangelnde Infrastruktur (Verwaltung, Gesundheitswesen, Versorgung, Verkehr, Medien, etc.), die den Wiederaufbau besonders schwierig gestalten.

Auch in der internationalen Medienlandschaft wird Haiti im Zuge der Naturkatastrophe plötzlich zum wichtigsten Thema. Reporter und Hilfsorganisationen betreten gleichzeitig das Land. Aber auch Lahens selbst verfasst einen Artikel über das Erdbeben, der am 19. Januar in der Zeitung *Libération*[27] und am 20. Januar 2010 in der *Neuen Zürcher Zeitung*[28] erscheint. In *Failles* wird der Artikel im 14. Kapitel aufgenommen und eingeleitet durch die Beschreibung der eigenen körperlichen Empfindung beim Schreiben des Artikels: « J'achève l'article pour le journal *Libération* avec une émotion encore tiède, battante comme le sang, l'émotion des premiers moments qui ont suivi le 12 janvier. »[29] Der Schreibprozess des Artikels wird selbst Teil des Zeugenberichts. Er wird in *Failles* dokumentiert und metatextualisiert. Der Artikel beginnt mit der Schilderung des Bebens:

« Haïti ou la santé du malheur »
À 16 heures 53 minutes, le mardi 12 janvier 2010, Haïti a basculé dans l'horreur. Le séisme a duré une minute trente secondes. Debout dans l'embrasure d'une porte, pendant que les murs semblent vouloir céder tout autour, le sol dérober sous vos pieds, une minute trente secondes, c'est long, très long. Dans les secondes qui ont suivi, la clameur grosse de milliers de hurlements d'effroi, de cris de douleur, est montée comme d'un

---

27 Lahens, Yannick: « Haïti ou la santé du malheur », *Libération*, 19.01.2010, https://www. liberation.fr/planete/2010/01/19/haiti-ou-la-sante-du-malheur_605105 [aufgerufen am 03.11.2019].

28 Lahens, Yannick: « Sind wir die Verdammten dieser Erde? », *Neue Zürcher Zeitung*, 20.01.2010, https://www.nzz.ch/sind_wir_die_verdammten_dieser_erde-1.4550330 [aufgerufen am 03.11.2019].

29 Lahens 2017, p. 67.

seul ventre des bidonvilles alentour, des immeubles plus cossus autour de la place et est venue me saisir à la gorge jusqu'à m'asphyxier. [...][30]

In *Failles* unternimmt Lahens mehrere Versuche, Bilder für dieses Erlebnis zu finden, da alle Versuche der Beschreibung an der Realität scheitern. Während sie sich im Artikel auf das zeitliche und das eigene körperliche Empfinden fokussiert, fällt die erste Beschreibung im ersten Kapitel von *Failles* deutlich abstrakter aus.

> Le 12 janvier 2010 à 16 heures 53 minutes, dans un crépuscule qui cherchait déjà ses couleurs de fin et de commencement, Port-au-Prince a été chevauchée moins de quarante secondes par un de ces dieux dont on dit qu'ils se repaissent de chair et de sang. Chevauchée sauvagement avant de s'écrouler cheveux hirsutes, yeux révulsés, jambes disloquées, sexe béant, exhibant ses entrailles et de poussière, ses viscères et son sang.[31]

Das Erdbeben wird wie eine gewaltsame Besessenheit der personifizierten Stadt dargestellt. In diesem Zuge wird die Existenz der Stadt in die Vergangenheit verlegt. Darauf folgt direkt der nächste Beschreibungsversuch, in dem die Zeit aufgebrochen wird und sich mithin auflöst.

> Le 12 janvier 2010 à 16 heures 53 minutes, le temps s'est fracturé. Dans sa faille, il a scellé à jamais les secrets de notre ville, englouti une partie de notre âme, une âme qu'elle nous avait patiemment taillée à sa démesure. Dans sa faille, le temps a emporté notre enfance. Nous sommes désormais orphelins de cent lieux et de mille mots.[32]

Beide Versionen aus *Failles* sind, im Vergleich zum Zeitungsartikel, durch eine deutlich höhere Literarizität gekennzeichnet. Das Erdbeben wird metaphorisch mystifiziert, mit dem Bildspender Voudou, einer Religion, die von einer starken Dialektik von Körper und Geist geprägt ist. Durch die Stilisierung nimmt die Mehrdeutigkeit zu und das Ereignis wird in einen größeren kulturspezifischen Zusammenhang gesetzt. Die Gewalteinwirkung wird wie in *La couleur de l'aube* explizit mit Bezug zum Körper thematisiert. In abgeschwächter Form sind diese Elemente bereits in dem zuerst entstandenen Zeitungsartikel zu finden. Die Erinnerung an die heftige Reaktion des eigenen Körpers auf die Erfahrung bildet den Rahmen und Ausgangspunkt der Vermittlung. Der Körper als Zentrum aller Wahrnehmung markiert die subjektive Erfahrung, die durch Sprache nicht vermittelt werden kann. In *Failles* wird dieser Eindruck durch die repetitiven Versuche, Bilder zu produzieren, die das Erlebte erfahrbar machen, verstärkt.

---

30 *Ibid.*, p. 67–68.
31 *Ibid.*, p. 12–13.
32 *Ibid.*, p. 13.

Durch diese Verfahren entsteht eine Spannung zwischen Kontinuität und Fragmentiertheit, da die Chronologie aufgebrochen wird.

Die Vermischung von Stilkategorien und faktualen und literarischen Elementen erfolgt auch in den Kapiteln, die vorwiegend im Stil einer Reportage die Lage nach dem Erdbeben schildern. Der Wechsel zwischen faktualen Beschreibungen und literarischer Abstraktion erfolgt unvermittelt im Schreibfluss.

> Non loin de la place Geffrard, on m'interdit l'accès à une rue. Des corps à même le trottoir. On les a à peine tirés des décombres. Des corps aux bassins défoncés, aux crânes éclatés. Une jambe séparée d'un tronc gît dans une mare de boue et de sang. Et bien sûr les mouches. Elles dansent sur ces amas de chair comme sur le visage et les commissures des lèvres de ce jeune homme qui sait qu'il va mourir. […] Je n'oublierai jamais le silence dans Port-au-Prince ce jour-là. La ville lèche ses blessures comme un vieux chien malade et se demande comment les panser. La ville pense aussi. Ce que ses hommes, ses femmes, ses enfants, ses vieillards ont vécu est au-delà des mots.[33]

Über das Körper-Motiv leitet Lahens erneut zu der Personifikation der Stadt über. Stadt und Menschen werden gleichermaßen als verletzte, kranke oder tote Körper beschrieben. Durch die Personifikation kann Lahens von der konkreten Beschreibung in die Abstraktion der Beschreibung einer ganzen Stadt wechseln, ohne Distanz aufzubauen oder sie als getrennte Kategorien zu verhandeln.

3. Körper- und Kriegsmetaphorik

Durch die Generalisierung von Körperlichkeit kann der Körper als Bildspender für die Infrastruktur des Landes weiter fruchtbar gemacht werden. Die Personifikation des Landes als kranker Körper wird weiter ausgebaut:

> […] à cette heure, dans les administrations publiques, n'étaient présents que ceux qui en constituent l'épine dorsale. L'épine dorsale d'un corps affaibli, agonisant, mais dont le souffle tenait du miracle quotidien. La faille nous a ravi quelques-uns de nos meilleurs cadres. Dans ce pays qui en manque déjà cruellement.[34]

Da das Erdbeben sich um 16:53 Uhr Ortszeit ereignete und das Zentrum der Hauptstadt Port-au-Prince besonders stark betroffen war, zählt ein Großteil der haitianischen Verwaltung zu den Todesopfern. Dadurch wurden die Infrastruktur sowie die Autonomie des Landes weiter geschwächt. Die Körpermetapher verdeutlicht, dass die Verwaltung, die trotz der instabilen Politik die Infrastruktur des Landes weitestgehend aufrecht halten konnte, nun nicht mehr dazu in

---

33 *Ibid.*, p. 62–63.
34 *Ibid.*, p. 51.

der Lage ist. Die Stelle der eigenen Infrastruktur nehmen erneut die internationalen Hilfsorganisationen ein, wodurch Kriegs- und Besetzungssituationen ins Gedächtnis gerufen werden. Dies ist problematisch, da Kriegssituationen den Eindruck erwecken, dass das Leben hauptsächlich von außen bestimmt wird und die eigene Autonomie bzw. « die Erfahrung von agency »[35] unerlässlich ist. Ebenso wie im Roman *La couleur de l'aube* vermeidet Lahens zwar eine Unterteilung in Täter- und Opferrollen, die Metaphorik gegenüber den Hilfsorganisationen ist jedoch, trotz und aufgrund der Abhängigkeit, scharf. Sie verdeutlicht eine tiefe Skepsis gegenüber der Weltgemeinschaft, die sich auch im Diskurs über die versteckten politischen und wirtschaftlichen Interessen der einzelnen Akteure widerspiegelt. Dies betrifft nicht nur westliche Akteure, sondern auch die Dominikanische Republik, deren Verhältnis zu Haiti ebenfalls von Spannungen geprägt ist:

> Les Dominicains ont été là dès les premières heures du jour. [...] Certains crient au déshonneur et à l'occupation. Les Américains sont nos voisins les plus puissants, les Dominicains partagent l'île avec nous. Comment attendre des naufragés que nous sommes, quarante-huit heures après ce désastre, que nous exigions de ces premiers sauveteurs qu'ils déclinent leur identité et qu'ils demandent pardon pour leurs fautes d'antan avant que nous attrapions la main qu'ils nous tendent ? Difficile en effet. Mais, passé ce premier moment, la proximité et la puissance serviront d'alibis commodes.[36]

Die Beschreibung der Verhältnisse weist Ähnlichkeiten zu der Darstellung der Beziehungen der Schwestern in *La couleur de l'aube* auf. Die Hilfe von außen ist durch eine Asymmetrie zwischen Gebenden und Nehmenden geprägt, sowie durch die Skepsis aufgrund hervorgegangenen Besetzungen und Ausbeutungen. Hilfe innerhalb eines asymmetrischen Verhältnisses führt auf beiden Seiten zur Korruption, und die Möglichkeit zu einer gleichberechtigten Kommunikation ist versperrt. Innen und außen sind in Lahens' Werk scharf voneinander getrennt und scheinen unüberwindbar. Die Körper-Metaphorik treibt dieses Motiv durch seine Beschaffenheit voran. Der Körper weist eine klare Unterscheidung von innen und außen auf. Ein physisches Einwirken kommt unmittelbar einem Angriff gleich, dessen Überwindung in Form von Kommunikation sich als Illusion entpuppt. Die Solidaritätsgemeinschaft wird durch das gemeinsame Erlebnis hermetisch abgeriegelt, ebenso wie durch die Kolonialgeschichte. Ein Journalist, der das Leiden kommerziell ausbeutet und die Situation aus der kolonialherrschaftlichen Perspektive betrachtet, wird als Eindringling beschrieben.

---

35 Koloma Beck 2016, p. 167.
36 Lahens 2017, p. 49.

Das Land läuft in diesem Handel Gefahr zur exotischen Ware zu werden. Lahens zitiert in *Failles* eine Passage aus *La couleur de l'aube*, um dem von außen eindringenden Journalisten ein Gesicht zu geben, das Gesicht des Amerikaners John:

> Et puis il y a ces journaux qui, eux, espèrent un grand soir qui devra forcément avoir lieu en Haïti mais pas chez eux, à l'instar de John dans mon dernier roman, dont *le rêve était mort là-bas chez lui, dans les rues de Seattle ou de New York, au bout d'une matraque et quelques nuages de gaz lacrymogène, [et qui] veut le ressusciter ici à n'importe quel prix. Même aux prix de reniement de soi, même aux prix de nos vies sacrifiées. Il tord et retord les événements pour maquiller ses dépêches et peupler le faux paradis qu'il s'est inventé dans sa tête. Ici de toute façon, John ne risque rien, John ne perd rien. John n'est pas chez lui.*[37]

Die Figur John funktioniert als Bildspender für den Vergleich, da sie im Roman so schwach ausgearbeitet ist, dass sie als Typ einzuordnen ist und seine stereotypischen Eigenschaften generalisiert werden können. Der Name John ist zudem der stereotypische Name des unbekannten Amerikaners – John Doe. Demnach verwendet ein Journalist die Situation Haitis, um seine eigene Agenda voranzutreiben. Er wird als gescheiterter Eroberer, Voyeur, Des- bzw. -Illusionist und ökonomisch überlegener Ausländer markiert. Die Darstellung wirft die Frage auf, ob eine Reportage unter diesen Bedingungen überhaupt möglich ist. Der externe Reporter ist möglicherweise durch (post-)koloniale Strukturen geprägt und durch die politische Agenda seines Herkunftslands kompromittiert. Zudem unterliegen Medien wirtschaftlichen Interessen, wodurch der Reporter Gefahr läuft, das Leiden der Bevölkerung als Ware zu verkaufen.[38] Lahens thematisiert jedoch nicht die Probleme, die sich aus der Zeitzeugenschaft eines Betroffenen ergeben. Der betroffene Zeitzeuge hat einen subjektiveren Zugang als es in der Reportage bereits der Fall ist und verfolgt mit seinem Text möglicherweise ebenfalls eine eigene Agenda. In dem Fall von Lahens sogar ganz explizit, wie im Anschluss gezeigt wird. Zudem stellt sich die Frage, ob eine gewisse Distanz nicht notwendig ist, um journalistisch arbeiten zu können.

4. *Failles* als Hybridform

Lahens stellt *Failles* ein Zitat von Albert Camus aus *Combat* vom 26. Dezember 1944 voran und setzt damit einen paratextuellen Rahmen, der Camus'

---

37 *Ibid.*, p. 85. [Hervorhebung im Original].

38 Der Betrugsfall « Claas Relotius » zeigt die allgemeine Problematik des *Storytelling*-Journalismus, da die Überprüfbarkeit nicht immer gewährleistet werden kann und dies für spektakuläre Geschichten häufig hingenommen wird.

kritischen Journalismus anklingen lässt:[39] « Notre monde n'a pas besoin d'âmes tièdes. Il a besoin de cœurs brûlants qui sachent faire à la modération sa juste place.»[40] Um die Ereignisse während und nach dem Erdbeben zu schildern, bedient sich Lahens jener Elemente, die Reportagen kennzeichnen, wie Faktizität, die visuelle Schilderung des Erlebten, Authentizität, Anschaulichkeit und Subjektivität. Auch im Vergleich zu der Reportage « A Year Later, Haiti Struggles Back »[41] von Deborah Sontag, die ein Jahr nach dem Erdbeben in der *New York Times* erscheint, lassen sich zahlreiche Ähnlichkeiten erkennen. Mit Fokus auf den verletzten Körper und die Notwendigkeit von *agency* erzählt Sontag die Geschichte einer Tänzerin, die während des Erdbebens ihr Bein verlor und die dank einer Prothese wieder tanzen kann. Die Geschichte vermittelt eine Rückkehr zu Alltäglichkeit und Autonomie. Im Diskurs über Länder wie Haiti spielen positive Bilder eine Rolle in der Identitätsfindung. Durch die beständige Fokussierung auf Gewalt, Armut und Katastrophen wird der Mythos des « verfluchten Landes » beständig neu evoziert und das Land stigmatisiert.[42]

Anhand von Bildern der Normalität, wie zum Beispiel eines Mädchens, das ihre Haare flicht, erläutert Lahens aber ihr Selbstbild als Autorin. Sie will eine Welt erfinden, in der die Menschlichkeit bewahrt wird.

> Et puis deux images sont venues me le confirmer en me rappelant de surcroît que mon rôle d'écrivain ne pouvait pas se résumer à une comptabilité macabre ou à une simple transcription mécanique des faits, mais consistait à inventer un monde qui amplifie, prolonge ou fait résonner précisément celui-ci.[43]

Die Intention, die Lahens mit ihrem Schreiben verbindet, ist somit hauptsächlich literarisch, was sich auch in dem häufigen Wechsel der Sprache von einem nüchternen in einen dichterischen Stil widerspiegelt, der in einer Reportage problematisch wäre.[44] Vor allem aber produziert die Einbindung literarischer

---

39 *Cf.* Walsh, John Patrick: « The Global Frame of Haiti in Yanick Lahens' *Failles* », *Contemporary French and Francophone Studies* 19 (2015), p. 298, https://doi.org/10.1080/17409292.2015.1028793 [aufgerufen am 07.06.2019].

40 Lahens 2017, p. 9.

41 Sontag, Deborah: « A Year Later, Haiti Struggles Back », *The New York Times*, 03.01.2011, https://www.nytimes.com/2011/01/04/world/americas/04haiti.html [aufgerufen am 07.06.2019].

42 *Cf.* Herbeck, Jason: *Architextual Authenticity. Constructing Literature and Literary Identity in the French Caribbean*, Liverpool: University Press 2017, p. 235.

43 Lahens 2017, p. 92.

44 Zu den Eigenschaften und Merkmalen einer Reportage, *cf.* Kostenzer, Caterina: *Die literarische Reportage. Über eine hybride Form zwischen Journalismus und Literatur*, Innsbruck: Studienverlag 2009, p. 87–93.

Fragmente aus Romanen, die wie Zitate, Transkriptionen, ethnologische und historische Arbeiten behandelt werden, eine problematische Deutungsoffenheit. Es wird suggeriert, dass die Romanfragmente die « Realität » möglicherweise besser mimetisch abbilden beziehungsweise versprachlichen könnten als der Zeugenbericht, was entweder der Zeitzeuge durch das persönliche Involviertsein nicht kommunizieren oder der persönlich nicht involvierte Leser konzeptionell nicht erfassen könne. Diese stilistische Vermischung wirft die Frage nach dem genauen Wechselspiel von Faktualität und Fiktionalität auf, welches einerseits die Literarisierung faktualer Elemente, andererseits aber auch den Einfluss des faktualen Kontextes auf die fiktionalen Elemente umfasst. Ebenso müsste diskutiert werden, ob und wie die Faktualisierung dadurch rückwirkend auch die Romane beeinflusst.

Eine andere Intention, die Lahens mit ihrem Schreiben verbindet, darf nicht marginalisiert werden, wenn die Kritik nicht in einen eurozentrischen Diskurs verfallen will. Haiti soll in der globalen Wahrnehmung ins Zentrum gerückt werden und dabei nicht auf die Repräsentation durch andere angewiesen sein.[45] « Écrire pour rapatrier ce malheur à sa vraie place. Au centre. »[46] Die Ereignisse sollen nicht als periphere Tragödie betrachtet werden, sondern müssen innerhalb ihres historischen Kontextes in einer Form diskutiert werden, die Anteilnahme erzeugt und dabei trotzdem gleichberechtigt ist. Für eben diese Vermittlung größerer Zusammenhänge wählt Lahens eine hybride Form zwischen Literatur und faktualem Text, die es ihr ermöglicht, das Erdbeben in einen historischen Kontext einzuordnen und komplexe Zusammenhänge zu verbildlichen.

5. Fazit

Während die internationale Medienlandschaft den Fokus auf Krisen (wie etwa Gewaltexzesse und Naturkatastrophen) legt, beschäftigt Lahens die habitualisierte Gewalt, die sich in Haiti unter postkolonialen Bedingungen einrichten konnte. In ihren Romanen performiert Lahens kolonialistische Gesellschaftsstrukturen, die von alltäglicher Gewalt und dem Gefühl der Machtlosigkeit geprägt sind. In *Failles* greift Lahens in Form von intertextuellen Bezügen auf diese fiktionalen Darstellungen zurück. Ebenso übernimmt sie die Körperpoetik, die sie in ihren Romanen entwickelt. Dadurch entsteht ein rapider Wechsel aus

---

45 *Cf.* Walsh 2015, p. 296.
46 Lahens 2017, p. 12.

faktualer Berichterstattung und Passagen von hoher Literarizität. Die repetitiven Versuche, Bilder zu produzieren, die das Erlebte erfahrbar machen, erzeugen eine Spannung zwischen Kontinuität und Fragmentiertheit, die Lahens hybride Textform charakterisiert. Die Einbindung fiktionaler Bedeutungsvermittlung in den faktualen Text durch den Rückbezug auf Romanwelten löst dabei die Grenze zwischen fiktionalen und faktualen Texten auf.

Marina Ortrud M. Hertrampf

Bild-Sprache(n) des Krieges. Der Afghanistankrieg in deutsch- und französischsprachigen *Graphic Novels*

Abstract: Krieg ist seit Anbeginn der neunten Kunst ein zentrales Thema des Mediums. Anhand ausgewählter französischer und deutscher Comics bzw. *Graphic Novels* zum und über den Afghanistankrieg als einem Beispiel der ‚neuen Kriege' geht der Beitrag der Frage nach, wie es unterschiedlichen Künstlern gelingt, sich im Medium des Comics bzw. der *Graphic Novel* in Bild und Wort mit Gewalt und Kriegsgrauen auseinanderzusetzen. Es wird gezeigt, dass die geopolitische Verortung der Comics/*Graphic Novels* in einem realen Krisen- und Kriegsgebiet zu einer Form des graphischen Erzählens und Berichtens führt, die sich der Dokumentation und journalistischen Reportage in verschieden starker Weise annähert und dementsprechend diskrete Formen des Zeigens und Abbildens von Gewalt und Sterben wählt.

Schlagwörter: Gewalt; Afghanistankrieg; Dokufiktion; Kriegsreportage; *Graphic Journalism*

1. « Stell dir vor, es ist Krieg, und die Graphic Novel bildet ihn ab. »[1]

Krieg ist im Comic seit Anbeginn der neunten Kunst allgegenwärtig. Lange handelte es sich vornehmlich um fiktive Kriege, in denen sich Superhelden bewiesen und die Guten vor den Gewalttaten der Bösen retteten. Gewalt und Sterben standen dabei zunächst in keiner Verbindung zu realen Krisen- und Kriegsgeschehen der Rezipienten. Dies änderte sich mit den Kriegscomics für Erwachsene, die – wie etwa das US-amerikanische Comic-Magazin *Our Army at War* oder Joe Kuberts *Sgt. Rock* (beide von Marvells großem Konkurrenten DC Comics) – den heldenhaft patriotischen Kampf der guten Amerikaner gegen die deutschen Faschisten im Zweiten Weltkrieg inszenierten. Auch wenn die

---

1 Schmidt, Michael: « Liebe, Tod und Taliban: Arne Jyschs Polit-Thriller ‚Wave and Smile' ist der wohl meistdiskutierte Comic des Jahres – zu Recht », *Der Tagesspiegel*, 18.08.2012, http://www.tagesspiegel.de/kultur/comics/graphic-novel-liebe-tod-und-taliban/6955530.html [aufgerufen am 08.10.2019].

Superheldengeschichten hier in einen historischen Kontext verankert wurden, blieben sie reine Fiktion.

Mit der Herausbildung des vergleichsweise relativ neuen Genres des (semi-) dokumentarischen Reportage-Comics Anfang der 1990er Jahre änderte sich das Verhältnis von Realität und Fiktion im Comic massiv. Immer häufiger nehmen Comicmacher unterschiedlichste reale Krisenherde und Kriegsschauplätze in den Blick. Die Entwicklung des (semi-)dokumentarischen Comics, der zumeist in Form der umfangreicheren, romanhaften *Graphic Novel* auftritt,[2] ist dabei ebenso transnational wie die ,neuen Kriege' (Münkler),[3] die zum Gegenstand von immer mehr Dokumentar-Comics werden. Ob die Kriege im ehemaligen Jugoslawien,[4] der Palästina-/Gazakonflikt[5] oder der Afghanistankrieg im Fokus stehen, das Anliegen der Künstler scheint immer ein ähnliches zu sein: Es geht um den Versuch, inmitten der unüberschaubaren medialen Flut politisch gestimmter Berichte und Kommentare über die Kriege den wahren Ursachen, Positionen und Motivationen auf den Grund zu gehen, um das global gewordene menschliche Drama der ,neuen Kriege' zu verstehen.

Der Beitrag geht am Beispiel rezenter graphischer Arbeiten über den Afghanistankrieg der Frage nach, wie es unterschiedlichen Comicmachern gelingt, sich im Medium des Comics bzw. der *Graphic Novel* in Bild und Wort mit Gewalt und Kriegsgrauen auseinanderzusetzen. Dabei wird gefragt, ob man von einer spezifischen Bild-Sprache des Krieges im Sinne einer neuen ikonographischen Poetik des Krieges sprechen kann und welche ästhetischen, ethischen, journalistisch-dokumentarischen und politisch-kommentatorischen Implikationen sich daraus für das Medium Comic/*Graphic Novel* ergeben.

---

2 Zum Begriff der *Graphic Novel* und seiner Abgrenzung vom Comic siehe: Abel, Julia/ Klein, Christian (Hg.): *Comics und Graphic Novels: eine Einführung*, Stuttgart: Metzler 2016, pp. 156–168.

3 Münkler, Herfried: *Die neuen Kriege*, Reinbek bei Hamburg: rowohlt 2002.

4 Mit *Fax from Sarajevo* (Milwaukie: Dark Horse Comics 1996) wendet sich Joe Kubert, der Star des amerikanischen Kriegscomics, dem dokumentarischen Comic zu. Auch Joe Sacco berichtet in *Safe Area Gorazde: The War in Eastern Bosnia 1992–1995* (Seattle: Fantagraphic Books 2000), *The Fixer: A Story from Sarajevo* (Montréal: Drawn and Quarterly 2003) und *War's End: Profiles from Bosnia 1995–96* (Montréal: Drawn and Quarterly 2005) über den Balkankrieg.

5 Siehe z.B. Sacco, Joe: *Palestine: A Nation Occupied*, Seattle: Fantagraphics Books 1993, *Palestine: In the Gaza Strip*, Seattle: Fantagraphics Books 1996 und *Footnotes in Gaza*, New York: Metropolitan Books 2009 oder Chapatte, Patrick: « Dans l'enclos de Gaza », in: Chapatte, Patrick: *BD Reporter. Du Printemps arabe aux coulisses de l'Elysée*, Nyon: Glénat 2011, pp. 50–69.

Das Untersuchungskorpus umfasst *Afghanistan, récits de guerre* (2011) – sechs kurze graphische Texte von Lisa Lugrin, Guillaume Heurtault, Lucie Castel, Maxime Jeune, Robin Cousin und Clément Xavier –, *La Première fleur du pays sans arbres* (2012) von Julien Lacombe und Sarah Arnal sowie die deutschen Produktionen *Wave and Smile* (2012) von Arne Jysch und *Kriegszeiten. Eine grafische Reportage über Soldaten, Politiker und Opfer in Afghanistan* (2012) von David Schraven und Vincent Burmeister.[6]

2. *Graphic Journalism* in Zeiten der ‚neuen Kriege'

Das Phänomen, dass Terror und kriegerisches Grauen zeichnerisch dokumentiert werden, ist so alt wie kriegerische Auseinandersetzungen selbst. Auch die kritische Infragestellung ethischer Rechtfertigungen durch Wort-Bild-Kombinationen sind nicht neu und erreichten mit Francesco de Goyas Radierungen *Desastres de la guerra* (1810–1814) – bereits vor der Herausbildung des Comics im eigentlichen Sinne – einen ersten Höhepunkt.[7]

Im Medium des Comics ist das Phänomen des dezidiert weder komischen noch fiktionalen zeichnerischen Dokumentierens und Berichtens von realen Kriegen im globalen Kontext hingegen vergleichsweise neu. Aus den pädagogischen *Educational Comics* der 1960er und 1970er Jahre und den (ebenfalls meist didaktisierten) Geschichtscomics der 1970er und 1980er Jahre entwickelte sich seit Art Spiegelmanns ebenso ungewöhnlichem wie wegweisendem Autoren-Comic *Maus* (New York: Pantheon Books 1991) eine völlig neue Form des testimonial-dokumentarischen Geschichtscomics, der ethische Fragen in den Vordergrund rückt, ohne dabei den moralischen Zeigefinger zu erheben.[8] Auffällig ist, dass sich mit dem Ende der klassischen zwischenstaatlichen Kriege und

---

6 Lugrin, Lisa et al.: *Afghanistan, récits de guerre*, Poitiers: Éditions FLBLB 2011; Lacombe, Julien/Arnal, Sarah: *La Première fleur du pays sans arbres*, Bordeaux: Les requins marteaux 2012; Jysch, Arne: *Wave and Smile*, Hamburg: Carlsen 2012; Schraven, David/Burmeister, Vincent: *Kriegszeiten. Eine grafische Reportage über Soldaten, Politiker und Opfer in Afghanistan*, Hamburg: Carlsen 2012.

7 Für einen historischen Abriss graphischer Kriegsdarstellungen siehe Chute, Hillary: *Disaster Drawn: Visual Witness, Comics, and Documentary Form*, Cambridge, Massachusetts: The Belknap Press of Harvard University Press 2016, pp. 39–68.

8 Zu Entwicklung und Ausdifferenzierung unterschiedlicher Formen des Sachcomics siehe Abel/Klein 2016, pp. 291–303 und Hangartner, Urs/Keller, Felix/Oechslin, Dorothea (Hg.): *Wissen durch Bilder. Sachcomics als Medien von Bildung und Information*, Bielefeld: transcript 2013. Zu *Maus* siehe z.B. Adams, Jeff: *Documentary Graphic Novels and Social Realism*, Bern: Lang 2008, pp. 168–193.

dem ungebremsten Ausbrechen globaler Ressourcen- und terroristisch moti-
vierter Zerstörungskriege seit Anfang der 1990er Jahre weitere neue Formen des
dokumentarischen Autoren-Comics entwickelten, die die klassische ‚Bild-Sprache' des Comics auflösen und in einer Mischung aus Dokumentation, Sachbuch,
journalistischer Reportage, autobiographischen Erlebnissen und semifiktionaler
Darstellung im gezeichneten Bildmedium von politischer Gewalt, Terror und
Krieg erzählen bzw. berichten.[9] Wegweisend für diese ‚Mode' von politischen
Dokumentar-Comics war Joe Saccos Album *Palestine* (1996), das auf dem internationalen Markt wortwörtlich wie eine Bombe einschlug.[10] Saccos Form der
graphischen Dokumentation gewann in der internationalen Comic-/*Graphic
Novel*-Szene so schnell an Popularität, dass sie sich mittlerweile als *Comic(s)/
Graphic Journalism* zu einem eigenständigen Genre der neunten Kunst her-
ausgebildet hat, das sich neben dem ‚klassischen' Photojournalismus etabliert
hat. Der Großteil dieser Arbeiten weist journalistischen Reportagecharakter
auf und/oder trägt Elemente autobiographischer bzw. autofiktionaler Reise-
oder Einsatzberichte: So Ted Ralls *To Afghanistan and Back: A Graphic Trave-
logue* (New York: NBM 2002), die erste investigative Comic-Reportage über
den Einmarsch der US-Truppen in Afghanistan, oder aber die weit über den
französischen Markt hinaus erfolgreichen Bände von *Le Photographe*, in denen
Emmanuel Guibert, Frédéric Lemercier und Didier Lefèvre (Marcinelle: Dupuis,
Bd. 1 2003, Bd. 2 2004, Bd. 3 2006) in gezeichneten und photographischen Bildern über den Einsatz der Ärzte ohne Grenzen in Afghanistan berichten.[11]
    « Pourquoi des dessins alors que l'actualité déborde d'images, de photos, de
vidéos ? »[12] – fragt der französische Comic-Reporter Patrick Chappatte in der

---

9   Zur Frage, wie sich dokumentarische Reportage-Comics dem Thema Krieg annähern,
    sei auch auf Mark Daniels Dokumentarfilm *La BD s'en va t-en guerre. De Art Spiegel-
    mann à Joe Sacco: Histoire du BD journalisme* (Arte Éditions, DVD, 2010) verwiesen.
10 Ausführlicher zu Sacco siehe Adams 2008, pp. 121–160 und Chute 2016, pp. 197–254.
11 Da der internationale Bestseller bereits vielfach untersucht wurde, ist er nicht Teil des
    Untersuchungskorpus. Bezüglich vorliegender Forschungsarbeiten zu *Le Photogra-
    phe* siehe beispielsweise Hertrampf, Marina Ortrud M.: « PHOTO-COMIC-ROMAN
    und COMIC-PHOTO-ROMAN: Mediale Grenzphänomene zwischen Comic, Pho-
    tographie und Photo-Roman », in: Leinen, Frank/Rings, Guido (Hg.): *Bilderwelten,
    Textwelten – Comicwelten: Romanistische Begegnungen mit der ‚neunten' Kunst*, Mün-
    chen: Meidenbauer 2007, pp. 287–313, 301–302 und pp. 306–310 sowie Hillenbach,
    Anne-Kathrin: *Literatur und Fotografie. Analysen eines intermedialen Verhältnisses*,
    Bielefeld: transcript 2012, pp. 159–187.
12 Chappatte 2011, p. 4.

Einleitung zu seinem Album *BD Reporter. Du Printemps arabe aux coulisses de l'Élysée* (2011) nicht ganz unberechtigt. Schließlich stellt sich angesichts der quasi allgegenwärtigen Fülle medialer Berichterstattungen über die Krisen- und Kriegsschauplätze dieser Welt die Frage, welche ‚Vorteile' die Comic-Reportage gegenüber ‚normalen' journalistischen Dokumentationen und Reportagen hat. Mit Blick auf Kriegs- und Katastrophenberichterstattungen weist Chappatte auf einen gerade in ethischer Hinsicht wesentlichen Aspekt hin: « Je crois que le trait noir, dans son dépouillement, permet d'entrer en relation d'une façon unique : on absorbe le récit d'une victime, par exemple, sans être gêné ou distrait par l'invasivité de l'image photographique. Le dessin donne à voir sans voyeurisme. »[13] Die zeichnerische Darstellung ist ungleich diskreter als die photographische und filmische und wahrt so die Würde des Individuums.[14]

Im Gegensatz zu anderen Comicgenres und unvergleichlich stärker als bei anderen journalistischen Genres stellen sich beim *Graphic Journalism* die ethisch relevanten Fragen nach Authentizitäts- und Wahrheitsgehalt des Dargestellten.[15] Um dem journalistischen Wahrheitsanspruch gerecht zu werden, setzen Comic-Reporter gezielt Authentisierungsstrategien ein: Neben der exakten Nennung von Orts- und Personennamen werden häufig Graphiken, Statistiken und Karten integriert. Die stärkste Authentisierungswirkung weisen aber – trotz aller digitalen Manipulierungsmöglichkeiten – noch immer Photographien auf. Zugleich darf aber natürlich auch nicht außer Acht gelassen werden, dass beim *Graphic Journalism* zusätzlich zur künstlerisch ästhetischen Beschaffenheit der Zeichnungen (Zeichenstil, Kolorierung etc.), die dazu führt, dass keine rein objektive Abbildung der Realität vorliegt, ganz gezielt literarische Verfahren wie Fokussierungen, Kürzungen/Ergänzungen und Perspektivierungen eingesetzt werden. Während der Einsatz derartiger literarischer Strategien die Faktizität des Wiedergabemodus reduziert, dienen sie gleichzeitig einer anderen Form der Wahrheit, die für den Wirkungsprozess eines Werkes entscheidend ist: « [...]

---

13 *Ibid.*, p. 4.

14 Ausführlicher zum frankophonen *Graphic Journalism* siehe Hertrampf, Marina Ortrud M.: Le printemps des arabes en bulles *oder Der Arabische Frühling im Spiegel frankophoner Graphic Novels*, Heidelberg: Winter 2016.

15 Für eine Bewertung der journalistischen Qualität des Comic-Journalismus siehe Plank, Lukas: *Gezeichnete Wirklichkeit: Comic-Journalismus und journalistische Qualität*, Universität Wien: Diplomarbeit, 2013, https://lukasplank.files.wordpress.com/2013/11/gezeichnete-wirklichkeit.pdf [aufgerufen am 08.10.2019].

these techniques serve to convey the *emotional* truth of the story »[16]. Der *Graphic Journalism* verleiht dem Nicht-Sagbaren sowie dem Unaussprechlichen also eine Bild-Sprache, die es vermag die menschlichen Katastrophen graphisch zu ‚materialisieren‘ und sie so für den Rezipienten nicht nur sichtbar, sondern zugleich auch ‚spürbar‘ zu machen: Insbesondere das zeichnerische Moment erschüttert den Rezipienten, denn anders als in vielen journalistischen Berichten oder Dokumentarfilmen, bei denen der Rezipient Grauen und Elend – wohl nicht zuletzt aus Selbstschutz – in den Bildern anonym bleibender Menschen und den abstrakten Statistiken ‚übersieht‘, gehen die Bilder des *Graphic Journalism* unter die Haut, sie lassen einen ungleich unmittelbarer teilhaben an der Sinnlosigkeit des Tötens und Sterbens. Durch die individualisierte Präsentation von Fakten ist der Rezipient folglich ‚beteiligter‘ an dem Dargestellten und kann sich ggf. mit einzelnen Personen identifizieren oder Sympathie für sie empfinden. Dadurch verstärkt sich auch der kathartische Effekt:

> The best writing has always had the ability to make readers laugh or cry, to touch the core of what it means to be human. The best art can accomplish this in an instant. […] When coupled in nonfiction comic, art and carefully gathered facts allow readers to see not only the world as it is, but themselves as they are. It is an immensely powerful medium.[17]

3. Der ‚unendliche‘ Afghanistankrieg in deutsch- und französischsprachigen *Graphic Novels*

Die ursprüngliche Überzeugung der internationalen Gemeinschaft, dass Krieg und Terror mit militärischem Einsatz beendet werden könnten, bleibt im Zeitalter der ‚neuen Kriege‘ bloßes Wunschdenken: Auch nach gut zwanzig Jahren internationalen Militäreinsatzes ist in dem weiterhin von Gewalt und Terror beherrschten Land alles andere als Frieden eingekehrt – und nichts scheint darauf hinzudeuten, dass dies in absehbarer Zeit der Fall sein wird.

In der Narrativik hat der scheinbar nie enden wollende Afghanistankrieg bereits ein neues Subgenre hervorgebracht: den Afghanistan-Roman.[18] Auch

---

16 Neufeld, Josh: « Foreword », in: Duncan, Randy/Taylor, Michael Ray/Stoddard, David (Hg.): *Creating Comics as Journalism, Memoir and Nonfiction*, New York: Routledge 2015, pp. I–VI, V.

17 Duncan/Taylor/Stoddard 2015, p. 7.

18 Den Begriff verwendete die Journalistin Julia Encke erstmals 2011 in Bezug auf den Roman *Kriegsbraut* von Dirk Kurbjuweit. Encke, Julia: « Es wird geschossen, es geht

im Bereich der graphischen Literatur kann man von der Herausbildung des Subgrenres Afghanistan-Comic/*Graphic Novel* sprechen. Wie aber begegnen Comics/*Graphic Novels* dem Afghanistankrieg? Welche Formen des zeichnerisch-ästhetischen, journalistischen und politischen Umgangs wählen französisch- und deutschsprachige Autoren/Künstler? Welche Bild-Sprache(n) werden zur Darstellung des Krieges verwendet? Diesen Fragen soll im Folgenden anhand der vier ausgewählten graphischen Arbeiten zum Afghanistankrieg nachgegangen werden.

Erste europäische Comic-Reaktionen auf den Afghanistankrieg kommen aus Frankreich, dem Land mit der langen und stark ausdifferenzierten Comic-Tradition. Nach der international erfolgreichen *Graphic Journalism*-Trilogie *Le Photographe* kommen mit *Afghanistan, récits de guerre* und *La Première fleur du pays sans arbres* zwei weitere graphische Bücher auf den Markt, die sich – auf jeweils ganz spezifische Weise – mit dem Afghanistankrieg beschäftigen.

Wie der Titel bereits ankündigt, handelt es sich bei *Afghanistan, récits de guerre* um eine Anthologie. Diese vereint sechs kurze Afghanistan-Comics.[19] Abgesehen von der Tatsache, dass es sich durchweg um Schwarzweiß-Zeichnungen handelt, unterscheiden sie sich in Machart, Stil und Aussagekraft recht stark voneinander. Die Herausgeber der Anthologie, Grégory Jarry und Thomas Dupuis, formulieren in ihrem Vorwort die Zielsetzung des Buches: Es geht ihnen in erster Linie darum, den politischen und medial verbreiteten Pressediskursen ‚literarische‘ und damit vielleicht auch ‚lebensnähere‘ Darstellungen des Einsatzes in Afghanistan entgegenzustellen: « Si personne ne raconte les conflits contemporains, ne s'approprie cette matière historique, politique et romanesque avec un point de vue d'auteur, la seule représentation qui existe est celle des médias et de l'Etat, une représentation désincarnée et manipulatrice. »[20] Keiner

---

jetzt los », *Frankfurter Allgemeine*, 13.03.2011, http://www.faz.net/aktuell/feuilleton/themen/afghanistan-roman-es-wird-geschossen-es-geht-jetzt-los-1611423.html [aufgerufen am 08.10.2019]. Für eine Untersuchung der neuen Subgattung des (deutschen) Romans siehe auch Wolting, Monika: *Der neue Kriegsroman. Repräsentationen des Afghanistankriegs in der deutschen Gegenwartsliteratur*, Heidelberg: Winter 2019.

19 Es handelt sich um die folgenden Comics: Lugrin, Lisa: « Opération psychologique », pp. 9–54, Heurtault, Guillaume: « Sans peur et sans reproche », pp. 47–74, Castel, Lucie: « L'honneur de François », pp. 77–102, Jeune, Maxime: « Le petit clac du bouchon à l'ouverture », pp. 105–133, Cousin, Robin: « Le sergent Louis », pp. 135–172 und Xavier, Clément: « Le légionnaire Tomazi », pp. 175–205.

20 Lugrin et al. 2011, p. 5.

der sechs jungen Comicmacher war jedoch tatsächlich vor Ort. Die Darstellungen beruhen folglich allein auf dokumentarischem Material einerseits und der künstlerisch freien Imagination andererseits. Auch wenn der Gegenstand ein ganz realer ist, liegen hier keine dokumentarischen Comic-Reportagen vor. Der Fiktionalitätsgehalt der Comics wird offen artikuliert, ihre Zielsetzung allerdings soll die des *Graphic Journalism* sein: die offizielle Berichterstattung soll ergänzt werden, um der (französischen) Bevölkerung den Krieg in der Ferne ,näher' zu bringen, ja vielleicht sogar (be-)greifbarer zu machen: « Leurs histoires mettent à distance le conflit par l'imaginaire, l'humour, le regard critique ou l'émotion et nous aident sinon à comprendre cette guerre, du moins à ne plus l'ignorer. »[21]

Eröffnet wird die Anthologie mit Lisa Lugrins « Opération psychologique ». Der recht traditionell gestaltete Comic erzählt von französischen Soldaten, die den Kontakt mit der afghanischen Landbevölkerung suchen, um ihnen die Ziele ihrer Friedensmission zu erklären. Die afghanische Bevölkerung wird hier positiv dargestellt: Ein alter Mann führt sie zu einem Waffenlager der Taliban, ein anderer Mann hilft ihnen unbemerkt den herannahenden Taliban zu entkommen und schließlich schenkt ein Junge den Soldaten einen kleinen Papierdrachen.[22] Am Ende gelangt die Gruppe der französischen Soldaten aber doch noch in einen Hinterhalt (*Fig.* 1).

---

21 *Ibid.*

22 Unweigerlich erinnert das Motiv des Drachens an Khaled Hosseinis Roman *Drachenläufer* (2003). Das Motiv des Drachens findet sich auch in Jeunes und Xaviers Comic wieder (*cf.* p. 128 und p. 198). In *La Première fleur du pays sans arbres* wird ferner darauf hingewiesen, dass die Taliban sogar das Drachensteigen verboten hatten (Lacombe/Arnal 2012, p. 120). *La Première fleur du pays sans arbres* weist keine Paginierung auf. Die hier angegebenen Seitenzahlen wurden zur Erleichterung der Auffindbarkeit der Beispiele angegeben. Die Zählung mit Seite 1 beginnt mit dem Vorwort von Pierre Christin.

Fig. 1: Lugrin: « Opération psychologique », in: Lugrin et al. 2011, p. 39.

Dynamik, Dramatik und Folgen der Explosion werden mit den comicspezifischen Verfahren dargestellt: das ein ganzes Panel einnehmende, visuell expressiv gestaltete *Soundword* « BLAM » verdeutlicht, was passiert; eine *motion line* mit Stern symbolisiert ganz links im Panel, dass einer der Soldaten bewusstlos wurde, während die *motion line* links das Abspringen des Reifens nachzeichnet. Wer und wo die Gegner sind, bleibt verborgen, ihre Raketen führen jedoch dazu, dass zwei Soldaten von abgesprengten Felsblöcken verschüttet werden – es überleben jedoch alle drei Soldaten.

Guillaume Heurtault zeigt den Kampf der französischen Soldaten, der, wie der Titel angibt, « Sans peur et sans reproche » sein soll, gegen vermeintliche Taliban-Stützpunkte aus einer weitaus kritischeren Perspektive. Heurtault zeichnet mit leichtem Strich, Panels werden nur partiell angedeutet. Die immer wieder zur Abstraktion neigenden Zeichnungen deuten insgesamt mehr an, als dass sie Details zeigen. Auch changiert die Erzählweise von karikaturesker Überzeichnung und – trotz aller abstrahierender Vagheit – realistischen Darstellungen. Wenn die politische Ebene der französischen Armee mit ihrem Hierarchiedenken oder der Minister mit seiner arroganten Selbstgefälligkeit im Fokus stehen, dominiert der ironische Ton: Der Minister und die ranghöchsten Militärs werden als Sonnenkönig samt militärischem Hofstaat dargestellt.[23] Ganz anders die Soldaten, die ihre Pflicht tun, sich aber mit Selbstzweifeln und -vorwürfen quälen, denn immer wieder werden im Kampf gegen Talibanstellungen auch Zivilisten verletzt und getötet.[24] Die Soldaten werden hier als weitaus verantwortungsvoller dargestellt als die politisch wie militärisch Verantwortlichen. Der Krieg wird vor allem als gewaltsamer Angriff auf Unschuldige präsentiert. Mächtige Geschosse sollen vermeintliche Taliban-Verstecke zerstören. Was von der Gewalt gezeigt wird, bleibt aber dezente Andeutung: Ein heftiges Geschoss hat ein vermeintlich unbewohntes und von Taliban vereinnahmtes Dorf in Brand gesetzt. Für die französischen Soldaten vollkommen überraschend war das Dorf aber nicht unbewohnt: zahllose Menschen entfliehen dem Feuer, rennen um ihr Leben. Flüchtende, Verletzte oder gar Tote werden dabei jedoch nur skizzenhaft angedeutet (*Fig. 2*).

---

23 *Cf.* Heurtault: « Sans peur et sans reproche », in: Lugrin et al. 2011, pp. 54–57.
24 *Cf. ibid.*, p. 70.

***Fig.* 2:** Heurtault: « Sans peur et sans reproche », in: Lugrin et al. 2011, p. 64.

Während die Soldaten in Afghanistan ihr Leben und das unschuldiger Zivilisten aufs Spiel setzen, diniert man zuhause in Frankreich voller Ignoranz der wahren Probleme bei einer Festtafel wie am Hofe Ludwig XIV.[25]

Am Anfang und Ende des Comics « L'honneur de François » verwendet Lucie Castel ein Motiv, dem Norbert Scheuer in seinem Afghanistan-Roman *Die Sprache der Vögel* (2015) eine Schlüsselstellung einräumt: Ein Soldat soll mit seinen Kollegen eine Taliban-Stellung beobachten, doch interessiert er sich viel mehr für die afghanische Vogelwelt. Vollkommen fasziniert ist er von einer Kragentrappe, die der Rezipient mit ihm durch sein Fernglas sieht. Am Ende, als die Franzosen nach einem für sie erfolgreichen Gefecht mit Taliban in der nächtlichen Natur sitzen, erscheint der Vogel wie in einer Art friedlichem Epilog noch einmal und fliegt schließlich dem Mond entgegen. Im Zentrum des Comics steht der erbitterte Kampf zwischen (französischen) ISAF-Soldaten und Talibankämpfern. Castel erzählt im Wechsel mal aus der Sicht der Franzosen, mal aus der Sicht der Taliban, die schließlich auch einen ihrer Führer verlieren. Beide Seiten zeigen – etwa an den Gesichtsausdrücken der Kämpfer – die Hässlichkeit des aggressiven Nahkampfes, der in der folgenden Abbildung (*Fig.* 3) durch die Schuss-Gegenschuss-Montage und die Fokussierung von der Gruppe zu einzelnen Kämpfern besonders verdichtet zum Ausdruck gebracht wird.

---

25 *Ibid.*, p. 74.

Fig. 3: Castel: « L'honneur de François », in: Lugrin et al. 2011, p. 98.

Das die Schussgeräusche der Maschinengewehre nachbildende *Soundword*
« takatakataka » wird schließlich, wie an der Überschreitung der Panelgrenzen
der *Soundwords* sowie in der Panoramaansicht der Gegend im fünften Panel
deutlich wird, zur einzigen (gemeinsamen) Kommunikation; die zivile Bevölkerung kann nur versuchen, sich in Sicherheit (vor letztlich beiden Seiten) zu
bringen.

Während die ersten drei Comics der Anthologie insofern einen gewissen Rea-
litätscharakter aufweisen, dass sie den vom Krieg geprägten Alltag der französischen Soldaten in Afghanistan schildern, ist der Umgang der folgenden drei
Comics mit der Realität ein sehr viel freierer.

Maxime Jeune präsentiert mit « Le petit clac du bouchon à l'ouverture »
eine fantastisch anmutende Episode aus einem ISAF-Lager, die hinsichtlich der
eigenwilligen Panelaufteilung an Mangas erinnert (*cf. Fig.* 4). Abgesehen von
der Hierarchie innerhalb der Truppe und der permanenten Beobachtung zum
Schutze des Lagers wird kaum etwas vom realen Soldatenalltag in Afghanistan
erzählt. Die zentrale Geschichte des Comics kreist um drei verwitwete afghanische Frauen, die einen Plan schmieden nach Frankreich zu gelangen, nicht
als Terroristinnen, sondern als Touristinnen.[26] Der Weg, den sie dafür wählen
ist mehr als ungewöhnlich. Die Explosion eines Truppenfahrzeuges direkt am
Lagereingang soll für Unruhe und Verwirrung sorgen (*Fig.* 4).

---

26 Jeune: « Le petit clac du bouchon à l'ouverture », in: Lugrin et al. 2011, p. 127.

Fig. 4: Jeune: « Le petit clac du bouchon à l'ouverture », in: Lugrin et al. 2011, p. 117.

Dieser Anschlag ist der einzige Akt terroristischer Gewalt des Comics und war von den Drahtzieherinnen auch nicht dazu intendiert, Menschen zu verletzen: « On a complètement merdé ! Un blessé ! C'était pas prévu... ».[27] In der für Jeune kennzeichnenden abstrakten Darstellungsweise wird die Explosion in Szene gesetzt, ohne dabei Verletzung oder Zerstörung wirklich zu zeigen. Die drei selbstbewussten Power-Frauen fliegen indes mit einem Drachen Richtung ISAF-Lager. Ein amerikanischer Helikopter fängt sie ab, doch sie gewinnen Oberhand. Nach der Bruchlandung über dem Lager schleusen sie sich in das Flugzeug für den Rücktransport der vermeintlichen Soldaten nach Frankreich.

In märchenhafter Manier legt Robin Cousin mit « Le sergent Louis » eine bebilderte Geschichte vor, die auf humoristische Weise von den unzähligen kulturellen Missverständnissen zwischen Afghanen und ISAF-Soldaten berichtet. Die teils nonverbal als reine Bilder-Geschichte und teils in Blocktexten und mit Sprech- und Denkblasen erzählte Geschichte basiert auf stereotypen Klischeebildern von Mitgliedern der französischen Armee, der afghanischen Bevölkerung

---

27 *Ibid.*

sowie von Anhängern der Taliban, die auf stark simplifizierende Weise karikaturhaft als prototypische ‚Strichmännchen' dargestellt werden. Der zeichnerisch wie formal einfache Stil – abgesehen von der letzten Seite wird in gleichmäßigem *grid* von sechs Panels pro Seite erzählt – trügt jedoch und lässt die Kritik letztlich nur umso stärker erscheinen. Das Lachen bleibt einem schier im Halse stecken, als die französischen Soldaten einen herannahenden bunt bemalten Schulbus in ihrer dauerhaften Angst vor Taliban-Anschlägen beschießen und vier Kinder verletzen. Grenzenloses Misstrauen gegenüber allen Afghanen, so zeigt Cousin, führt bei den schlecht geschulten Soldaten zu vollkommener Überforderung mit der Situation (*Fig.* 5).

Fig. 5: Cousin: « Le sergent Louis », in: Lugrin et al. 2011, p. 167.

Harscher noch ist die Kritik an der Fakten verzerrenden Verharmlosung von Vorfällen, bei denen Zivilisten zu Schaden kommen.[28]

In dynamischen Strichzeichnungen, die ohne Kadrierung des Panels auskommen (*cf.* die Strichführung in *Fig.* 6), erzählt Clément Xavier in « Le légionnaire Tomazi » von dem jungen Italiener Tomazi, der sich der Fremdenlegion anschloss und mit dieser in Afghanistan ist.

---

28 Cousin: « Le sergent Louis », in: Lugrin et al. 2011, p. 172.

Fig. 6: Xavier: « Le légionnaire Tomazi », in: Lugrin et al. 2011, p. 198.

Das Thema der lebenslangen Zugehörigkeit zur Fremdenlegion ist jedoch das eigentlich zentrale Thema des Comics, denn der Afghanistankrieg ist mehr oder minder nur Hintergrundhandlung. Neben der Tatsache, dass das Land vermint ist,[29] werden vor allem der Auftrag des Aufbaus einer afghanischen Armee und die humanitäre Hilfe hervorgehoben (*cf. Fig.* 6). Im Fokus der Handlung steht hingegen die ebenso abenteuerliche wie brutale Suche nach dem aus der Fremdenlegion geflohenen Tomazi.

---

29 *Cf. ibid.*

Wirken die sechs Afghanistan-Comics der Anthologie eher wie Stilübungen
zu einem sehr schweren Thema, bei denen Gewalt, Töten und Sterben nur sehr
verhalten thematisiert werden, so brilliert die Mischung aus dokufiktionalem
Reise-Comic und dokumentarischer Comic-Reportage *La Première fleur du pays
sans arbres* mit erzählerischer wie zeichnerischer Professionalität. Im Gegensatz
zu den Comic-Machern der *Récits de guerre* basiert Lacombes und Arnals Darstellung Afghanistans auf eigener Anschauung: Julien Lacombe arbeitete von
2004 bis 2006 für ein von der Weltbank finanziertes Hilfsprogramm in Afghanistan, wo er auch die Zeichnerin Sarah Arnal kennen lernte.[30] Das mit 262
DIN-A4-Seiten recht umfangreiche Album von Julien Lacombe und Sarah Arnal
versteht sich explizit in der Nachfolge von *Le Photographe*[31] und in der Tat ist *La
Première fleur du pays sans arbres* dem *Graphic Journalism* zuzurechnen: Eingeleitet wird das Album mit einer vierseitigen Übersicht über die krisenreiche
Geschichte Afghanistans. Das Album selbst ist eine geopolitische Analyse, die
versucht, in 31 episodischen Kapiteln unterschiedliche Aspekte der allgemeinen Lage in dem seit Jahrzehnten kriegs- und terrorerschütterten Land zu fassen. Zugleich ist es ein durchaus persönlicher (Reise-/Erfahrungs-)Bericht des
Autors und Ich-Erzählers Julien Lacombe über seine (Detail-)Beobachtungen in
einem Land, das sich ihm in der unmittelbaren Anschauung so anders präsen-
tierte als das Bild, das uns durch die Medien suggeriert wird. Die beiden Comic-
Macher sehen sich – wie für den *Graphic Journalism* üblich – in der Rolle der
behutsam-zurückgenommenen Aufklärer: Ohne zu bewerten oder Meinungen
zu lenken und ohne den didaktischen oder moralischen Zeigefinger zu erheben,
wollen sie einen neuen, realitätsnäheren Blick auf Land und Bevölkerung geben,
auf ein Land, das trotz des Krieges mehr ist als ein zerstörtes Land, auf eine
Bevölkerung, die trotz der oppressiven Terrorherrschaft der Taliban mehr ist als
nur passiv und gelähmt. Und doch unterscheidet sich *La Première fleur du pays
sans arbres* massiv von einer dokumentarischen Comic-Reportage wie sie etwa
Guibert/Lemercier/Lefèvre vorgelegt haben: Arnals Schwarzweißzeichnungen
sind minimalistisch, deuten oft nur vage an und arbeiten ohne perspektivische
Tiefe. Überdies werden auch weder Photographien noch Statistiken, Tabellen,
Landkarten oder andere Realien integriert. Trotz des autobiographischen Reali-
tätsgehaltes des Erzählten und Berichteten auf der einen Seite, tendieren Arnals
Zeichnungen oft zur künstlerischen Abstraktion oder rekurrieren auf Symbole

---

30 Caussieu, Carina: « Une BD reportage sur l'Afghanistan à la Menuserie », *Midi Libre*,
     03.11.2012, p. 2.
31 *Ibid.*

und Metaphern, um das nicht Abbildbare darzustellen. Pierre Christin schreibt in seinem Vorwort zu dem Album hierzu treffend:

> Quant au dessin, souvent allusif, parfois presque évanescent, il sert parfaitement le propos en pratiquant souvent la métaphore pour traduire une situation sans l'illustrer platement, voire la métonymie pour attendre au simple signe de la chose racontée, proche en un certain sens des encres griffées d'Henri Michaux, mais sachant aussi se faire réaliste lorsqu'il le faut.[32]

Ein eindrückliches Beispiel für die metaphorische Darstellung ist die humoristische Interpretation der politischen Großwetterlage in Afghanistan (*Fig. 7*). Dabei wird das Bild der Großwetterlage ganz wörtlich genommen und nicht ohne satirischen Galgenhumor wie im TV-Wetterbericht präsentiert: Bombenexplosionen als Gewitter, Raketenbeschuss als Regen.[33]

Fig. 7: Lacombe/Arnal 2012, p. 28.

---

32 Lacombe/Arnal 2012, p. 1.
33 Jean-Pierre Filiu und Cyrille Pomès verwenden in ihrer dokumentarischen *Graphic Novel* über den arabischen Frühling – *Le Printemps des arabes* (Paris: Futuropolis 2013, p. 17) – dieselbe Metapher mit Bezug auf die politisch instabile Situation im Jemen.

Ein weiteres interessantes Beispiel für Arnals zuweilen symbolischen Zeichenstil stellt die Illustration in der folgenden Abbildung (*Fig.* 8) dar, die auch auf dem Cover des Albums abgebildet ist.

Fig. 8: Lacombe/Arnal 2012, p. 247.

In dem Kapitel « Dans l'ombre » stellt sich der Ich-Erzähler die ebenso quälende wie verunsichernde Frage, wer von den Menschen, denen er begegnete bzw. mit denen er zusammenarbeitete selbst als Radikale oder gar Taliban aktiv waren: « Combien parmi eux ont pris part à ces mouvements, par conviction ou par mimétisme ? / Combien ont du sang sur les mains ? »[34] Dargestellt wird das düstere Gedankenspiel über die Anzahl der selbst zu Mördern gewordenen mittels einer Art Totenreigen: Die Skelette der Getöteten ‚gesellen‘ sich zu der Gruppe von Juliens afghanischen Bekannten. Wie hier löst Arnal die Panelstruktur zuweilen zugunsten halb- oder ganzseitiger Illustrationen auf. Grundsätzlich weist das Album eine eher uneinheitliche Panelstruktur auf. Ebenso changiert auch das Text-Bild-Verhältnis vielfach: Von einem recht ausgewogenen Text-Bild-Verhältnis zu rein nonverbalen Bildsequenzen. Bei Text-Bild-Verkoppelungen fällt zudem auf, dass Text und Bild oft nicht kongruent sind, d.h. dass das im Text Erwähnte nicht zwangsläufig auch graphisch abgebildet wird.

Im Mittelpunkt des Albums steht der *status quo* Afghanistans in den Jahren 2004 bis 2006, in denen das Land eine erste Ruhephase durchlebte, in der mit dem Wiederaufbau von Gebäuden, Infrastruktur, (Land-)Wirtschaft und Bildung begonnen wurde. Der Krieg steht daher auch nicht – wie in den anderen hier betrachten Werken – unmittelbar im Zentrum; vielmehr werden Erzähler und Rezipient mit den Folgen des Krieges konfrontiert. Diese Konfrontation erfolgt über die *témoignages* von Afghanen, die Julien trifft und zum Krieg befragt. So zum Beispiel Bashir, sein Kollege bei der NGO. Anhand des Kapitels « Moudjahedine » können die unterschiedlichen Vertextungsformen, mit denen im Album gearbeitet wird, sehr schön gezeigt werden. Im Blocktext kontextualisiert und erläutert der Erzähler die Episode. Der Bericht Bashirs erfolgt in dem quasi einleitenden Panel comicspezifisch mit einer Sprechblase (*Fig.* 9).

Fig. 9: Lacombe/Arnal 2012, p. 49.

---

34 Lacombe/Arnal 2012, p. 247.

In den folgenden Panels erscheint Bashirs Zeitzeugenbericht dann als Blocktext, wird dabei aber den Authentizitätsgehalt stärkend in Anführungszeichen
gesetzt als Zitat markiert (*cf. Fig.* 10).

Fig. 10: Lacombe/Arnal 2012, p. 52.

Dezent und frei von jedem voyeuristischen Blick deuten Arnals Illustrationen
die willkürliche Ermordung eines kleinen Jungen an. Zur Wahrung der Würde
des Toten verzichtet sie dabei auch auf die Ausarbeitung der Gesichtszüge.

Ebenso diskret wird auch an anderen Stellen mit Gewalt und Folter sowie
dem Töten umgegangen. Dabei ist der Darstellungsmodus von Gewalt durchaus
verschieden. Dieser kann zum einen als dynamisch-dramatische Inszenierung
im eher traditionellen Stile des Comics mit Sprechblasen und *Soundwords* erfolgen. So wie in Abbildung 11 (*Fig.* 11), wo der Beschuss eines Autos durch Taliban
in einer schnellen Sequenz von sechs Panels erzählt wird.

Fig. 11: Lacombe/Arnal 2012, p. 196.

Die Geschwindigkeit des Beschusses wird durch die länglich-schmale Gestaltung der vier vertikal angelegten Panels ausgedrückt. Die Darstellung der Verletzten bleibt trotz aller aufgebauten Dramatik der Aktion jedoch minimalistisch abstrakt und verhindert das Entstehen jedes reißerischen Ausdrucks. Zum anderen verweigert sich Arnal, das Grauenvolle des verbal Geäußerten zu visualisieren und deutet menschliche Kriegsgräuel wie in der folgenden Abbildung (*Fig.* 12) nur als schemenhaften Schatten an.

***Fig.* 12:** Lacombe/Arnal 2012, p. 249.

In der deutschen Comicszene ist es Arne Jysch, der 2012 mit *Wave and Smile* die erste *Graphic Novel* über den Afghanistaneinsatz vorlegt.[35] Das Album gibt

---

35 Die *Graphic Novel* wurde vorwiegend gut aufgenommen, sorgte aber durchaus auch für Kontroversen hinsichtlich der sehr positiven Darstellung der Bundeswehrsoldaten. *Cf.* Schulze von Glaßer, Michael: « Wave and Smile: Comics ziehen in den Krieg. Das gezeichnete Schlachtfeld. Die Story – Der Hintergrund – Die Produktion », *IMI-Studie*

einen Einblick in Leben und Arbeit der deutschen Soldaten im Bundeswehr-
einsatz am Hindukusch. Im Fokus stehen der Hauptmann Chris Menger, der
Hauptfeldwebel Marco und die Journalistin Anni, die 2009 im Afghanistaneinsatz sind. Wenngleich die Handlung vorwiegend aus der externen Fokalisierung
dargestellt wird, erweist sich Chris Menger als die sympathielenkende Hauptfigur des Albums, deren Innenperspektive man an drei Stellen erhält. Zunächst
nach der Art Prolog, bei dem eine Bundeswehr-Patrouille in einen Hinterhalt von
Taliban gerät und drei Soldaten sterben. Menger schreibt daraufhin in einer Mail
an die Daheimgebliebenen seine Sicht der Dinge, wobei diese als Blocktexte in
anderer Schrifttype markiert als seine Äußerung wiedergegeben werden.[36] Ähnlich erhält man bei Mengers Rückkehr nach Deutschland infolge der Entführung
von Hauptfeldwebel Marco Einblick in seine Gedanken, die von Schuldgefühlen
geprägt sind, seinen Kameraden im Stich gelassen zu haben.[37] Die Introspektion
dient der Motivation der Handlungslogik: Menger wird sich entscheiden, Marco
auf eigene Faust in Afghanistan zu suchen. Das Album endet schließlich mit
der Abreise Mengers aus Afghanistan und auch hier werden seine Gedanken als
Blocktexte wiedergegeben. Auffällig ist dabei der nicht unpathetische, versöhn-
lich-verklärende Blick des Soldaten auf den Afghanistaneinsatz, der sich implizit
auch an den Leser richtet:

> In diesem Moment hatte ich ihn plötzlich wieder... / ...diesen Funken Hoffnung, der
> immer wieder unerwartet aufblitzt zwischen den gigantischen Bergen und Tälern, dem
> rosafarbenen Schimmern des Staubes im Morgenlicht... / ...Es gelingt einfach nicht,
> dieses Land nicht zu mögen.../ ...trotz der traumatischen Erfahrungen, die ich dort
> gemacht habe...die nun Teil meiner Geschichte sind... / ...und Teil unserer Geschichte.[38]

---

13 (2012), http://www.imi-online.de/2012/08/06/wave-and-smile-comics-ziehen-in-
den-krieg/ [aufgerufen am 08.10.2019]; Klöckner, Marcus: « Schaltet die Schweine
aus! », *Telepolis*, 22.08.2012, https://www.heise.de/tp/features/Schaltet-die-Schwei-
ne-aus-3395378.html [aufgerufen am 08.10.2019]; Schmidt, Michael : « Liebe, Tod
und Taliban: Arne Jyschs Polit-Thriller ‚Wave and Smile' ist der wohl meistdiskutierte
Comic des Jahres – zu Recht », *Der Tagesspiegel*, 18.08.2012, http://www.tagesspiegel.
de/kultur/comics/graphic-novel-liebe-tod-und-taliban/6955530.html [aufgerufen
am 08.10.2019] und Lachwitz, Alexander: « Winken und Lächeln: über Arne Jyschs
Graphic Novel Debüt *Wave and Smile* », *Comic-Report*, 30.08.2012, http://www.
comic-report.de/index.php/rezensionen/40-rezcarlsen/425-wave-and-smile-arne-
jysch-afghanistan [aufgerufen am 08.10.2019].
36 Jysch 2012, p. 13.
37 *Ibid.*, pp. 124–125.
38 *Ibid.*, p. 195.

Bei *Wave and Smile* handelt es sich um keine dokumentarische Comic-Reportage im engeren Sinne, denn der Autor selbst war weder vor Ort noch zeichnet er die Erlebnisse realer Personen biographisch oder arbeitet mit integrierten Photographien, Karten oder Statistiken.[39] Und doch kann auch dieses Werk als dem *Graphic Journalism* im weitesten Sinne nahestehend zugerechnet werden. Jysch ist um eine möglichst realitätsnahe Darstellung bemüht und arbeitet wie so viele Journalisten auch: traditionell, könnte man sagen, also mit Interviews, klassischer Recherchearbeit sowie der Auswertung von Erfahrungsberichten von Bundeswehrsoldaten.[40] Großen (auch gestalterischen) Einfluss übte zudem die Arbeit der Photo-Journalistin Julia Weigelt auf Jysch aus, die als *embedded journalist* bereits mehrfach in Afghanistan war, und dem Rezipienten in *Wave and Smile* als fiktive Figur Anni begegnet. Ihre Photos waren es auch, die Jysch als visuelle Folie eines Großteils seiner Bilder des Krieges dienten. Dem Vorwurf einer nicht tatsachendominierten Darstellung zu entgehen, bringt Jysch die Fiktionalität seiner *Graphic Novel* explizit zur Sprache:

> Die Geschichte ist von realen Ereignissen inspiriert, die Handlung ist jedoch frei erfunden. Jede Ähnlichkeit mit existierenden Personen, Namen und konkreten Geschehnissen ist nicht beabsichtigt und wäre rein zufällig.
> Militärische Vorgehensweisen und Ausstattung sind aus künstlerischen und dramaturgischen Gründen teilweise verändert dargestellt und können von der Realität abweichen.[41]

Im Gegensatz zu der Mehrheit dokumentarischer *Graphic Novels* ist *Wave and Smile* nicht darstellend konzipiert, sondern ganz in der Tradition des Abenteuer- oder Kriegscomics klar auf *action*-reiche Handlung ausgelegt. *Action* gibt es nicht zu knapp in dem Album: Angriff und Verteidigung, Beschuss und Explosion, Entführung, Verwundung und Tod dominieren die auf Spannung ausgelegte Handlung, die mit den comicspezifischen Techniken wie Sprechblasen, *motion lines* und *Soundwords*, die in erster Linie die unterschiedlichen Geräusche von Waffen wiedergeben, vermittelt wird. In den besonders aktionsreichen Sequenzen bricht Jysch die Panelstruktur auf. So beispielsweise als der Hubschrauber unter Boden- und Luftbeschuss gerät (*Fig.* 13).

---

39 Eine Ausnahme bildet die doppelseitige Orientierungskarte des Krisen- und Kriegsgebietes auf den Innendeckeln des Albums. Zudem werden ein Glossar mit wichtigen Abkürzungen und ein Quellenverzeichnis mitgeliefert.

40 Die Quellen von Jysch stammen allerdings fast ausnahmslos von der Bundeswehr, eine Tatsache, die ihm von seinen Kritikern auch als tendenziös zu Lasten gelegt wurde.

41 Jysch 2012, p. 197.

Fig. 13: Jysch 2012, p. 67.

Die rechteckige, horizontal angelegte Panelstruktur wird zugunsten unregelmäßiger, trapezförmiger Panels aufgehoben und bildet so die chaotische Dynamik der Szene ab. Die Dramatik der Szene wird zudem durch die von Panel zu Panel wechselnde Perspektive auf die Piloten, die Insassen des Helikopters, den Doorgunner Benny und die angreifenden Taliban gesteigert. Die Brutalität der Szene wird durch die in großen Lettern in die Panels integrierten *Soundwords* verstärkt. Interessant ist dabei, dass die Klangperspektive aus der Sicht der Helikopterinsassen erfolgt: Das *Soundword* « Tatattatat » gibt das Geräusch des deutschen Maschinengewehrs wieder, das *Soundword* « Tak » hingegen imitiert das Geräusch der an dem Helikopter abprallenden Munition der Angreifer.

Der in dem gesamten Album vorliegende elliptisch-episodische Erzählmodus beschleunigt das Erzähltempo und vermittelt – im Gegensatz zu Soldaten-Berichten über die ‚Langeweile‘ des Einsatzes am Hindukusch – die massive Gefahrenlage. Unverblümt zeigt Jysch dabei immer wieder Gewalt und Sterben – auf beiden Seiten. Ein Beispiel für die geradezu martialische Darstellung bewaffneten Nahkampfes gibt die Szene der Abbildung in *Fig.* 14, in der der bereits von Taliban schwerverletzte Soldat namens Rocker am Boden liegend einen der Angreifer erschießt – bevor er kurz darauf von einer Rakete getötet wird.

Fig. 14: Jysch 2012, pp. 110–111.

Die schnelle Dramatik des Angriffs, bei dem der deutsche Soldat heldenhaft bis zum letzten Moment kämpft, wird durch die Schuss-Gegenschuss-Montage von Panel zu Panel verstärkt. Die Wirkung der roten Farbe des vergossenen Bluts wird dabei – nicht nur in dieser Szene – aufgrund der grundsätzlich im Album durchgehaltenen zurückhaltend beige-bräunlichen Aquarellfarbgebung besonders unterstrichen.

« Propaganda ist auch nicht mein Job! Ich versuche, alle Seiten darzustellen und möglichst neutral zu bleiben »[42], lässt Jysch die Photographin Anni sagen; ihre Aussage kann dabei insofern metatextuell gelesen werden, als Jysch angibt, ein möglichst vielschichtiges Bild zeichnen zu wollen, das diverse Interpretationen pro und contra des Einsatzes innerhalb der Truppe sowie in der Bevölkerung wiedergibt. Doch just diesem Anspruch wird *Wave and Smile* nicht gerecht. Auch wenn der Vorwurf, Jysch habe einen « militaristischen Propagandacomic, der alte Blut-und-Ehre-Traditionen feiert »[43], vorgelegt, sicher nicht haltbar ist, ist die politische Botschaft des Albums durchaus deutlich: Schon auf den ersten Seiten wird klar, dass der Militäreinsatz hier als bewaffneter Kampfeinsatz dargestellt wird, bei dem die deutschen Soldaten die Opfer sind.[44] Sie sind aber nicht nur Opfer der Taliban-Angriffe, sondern auch der deutschen Afghanistanpolitik und der Militärführung, die nicht deutlich genug hinter ihren ‚Werkzeugen' stehen und auch an der Heimatfront für ausreichend Rückhalt und Verständnis in der Bevölkerung sorgen. Dies zeigt eindrücklich die Episode, in der Menger nach dem Helikopterabschuss vorzeitig zurück nach Deutschland geschickt wird. Statt auf Verständnis in Familie und Bevölkerung trifft der traumatisierte Soldat auf eine Ehefrau, die die Scheidung eingeleitet hat, und auf allgemein kritische Ablehnung in der Öffentlichkeit. Obwohl Menger der Beschimpfung als Mörder in einem Berliner Café durch einen jungen Mann unvermittelt mit brutaler physischer Gewalt begegnet, liegt die Sympathielenkung klar bei dem ‚Opfer' Chris Menger, der quasi nicht anders kann. Auch die Soldaten im Einsatz, so vermittelt Jysch, können aus der Situation heraus nicht anders als kriegerisch tätig werden,

---

42 *Ibid.*, p. 44.

43 Lachwitz 2012.

44 Das titelgebende, die faktische Kriegslage verharmlosende Motto der ISAF-Soldaten, wenn sie die Lager zur Patrouille verließen, wirkt somit fast zynisch und kann durchaus als Kritik daran betrachtet werden, dass die reale Gefahrensituation des Einsatzes offiziell nicht angemessen gewürdigt wird.

die deutsche Politik aber verharmlost weiter. Die expliziten Äußerungen des Soldaten namens Rocker machen dies deutlich:[45]

> Das ist zum Kotzen. Entweder richtig rein, die Schweine ausschalten...oder gar nicht. Was wir hier machen, ist doch Kinderkacke.
> Wir sollen die Zivilisten beschützen, Sicherheit geben, aber uns selbst nicht in Gefahr bringen? ...und keine Unschuldigen töten?! Das ist Krieg, Mann! Das geht nicht! Das wird nie was!
> Entweder man steht dazu, dass im Krieg auch Unschuldige getötet werden...man akzeptiert das...oder man hält sich von Anfang an raus aus dem Scheiss [sic !]. [...] Die Regierung muss einfach mal eine klare Aussage machen, was das hier ist...weil sonst...wenn dann wieder welche von uns oder Zivilisten abkratzen, und das werden noch 'ne Menge sein, ist das Gejammer zu Hause wieder gross.
> Dann schreien alle: Abzug! Abzug! Dabei haben die die Typen gewählt, die uns hier runterschicken. Der Fisch stinkt vom Kopf her, sag ich nur.[46]

Am Beispiel des Soldaten Marco kann gezeigt werden, wie stark Jysch mit Klischeebildern und Stereotypen arbeitet. Das Leben der Soldaten im Lager wird so gezeigt, wie man es sich gemeinhin vorstellt: Plakate mit Pin-up-girls über den Pritschen, starker Alkoholkonsum, derb anzügliche und latent frauenfeindliche Witze[47] und doch haben diese harten Kerle ein weiches Herz. Dies wird metaphorisch durch die Tatsache unterstrichen, dass der rüde Soldat eine Schildkröte namens Rambo besitzt. Wie diese scheint er von außen zwar hart, ist aber im Herzen friedfertig. Geradezu sentimental-kitschige Züge tragen die beiden Szenen, in denen der Soldat nach dem Taliban-Überfall der Patrouille die Schildkröte im Rosengarten seiner Lagereinheit aufsucht[48] und als Menger nach Marcos Entführung die Schildkröte vor dem Lager in Freiheit entlässt.[49] Im Gegensatz zu den deutschen Soldaten werden die Amerikaner hingegen als wahre Rambos dargestellt: Sie führen einen brutalen Krieg und agieren – wie die Gefangennahme und Behandlung von Marco und Menger illustrieren soll – auch gegen ihre Verbündeten rücksichts- und gnadenlos. Stark klischeehaft gezeichnet werden auch die Gegner, die klar als Feinde dargestellt werden. Die kriegerische Gewalt zeigende Anfangs-Episode des Taliban-Hinterhaltes endet mit einer ganzseitigen Illustration der siegreichen Taliban (*Fig.* 15).

---

45 Ganz ähnlich formuliert es auch Menger in seiner Mail an die Daheimgebliebenen: « Das ist ein Scheißkrieg hier. Aber das will ja keiner wahrhaben... » (Jysch 2012, p. 13).
46 Jysch 2012, pp. 84–85.
47 *Cf. ibid.*, pp. 26–27 und pp. 46–48.
48 *Ibid.*, p. 27.
49 *Ibid.*, p. 125.

Fig. **15:** Jysch 2012, p. 14.

Unerschrocken, getötet zu haben, steht einer der Kämpfer in triumphieren-
der Geste auf dem beschossenen und brennenden deutschen Einsatzwagen, der
einer Trophäe gleicht. Vier andere Kämpfer posieren stolz für ein Photo vor dem
Wagen. Für den Leser ist die Wirkung dieser Großaufnahme umso verstörender
als zuvor allein aus der Perspektive der deutschen Soldaten erzählt wurde und
die Verluste des Angriffs bereits explizit artikuliert wurden.

Hintergründe oder Motive der Taliban werden in der *Graphic Novel* jedoch
nicht erörtert: Die Taliban werden hier einheitlich schlicht als fanatisierte,
sich selbst überschätzende Bösewichte dargestellt, deren Lebensziel allein der

Märtyrertod ist. So erklärt Abdullah, das von Pakistan aus agierende Taliban-Oberhaupt, Menger:

> Hör zu, mein Großvater und Urgroßvater, alle starben durch eine Kugel. Ich werde auf die gleiche Weise sterben, und, da gibt es keinen Zweifel, meine Söhne werden es auch tun. So traurig ist das nicht. [...] Es ist ruhmreich, ein Märtyrer zu sein. Wir alle hier wollen für den Djihad sterben.[50]

Nicht weniger negativ werden letztlich auch die anderen Landsleute gezeichnet, mit denen Menger in Kontakt kommt: Der Warlord Mohammed Fahrid Kahn scheint den deutschen Soldaten zwar zu helfen, seine wahre Motivation und Gesinnung bleibt jedoch undurchsichtig. Auch der Übersetzer Quasim, dem Menger und seine Leute vertrauen, erweist sich letztlich als unaufrichtig, kooperiert er hinter ihrem Rücken doch mit den Amerikanern und opfert schließlich bei dem amerikanischen Beschuss des Taliban-Verstecks sogar sein Leben. Die zivile Bevölkerung Afghanistans, zu deren Schutz die ISAF-Soldaten eigentlich da sind, spielt in *Wave and Smile* im Grunde ebenso wenig eine Rolle wie der humanitäre Auftrag an sich; Frauen und Kinder erscheinen vor allem, um den Lokalkolorit des Fremden zu unterstützen[51], als Opfer des Krieges erscheinen sie letztlich weniger stark als die deutschen Soldaten.

Ganz anders als Arne Jysch präsentieren David Schraven und Vincent Burmeister den Afghanistankrieg in ihrem 2013 mit dem Preis der Jugendjury nominierten Album *Kriegszeiten*. Der Untertitel – *Eine grafische Reportage über Soldaten, Politiker und Opfer in Afghanistan* – macht bereits deutlich, worin die zentralen Unterschiede zu *Wave and Smile* liegen: Zum einen weist sich das Album explizit als dokumentarische Comic-Reportage mit entsprechendem Authentizitätsanspruch aus, zum anderen gilt der Fokus hier nicht allein den Soldaten der Bundeswehr, sondern ganz explizit auch den Protagonisten der (deutschen) Außenpolitik sowie den Opfern in Afghanistan. Damit entsteht ein von der Grundidee her polyperspektivisches Bild des Einsatzes der Bundeswehr, der letztendlich von Anfang an keine reine Friedensmission mit Aufbauhilfe und Sanitätsdiensten war, sondern militärischer d.h. kriegerischer Einsatz mit allen Konsequenzen und zu diesen gehören auch die im offiziellen Diskurs weiterhin tabuisierten Themen wie Tod, Kriegsverletzungen und posttraumatische

---

50 Jysch 2012, pp. 166–167.

51 Das Alteritäre der Sprache versucht Jysch über eine an die arabischen Schriftzeichen erinnernde typographische Gestaltung des deutschen Textes zu vermitteln. Allerdings wird dies nicht konsequent durchgehalten, da er andere afghanische Landsleute auch Englisch sprechen lässt.

Belastungsstörungen.[52] Doch basiert auch Schravens Album mehr oder weniger ausschließlich auf Berichten deutscher Soldaten, so dass letztlich auch hier – wie in *Wave and Smile* – die Sicht der deutschen Soldaten dominiert und auch Schraven – wenn auch sehr viel verhaltener – ein Plädoyer für die (moralische) Unterstützung der ‚mutigen' Soldaten hält. Dabei ist *Kriegszeiten* aber von den hier vorgestellten Afghanistan-Comics zweifelsohne das deutlichste Beispiel für den *Graphic Journalism*. Die Darstellung beruht neben Erfahrungen, die der Journalist im Krisengebiet selbst sammelte, zum einen auf dem intensiven Studium von vertraulichen Unterlagen der Bundeswehr und Medienberichten sowie zum anderen auf zahlreichen Interviews mit aktiven und ehemaligen Soldaten. Einzelne Ausschnitte der konsultierten Dokumente wie Zeitungsausschnitte, Bundeswehrdokumente, Statistiken und Landkarten werden in das Album eincollagiert und stützen so den Authentizitätsgehalt.

Kriegszeiten integriert zwar keine Photographien, dennoch weisen zahlreiche Panels eine stark photorealistische Darstellungsweise auf und lassen – wie im Falle der Aufsicht auf die Särge der vier gefallenen deutschen Soldaten (*cf. Fig.* 16) – aus der massenmedialen Berichterstattung allgemein bekannte Bilder wiedererkennen.

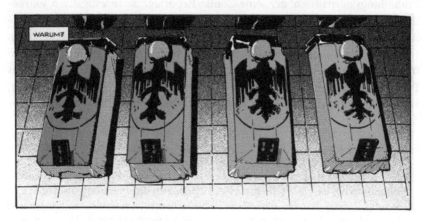

Fig. 16: Schraven/Burmeister 2012, p. 18.[53]

---

52 *Cf.* Kellner, Manuel: « Die Bundeswehr in Afghanistan. Ein Comic über den verschleierten Krieg », *SoZ* 02 (2014), http://www.sozonline.de/2014/02/die-bundeswehr-in-afghanistan/ [aufgerufen am 08.10.2019].

53 Schravens und Burmeisters *Kriegszeiten* weist keine Paginierung auf. Die hier angegebenen Seitenzahlen wurden zur Erleichterung der Auffindbarkeit der Beispiele angegeben. Die Zählung mit Seite 1 beginnt mit dem Titelblatt des ersten Teils.

Unterstützt wird der Photoeindruck durch die durchgehend gewählte, grobe Rasterpixelung der Abbildungen, die trotz der farblichen Reduktion der Illustrationen den Eindruck vermittelt, ihnen lägen Photos zugrunde. Wie häufig im *Graphic Journalism* enthält das Album noch weiteres Zusatzmaterial, konkret schließt Schravens thesenhafter Text « Ein Comic über den Krieg» direkt an den Comic an; es folgen eine thematisch weiterführende Linksammlung, eine kurze Bibliographie sowie biographische Informationen zu den Comicmachern. Auffällig sind ferner die Paratexte: Das gesamte Album ist unter das Motto « Nichts ist gut in Afghanistan » – einem Ausspruch der ehemaligen Ratsvorsitzenden der EKD Margot Käßmann aus dem Jahr 2009 – gestellt. Der Comic selbst ist in die drei Teile « Aufmarsch », « Festgefahren » und « Krise » untergliedert, die wiederrum jeweils durch markante Zitate von Peter Struck[54] und Angela Merkel[55] eingeleitet werden.

Während Jysch in seinem Afghanistan-Comic auf den wertenden und kommentierenden Erzähler verzichtet, nimmt der Journalist David Schraven – nicht ohne eine gewisse Überheblichkeit – die « Pose des aufrechten Kämpfers für die Wahrheit in einem Meer vermeintlicher Ignoranz »[56] ein. Schraven – wie sein Alter ego, der selbstbewusste Ich-Erzähler im Album – sieht sich als graphischen Enthüllungsjournalisten, der seine Comic-Reportage als investigativen Journalismus verstanden wissen will: Er will sagen und zeigen, wie und was « eigentlich », « tatsächlich » und « in Wahrheit » abläuft, der übermäßige Gebrauch von wahrheitsoffenbarenden Begriffen unterstreicht diese Anliegen auf fast schon übertriebene Art und Weise.[57] Damit möchte er schließlich das nachholen, was Politiker und Medien nicht leisten: endlich die ernüchternde Wahrheit einfach, verständlich und ehrlich zeigen und aussprechen. Obwohl der Grundton der

---

54 Der Teil « Aufmarsch » steht unter dem Motto: « Unsere Sicherheit wird nicht nur, aber auch am Hindukusch verteidigt.» Schraven/Burmeister 2012, p. 1.

55 Der Teil « Festgefahren » wird eingeleitet mit: « Der Kampfeinsatz der Bundeswehr zusammen mit unseren Partnern im Nordatlantischen Bündnis in Afghanistan ist notwendig. Er trägt dazu bei, die internationale Sicherheit, den weltweiten Frieden und Leib und Leben der Menschen hier in Deutschland vor dem Übel des internationalen Terrorismus zu schützen. » Schraven/Burmeister 2012, p. 49. Der Teil « Krise » steht unter dem Motto: « Die Mission ist zu Ende, wenn die Afghanen in der Lage sind, ihre eigene Sicherheitslage zu kontrollieren und ihr Land zu regieren. » Schraven/Burmeister 2012, p. 75.

56 Schmidt, Michael: « Zeigen, wie es wirklich ist », *Der Tagesspiegel*, 09.11.2012, http://www.tagesspiegel.de/kultur/comics/politik-im-comic-zeigen-wie-es-wirklich-ist/7372332.html [aufgerufen am 08.10.2019].

57 *Cf.* z.B. *Fig.* 19.

eines anklagenden Investigativ-Journalisten und von dem der Thematik ent-
sprechenden Ernst ist, schlägt der Ich-Erzähler zuweilen einen subtil spitzen, ja
ironischen Ton an. Ein besonders eindrückliches Beispiel hierfür ist die Szene,
in der von der vermeintlich Frieden schaffenden Schulungsmaßnahme afghani-
scher Polizisten durch bundesdeutsche Soldaten berichtet wird (*Fig.* 17).

Fig. 17: Schraven/Burmeister 2012, p. 62.

Männern, die jahrelang im Krieg gegen Russland gekämpft haben, deutsche
Regeltreue und verkehrspolizeiliche Kompetenzen nahe bringen zu wollen,
scheint lächerlich und – das illustriert das Playmobilmännchen – lässt deutsche
Soldaten zugleich als lächerliche Spielfiguren der Bundesregierung erscheinen.

Erzählt wird in *Kriegszeiten* nicht sequentiell, vielmehr fragmentarisch und
episodenhaft, wobei es sich grundsätzlich eher um ein Zeigen, denn um ein
Erzählen handelt. Unterstützt wird dies durch die Tatsache, dass das Album vollkommen auf comicspezifische Techniken wie Sprechblasen, *motion lines* oder
Soundwords verzichtet. Der gesamte Text wird in Blocktexten wiedergegeben,
wobei die autobiographischen Gedanken, Kommentare und Erklärungen des
Ich-Erzählers Schraven – der im Album auch bei seiner Recherchearbeit vor Ort
abgebildet wird – deutlich von den durch Anführungszeichen markierten wört-
lichen Zitaten Betroffener abgehoben werden. Insgesamt ist der Textanteil im
Vergleich zu den Bildanteilen auffällig knapp gehalten, wodurch die verbale Aussagekraft der einzelnen Aussagen ebenso verstärkt wird wie die visuelle Wirk-
kraft der einzelnen Panels. Prägnantes Beispiel hierfür ist eine an ein Standbild
erinnernde Darstellung aktiver Kriegshandlung von deutscher Seite (*Fig.* 18).

***Fig.* 18:** Schraven/Burmeister 2012, p. 15.

Mit den schwarzen Kampfflugzeugen am Himmel, dessen braunrote Färbung an geronnenes Blut erinnert, den schießenden Soldaten am Boden und dem aufschreienden Soldaten erzeugt das Bild in all seiner Vagheit eine äußerst beklemmende und bedrohliche Wirkung. Die knappe Feststellung wirkt daher umso prägnanter: « Der Krieg hat uns verändert » – es ist Krieg und Deutschland ist Teil davon.

Die Zeichnungen von Vincent Burmeister sind grundsätzlich düster und (nur) dreifarbig: fast grau in grau mit flächig verwendeten ockerfarbenen bzw. rostroten Tönen. In Nahaufnahmen, Landschaftsansichten und schattenhaften Porträts fängt er die Stimmung zwischen Soldaten, Politikern und Warlords ein. Die, wie bereits erwähnt, an Photographien erinnernden Illustrationen weisen eine fast schon irritierende Nüchternheit auf. Es wird kein einheitliches *grid* verwendet, mal werden Panelsequenzen in relativ klassischem *grid* präsentiert, mal löst sich die Panelstruktur zugunsten ganz- oder doppelseitiger Illustrationen auf. Thematisch, zeitlich und räumlich stehen die einzelnen Bilder oft quasi unverbunden nebeneinander und wirken sperrig. Besonders stark ist die Kondensierung von Thema, Raum und Zeit in den Collagen, in denen Burmeister wie in der folgenden Abbildung (*Fig.* 19) verschiedene Bildfolien überblendet und mit einschlägigen Bildsymbolen (hier das Logo der Agentur für Arbeit mit einem Geldschein als Zeichen für Hartz IV-Erhöhungen) verknüpft.

Fig. 19: Schraven/Burmeister 2012, p. 58.

Die fast ganzseitige Illustration macht den von Schraven aufgezeigten Zusammenhang von deutscher Innenpolitik und der Verharmlosung des Afghanistaneinsatzes im Zuge des Wahlkampfes sichtbar. Stillgelegte Zechen im Ruhrgebiet und die Erhöhung des Arbeitslosengeldes als Hintergrund des Krieges in Afghanistan. Freilich ein Schreckensbild: zerstörte Gebäude und Tote, doch fällt hier wie im gesamten Album der unaufdringlich-zurückhaltende in keinerlei Hinsicht voyeuristische oder gar heroisierende Umgang mit den Bildern des Krieges auf. Kampfhandlungen werden zwar gezeigt, stets aber als Standbilder. Somit wird eine visuelle Dramatisierung des Tötens oder Sterbens unterbunden und der Fokus vielmehr auf die Folgen gelegt.[58] Die Bilanz, die im doppelseitigen Epilog des Albums gezogen wird, ist ernüchternd – aber leider wohl nur allzu wahr: Wir haben uns an den Krieg in der Ferne gewöhnt, haben ihn durch Verdrängung akzeptiert; diese neue Form des globalen Krieges hat uns verändert, « Afghanistan ist [daher] nur der Auftakt für die neuen Kriegszeiten. »[59]

4. Fazit

Die Analyse der zwei französischen und zwei deutschen Produktionen zu bzw. über den Krieg in Afghanistan und seine Folgen hat gezeigt, dass es auch im Medium des Comics bzw. der *Graphic Novel* zahlreiche, doch recht unterschiedliche Formen im Umgang mit Krieg, Gewalt und Zerstörung gibt. Trotz der jeweiligen ästhetischen und stilistischen Eigenheiten wurde gleichzeitig jedoch deutlich, dass die Darstellungsformen – auch wenn es keine einheitliche Bildsprache des Krieges zu geben scheint – insofern ebenso transnational und transkulturell sind wie der thematisierte Krieg selbst, dass sich doch Parallelen der grundsätzlichen Modi der graphischen Ver- und Bearbeitung von Gewalt und Kriegsgrauen erkennen lassen. Diese Parallelen sind weniger davon abhängig, ob der jeweilige Comic respektive die jeweilige *Graphic Novel* die Perspektive der französischen bzw. deutschen Soldaten im Afghanistaneinsatz in den Mittelpunkt der Darstellung stellt (*Afghanistan, récits de guerre, Wave and Smile, Kriegszeiten*) oder ob der Fokus wie in *La Première fleur du pays sans arbres* auf das Land an sich und seine Bevölkerung gerichtet ist. Vielmehr sind die Parallelen wohl ethischen Grundeinstellungen zuzuschreiben, die im Falle des *Graphic Journalism* wie in semi-dokumentarischen oder zeitgeschichtlichen Comis und *Graphic Novels* zu Versuchen führen, tendenziell (medien-)kritische Alternativen zu den offiziell verbreiteten Diskursen und Bildern von Kriegen anzubieten. Ferner ist festzustellen, dass das Töten und Sterben vor allem in zur Fiktion

---

58 Ein weiteres eindrückliches Beispiel hierfür ist etwa die Episode, die von einem Anschlag auf einen deutschen Bundeswehrbus erzählt. Ohne Worte werden in einzelnen Nahaufnahmen die zerstörte Front des Busses, ein Einschlagloch in der Frontscheibe, rennende Beine, die Augenpartie des vermeintlichen, Burka-tragenden Selbstmordattentäters und eine abgesetzte Hand gezeigt. Die folgende Doppelseite zeigt den verunglückten Bus, Verwundete und Tote, helfende Soldaten sowie afghanische Schaulustige.

59 Schraven/Burmeister 2012, p. 111.

neigenden und auf *action* basierenden Comics/*Graphic Novels* dargestellt wird. Je größer der Anteil des Dokumentarischen ist, desto vorsichtiger und zurückhaltender werden graphische Texte nicht zuletzt aus Respekt vor den Opfern aller Seiten hinsichtlich des Zeigens von Kriegsgräuel; schließlich verstehen sie sich ja auch als (kriegs-)kritische Kontrapunkte zu den reißerischen, ja mitunter voyeuristischen Darstellungen der massenmedialen Sensationspresse.

BONNER ROMANISTISCHE ARBEITEN

Herausgegeben von Mechthild Albert, Michael Bernsen, Paul Geyer,
Franz Lebsanft, Daniela Pirazzini und Christian Schmitt

Band 1   Albert Gier: Der Sünder als Beispiel. Zu Gestalt und Funktion hagiographischer Gebrauchstexte anhand der Theophiluslegende. 1977.

Band 2   Beatrix Vedder: Das symbolistische Theater Maurice Maeterlincks. 1978.

Band 3   Ute Stempel: Realität des Phantastischen. Untersuchungen zu den Erzählungen Dino Buzzatis. 1977.

Band 4   Egon Robertz: Feuer und Traum. Studien zur Literaturkritik Gaston Bachelards. 1978.

Band 5   Lilo Grevel: Il Politecnico 1945-1947. Zur Monographie einer Kulturzeitschrift Italiens. 1978.

Band 6   Klaus Knopp: Französischer Schülerargot. 1979.

Band 7   Günter Dresselhaus: Langue/Parole und Kompetenz/Performanz. Zur Klärung der Begriffspaare bei Saussure und Chomsky; ihre Vorgeschichte und ihre Bedeutung für die moderne Linguistik. 1979.

Band 8   Rita Thiele: Satanismus als Zeitkritik bei Joris-Karl Huysmans. 1979.

Band 9   Margrethe Tanguy-Baum: Der historische Roman im Frankreich der Julimonarchie. Eine Untersuchung anhand von Werken der Autoren Frédéric Soulié und Eugène Sue. 1981.

Band 10   Jutta Linder: Pasolini als Dramatiker. 1981.

Band 11   Angelika Sparmacher: Narrativik und Semiotik. Überlegungen zur zeitgenössischen französischen Erzähltheorie. 1981.

Band 12   Hans-Ludwig Krechel: Strukturen des Vokabulars in den Maigret-Romanen Georges Simenons. 1982.

Band 13   Dirk Hoeges: François Guizot und die Französische Revolution. 1981.

Band 14   Elisabeth Bange: An den Grenzen der Sprache. Studien zu Georges Bataille. 1982.

Band 15   Norbert Reichel: Der Dichter in der Stadt. Poesie und Großstadt bei französischen Dichtern des 19. Jahrhunderts. 1982.

Band 16   Dirk Weidenhammer: Prometheus und Merlin. Zur mythischen Lebensbewältigung bei Edgar Quinet. 1982.

Band 17   Helmut C. Jacobs: Stendhal und die Musik. Forschungsbericht und kritische Bibliographie 1900-1980. 1983.

Band 18   Margaretha Müller: Musik und Sprache. Zu ihrem Verhältnis im französischen Symbolismus. 1983.

Band 19   Werner Müller-Pelzer: Leib und Leben. Untersuchungen zur Selbsterfahrung in Montaignes *Essais*. Mit einer Studie über La Boétie und den *Discours de la Servitude volontaire*. 1983.

Band 20   Markus Winkler: "Décadence actuelle". Benjamin Constants Kritik der französischen Aufklärung. 1984.

Band 21   Gisela Schlüter: Demokratische Literatur. Studien zur Geschichte des Begriffs von der Französischen Revolution bis Tocqueville. 1986.

Band 22   Ingrid Schwamborn: Die brasilianischen Indianerromane *O Guarani, Iracema, Ubirajara* von José de Alencar. 1987.

Band 23   Ruth Leners: Geschichtsschreibung der Romantik im Spannungsfeld von historischem Roman und Drama. Studien zu Augustin Thierry und dem historischen Theater seiner Zeit. 1987.

Band 24   Heiner Wittmann: Von Wols zu Tintoretto. Sartre zwischen Kunst und Philosophie. 1987.

Band 25   Isa Hofmann: Reisen und Erzählen. Stilkritische Untersuchungen zur französischen Literatur des 19. Jahrhunderts. 1988.

Band 26   Anette Pieper-Branch: Das Bild der Frau in den Sittenromanen von Frédéric Soulié. 1988.

Band 27   Ernst Wolf: Guillaume Apollinaire und das Rheinland. 1988.

Band 28   Helmut C. Jacobs: Literatur, Musik und Gesellschaft in Italien und Österreich in der Epoche Napoleons und der Restauration. Studien zu Giuseppe Carpani (1751-1825). 1988.

Band 29   Heinz Fuchs: Untersuchungen zu Belgizismen. Zu Ursprung und Verbreitung lexikalischer Besonderheiten des belgischen Französisch. 1988.

Band 30   Susanne Schmidt: Die Kontrasttechnik in den *Rougon-Macquart* von Emile Zola. 1989.

Band 31   Susanne Thimann: Brasilien als Rezipient deutschsprachiger Prosa des 20. Jahrhunderts. Bestandsaufnahme und Darstellung am Beispiel der Rezeptionen Thomas Manns, Stefan Zweigs und Hermann Hesses. 1989.

Band 32   Alf Monjour: Der nordostfranzösische Dialektraum. 1989.

Band 33   Tamina Groepper: Aspekte der Offenbachiade. Untersuchungen zu den Libretti der großen Operetten Offenbachs. 1990.

Band 34   Bettina Kopelke: Die Personennamen in den Novellen Maupassants. 1990.

Band 35   Christine Mundt: Dichterische Selbstinszenierung im französischen Theater von Vigny bis Vitrac. Vom 'poète malheureux' zum 'homme moderne'. 1990.

Band 36   Barbara Görtz: Untersuchung zur Diskussion über das Thema Sprachverfall im Fin-de-Siècle. 1990.

Band 37   Volker Steinkamp: Giacomo Leopardis *Zibaldone*. Von der Kritik der Aufklärung zu einer 'Philosophie des Scheins'. 1991.

Band 38   Ursula Schmid: Zur Konzeption des "homme supérieur" bei Stendhal und Balzac – Mit einem Ausblick auf Alexandre Dumas père. 1991.

Band 39   Dorothee Heller: Studien zum italienischen *contrasto*. Ein Beitrag zur gattungsgeschichtlichen Entwicklung des Streitgedichtes. 1991.

Band 40   Kian-Harald Karimi: Auf der Suche nach dem verlorenen Theater. Das portugiesische Gegenwartsdrama unter der politischen Zensur (1960-1974). 1991.

Band 41   Claudia Kleinespel: Germain Nouveau. Zwischen Ästhetizismus und Religiosität. 1992.

Band 42   Regine Würstle: Überangebot und Defizit in der Wortbildung. Eine kontrastive Studie zur Diminutivbildung im Deutschen, Französischen und Englischen. 1992.

Band 43   Ingrid Horch: Zur Toponymie des Valle de Mena/Castilla und des Valle de Ayala/Álava. Sprachhistorische und sprachgeographische Studien. 1992.

Band 44   Birgit Neschen-Siemsen: Madame de Genlis und die französische Aufklärung. 1992.

Band 45   Maria Stavraka: Sach- und Sprachnorm in der französischen Rechtssprache. Untersuchungen zu Rechts- und Sprachfiguren bei Leistungsstörungen im Schuldverhältnis. 1993.

Band 46   Arabella Pauly: NEOBARROCO. Zur Wesensbestimmung Lateinamerikas und seiner Literatur. 1993.

Band 47   Ursula Hillen: Wegbereiter der romanischen Philologie. Ph. A. Becker im Gespräch mit G. Gröber, J. Bédier und E. R. Curtius. 1993.

Band 48   Maren Isabell Schmidt-von Essen: Mademoiselle Clairon. Verwandlungen einer Schauspielerin. 1994.

Band 49   Elke A. Fettweis-Gatzweiler: "... non sono che un semplice ricercatore della verità ...". Der *Archivio Glottologico Italiano* und die *Zeitschrift für romanische Philologie*. Ein historisch- systematischer Vergleich. 1994.

Band 50   Gerlinde Klatte: Wege zur Innenwelt. Träume im fiktionalen Prosawerk von Franz Hellens. 1994.

Band 51   Renate Schlüter: Zeuxis und Prometheus. Die Überwindung des Nachahmungskonzeptes in der Ästhetik der Frühromantik. 1995.

Band 52   Johannes van de Locht: Der *style indirect libre* in den Romanen Edmond Durantys. 1995.

Band 53   Alberto Gil: Textadverbiale in den romanischen Sprachen. Eine integrale Studie zu Konnektoren und Modalisatoren im Spanischen, Französischen und Italienischen. 1995.

Band 54   Rainer-Michael Lüddecke: Literatur als Ausdruck der Gesellschaft. Die Literaturtheorie des Vicomte de Bonald. 1995.

Band 55   Martina Yadel: Jean Grenier - Les Iles. Eine Untersuchung zu werkkonstituierenden Themen und Motiven. 1995.

Band 56 Heike Brohm: Das Richelieu-Bild im französischen historischen Roman von der Restauration bis zur Zweiten Republik. Geschichtskonzeption, Stoffgeschichte und Gattungstheorie bei Vigny, Touchard-Lafosse, Lottin de Laval, Dumas und Mirecourt. 1995.

Band 57 Ute Jancke: *Le Temps-qu'il-fait, le Temps-qui-passe*. Studien zum literarischen Werk von Marie Gevers. 1996.

Band 58 Angelina Monego: Zeit und Poetik in der Lyrik Eugenio Montales. Von den *Ossi di seppia* zum *Diario del '71 e del '72*. 1996.

Band 59 Stefania Masi: Deutsche Modalpartikeln und ihre Entsprechungen im Italienischen. Äquivalente für *doch, ja, denn, schon* und *wohl*. 1996.

Band 60 Karl-Hans Brungs: Giacomo Leopardis Aeneisübersetzung. Die Übersetzung Leopardis in der Kritik des 19. und 20. Jahrhunderts. Textkritische Ausgabe und Kommentar. 1996.

Band 61 Burghard Baltrusch: Bewußtsein und Erzählungen der Moderne im Werk Fernando Pessoas. 1997.

Band 62 Juliane Dülpers: *voulez-vous voler avec moi*. Eine Studie zur französischsprachigen Dichtung Hans Arps. 1997.

Band 63 Helga Thomaßen: Gallizismen im kulinarischen Wortschatz des Italienischen. 1997.

Band 64 Claudia Polzin: Der Funktionsbereich *Passiv* im Französischen. Ein Beitrag aus kontrastiver Sicht. 1998.

Band 65 Elisabeth Weis: Der Sinnbereich *Freude/Traurigkeit* im Sprachenpaar Deutsch-Französisch. Eine kontrastive Studie zur Textsemantik. 1998.

Band 66 Olivier Michael Bollacher: Geistiges Aristokratentum im Dienste der Demokratie: Thomas Mann und Paul Valéry. Vergleich des politischen Denkens in den Jahren 1900-1945. 1999.

Band 67 Eva Freund: Gefährdetes Gleichgewicht. Das Theater des Bernard-Marie Koltès. 1999.

Band 68 Steven Uhly: Multipersonalität als Poetik. Umberto Eco: *Il nome della rosa*, João Ubaldo Ribeiro: *Viva o Povo Brasileiro*, José Saramago: *O Evangelho segundo Jesus Cristo*. 2000.

Band 69 Corinna May: Die deutschen Modalpartikeln. Wie übersetzt man sie (dargestellt am Beispiel von *eigentlich, denn* und *überhaupt*), wie lehrt man sie? Ein Beitrag zur Kontrastiven Linguistik (Deutsch-Spanisch/Spanisch-Deutsch) und Deutsch als Fremdsprache. 2000.

Band 70 Dietmar Osthus: Metaphern im Sprachenvergleich. Eine kontrastive Studie zur Nahrungsmetaphorik im Französischen und Deutschen. 2000.

Band 71 Alkinoi Obernesser: Spanische Grammatikographie im 17. Jahrhundert. Der *Arte de la lengua Española Castellana* von Gonzalo Correas. 2000.

Band 72 Maria Uleer: Fachwissen und Kommunikation. Zur Darstellung der französischen Atomversuche in spanischen Printmedien. 2000.

Band 73 Katja Ide: Terminus und Text. Untersuchungen zur spanischen Fachkommunikation der Betriebswirtschaft. 2000.

Band 74 Ludger Scherer: *Faust* in der Tradition der Moderne. Studien zur Variation eines Themas bei Paul Valéry, Michel de Ghelderode, Michel Butor und Edoardo Sanguineti mit einem Prolog zur Thematologie. 2001.

Band 75 Claudia Ella Weller: Zwischen Schwarz und Weiß. Schrift und Schreiben im selbstreferentiellen Werk von Edgar Allan Poe und Raymond Roussel. 2001.

Band 76 Marc Lilienkamp: Angloamerikanismus und Popkultur. Untersuchungen zur Sprache in französischen, deutschen und spanischen Musikmagazinen. 2001.

Band 77 Anja Klein-Zirbes: Die *Défense de la langue française* als Zeugnis des französischen Sprachpurismus. Linguistische Untersuchung einer sprachnormativen Zeitschrift im Publikationszeitraum von 1962 bis 2000. 2001.

Band 78 Andrea Wilhelmi: *La Nef des Princes* von Symphorien Champier. Textkritische und kommentierte Ausgabe der Haupttraktate. 2001.

Band 79 Annette Clamor: Flauberts Schreiblabor. Lesekultur und poetische Imagination in einem verkannten Jugendwerk. 2002.

Band 80 Rachel Herwartz: *Lavadora, cafetera, sacacorchos* - Spanische Gerätebezeichnungen in Technik, Werbung und Alltag. Dargestellt am Beispiel der Hauhaltsgerätebranche. 2002.

Band 81 Irene Sueiro Orallo: Deutsche Modalpartikeln und ihre Äquivalenzen im Galicischen. Ein Beitrag zur Kontrastiven Linguistik. 2002.

Band 82 Ursula Picker: Zur Instrumentalisierung von Geschichte in der französischen Ergonymik. 2003.

Band 83 Anja Bernoth: Zur Objektstellung im Vorfeld des italienischen Satzes. 2003.

Band 84 Klaus Gabriel: Produktonomastik. Studien zur Wortgebildetheit, Typologie und Funktionalität italienischer Produktnamen. 2003.

Band 85 Martin Becker: Die Entwicklung der modernen Wortbildung im Spanischen. Der politisch-soziale Wortschatz seit 1869. 2003.

Band 86 Jana Birk: *Français populaire* im *siècle classique*. Untersuchungen auf der Grundlage der *Agréables Conférences de deux paysans de Saint-Ouen et de Montmorency sur les* affaires du temps (*1649-1651*). 2004.

Band 87 Anke Heyen: *La Richesse de la Pomone française*. Französische Apfelnamen und ihre Motivation. 2004.

Band 88 Ingrid Christel Elgert: Interdependenz von Sachnorm und Wortgebildetheit. Eine kontrastive Untersuchung zur Terminologie der Neokeynesianischen Theorie. 2004.

Band 89 Sabine Fremmer: Buenos Aires in der argentinischen Lyrik. Postkoloniale Identitätssuche und literarische Diskurse. 2004.

Band 90 Judith Visser: Markierte sprachliche Zeichen. Wortbildung als Mittel der Persuasion in Texten der französischen *extrême droite*. 2005.

Band 91 Claudia Polzin-Haumann: Sprachreflexion und Sprachbewußtsein. Beitrag zu einer integrativen Sprachgeschichte des Spanischen im 18. Jahrhundert. 2006.

Band 92 Lydia Thorn-Wickert: Manuel Chrysoloras (ca. 1350-1415). Eine Biographie des byzantinischen Intellektuellen vor dem Hintergrund der hellenistischen Studien in der italienischen Renaissance. 2006.

Band 93 Benno Hartmann Berschin: Sprach- und Sprachenpolitik. Eine sprachgeschichtliche Fallstudie (1789-1940) am Beispiel des Grenzlandes Lothringen (Moselle). 2006.

Band 94 Christiane Wirth: Probleme der nominalen Pluralmorphologie in der französischen und spanischen Schriftsprache. 2006.

Band 95 Vahram Atayan / Daniela Pirazzini / Laura Sergo / Gisela Thome (Hrsg.): Übersetzte Texte und Textsorten in der Romania. Akten der gleichnamigen Sektion beim XXVIII. Deutschen Romanistentag, Kiel 2003. 2007.

Band 96 Daniela Demel: Si dice o non si dice? Sprachnormen und normativer Diskurs in der italienischen Presse. 2007.

Band 97 Katrin Hess: Verb und Direktivum. Ein Beitrag zum deutsch-spanischen und spanisch-deutschen Sprachvergleich. 2007.

Band 98 Lisa Springstub: En Egypte avec Vigny. Le roman inachevé l'Almeh. Scènes du désert. 2007.

Band 99 Christina Becker: Untersuchungen zur Sprachverwendung der politischen Linken Spaniens. 2009.

Band 100 Daniela Pirazzini / Francesca Santulli / Tommaso Detti (Hrsg.): Übersetzen als Verhandlung. 2012.

Band 101 Simona Fabellini: Sprachkonkurrenz auf Korsika vom 19. zum 20. Jahrhundert. 2010.

Band 102 Harald Winkelmeier: Andalusismen im Spanischen. Untersuchungen zu den europäischen Regionalismen. 2010.

Band 103 Alexandra B. Edzard: Varietätenlinguistische Untersuchungen zum Judenfranzösischen. 2011.

Band 104 Claudia Eckhardt-Kamps: Das Implizite im Text. Untersuchungen zur Kriegsberichterstattung im Irakkonflikt 2003 in der französischen Tageszeitung Le Monde. 2011.

Band 105 Annika Franz: ¡Todos, pero TODOS los políticos son malísimos!!! Intensivierende sprachliche Verfahren zum Ausdruck emotionaler Beteiligung in spanischen Leserbriefen. 2011.

Band 106 Matthias Bürgel: Die literarischen, künstlerischen und kulturellen Quellen des Italowesterns. 2011.

Band 107 Johanna Sophia Hellermann: Porträts in italienischen Romanen des 19 Jahrhunderts. Dargestellt an Beispielen aus Alessandro Manzonis I promessi sposi, Ippolito Nievos Confessioni d'un italiano und Giovanni Vergas Mastro-don Gesualdo. 2013.

Band 108 Daniela Pirazzini / Anika Schiemann (Hrsg.): Dialogizität in der Argumentation. Eine multidisziplinäre Betrachtung. 2013.

Band 109 Barbara Hans-Bianchi / Camilla Miglio / Daniela Pirazzini / Irene Vogt / Luca Zenobi (Hrsg.): Fremdes wahrnehmen, aufnehmen, annehmen. Studien zur deutschen Sprache und Kultur in Kontaktsituationen. 2013.

Band 110 Éva Feig: Der *Tesoro* (1611) als Schlüssel zu Norm und Usus des ausgehenden 16. Jahrhunderts. Untersuchungen zum sprachhistorischen, lexikographischen und grammatikographischen Informationspotential des ersten einsprachigen spanischen Wörterbuchs. 2013.

Band 111 Katja Brenner: Spanische Modalpartikeln. Funktionsweise und Übersetzungsproblematik dargestellt am Beispiel von *sí* und *sí que*. 2014.

Band 112 Anja Unkels: Persuasion im deutschen und italienischen Fußballbericht. Argumentation und Emotion. 2014.

Band 113 Helke Kuhn / Beatrice Nickel (Hrsg.): Erschwerte Lektüren. Der literarische Text im 20. Jahrhundert als Herausforderung für den Leser. 2014.

Band 114 Claudia Sofie Schmitz: Gegenargumentieren in der Digitalkultur. Französische Internetforenbeiträge zu europapolitischen Fragen. 2016.

Band 115 Mechthild Albert / Ulrike Becker / Rafael Bonilla Cerezo / Angela Fabris (eds.): Nuevos enfoques sobre la novela corta barroca. 2016.

Band 116 Isabelle Catherine Mensel: Sprachliche Strategien der Überzeugung. Metaphern des revolutionären Diskurses, dargestellt am Beispiel Olympe de Gouges'. 2016.

Band 117 Tommaso Detti: Der Ausdruck der Konzessivität im heutigen Französisch und Italienisch. Mit einem Vorwort von Wilhelm Pötters. 2017.

Band 118 Lea Akkermann: Emotionen und Selbstreflexionen in den Romanen von Giovanni Arpino. 2017.

Band 119 Paul Geyer / Marinella Vannini (eds.): Dante 2015. 750 Jahre eines europäischen Dichters / 750 anni di un poeta europeo. 2020.

Band 120 Sara Izzo (Hrsg.): (Post-)koloniale frankophone Kriegsreportagen. Genrehybridisierungen, Medienkonkurrenzen. 2020.

www.peterlang.com